BESTSELLER

RICARDO ROJO

Mi amigo el Che

DeBOLS!LLO

Diseño de tapa: Juan Pablo Cambariere
Foto de tapa: Archivo Graciela García Romero

Rojo, Ricardo
    Mi amigo el Che - 2ª ed. - Buenos Aires : Debolsillo, 2006.
    264 p. ; 19x13 cm. (Best seller)

    ISBN 987-566-088-4

    1. Guevara, Ernesto-Biografía I. Título
    CDD 923.2.

Primera edición en Sudamericana: noviembre de 1996
Séptima edición y segunda en este formato: abril de 2006

IMPRESO EN LA ARGENTINA

*Queda hecho el depósito
que previene la ley 11.723.*
© *1996, Editorial Sudamericana S.A.*®
Humberto I 531, Buenos Aires.

Publicado por Editorial Sudamericana S.A.® bajo el sello Debolsillo

ISBN 10: 987-566-088-4
ISBN 13: 978-987-566-088-5

www.edsudamericana.com.ar

RICARDO ROJO, DEFENSOR DE LOS DERECHOS CIVILES: UNA HISTORIA DE LUCHA Y SOLEDAD

Corre el año 1923. Un personaje todavía en gestación, Adolf Hitler, desde las cervecerías de Munich, conmueve a los alemanes; en tanto, la Revolución Rusa pasa su primer tembladeral y se convierte en la Unión de Repúblicas Socialistas Soviéticas (URSS). En España se establece la dictadura de Primo de Rivera y el Partido Laborista conquista el gobierno de Inglaterra. Muere el presidente norteamericano Warren G. Harding, a quien sucede Calvin Coolidge; mientras, en México es asesinado Pancho Villa.

Alvear se lanza en la Argentina a un vasto plan de obras en el terreno de la comunicación, las transmisiones radioeléctricas y los servicios telefónicos. Los temas políticos no dan descanso a nadie. La Unión Cívica Radical consuma su división entre "personalistas" y "antipersonalistas", por lo que se produce un distanciamiento entre el partido y el gobierno.

El avance en las comunicaciones permite que millones de argentinos sigan por radio "El combate del siglo", en el Polo Ground de Nueva York, entre Luis Ángel Firpo y el imbatible Jack Dempsey. Esa noche del 14 de septiembre de 1923 la gente no durmió. Buenos Aires viviendo el fenómeno flamante de la radiotelefonía presentaba un aspecto único. En lo alto del Pasaje Barolo se instaló un reflector que comunicaría el resultado no bien llegara. Si triunfo, luz blanca, si derrota, luz roja. No bien se supo que Dempsey había sido arrojado del ring el entusiasmo fue delirante. No se conoció nada más durante unos minutos interminables. Después, la verdad y la injusticia. La muchedumbre recorrió las calles protestando a gritos por la pelea robada.

Pronto los sucesos políticos y la protesta deportiva serán sepultados por un verano como pocos se recuerdan. Hay jornadas de 40 grados a la sombra que causan numerosas víctimas de insolación.

En ese verano tórrido de 1923, el 16 de diciembre, nace en Urdinarrain, un pueblo del departamento de Gualeguaychú, en la provincia de Entre Ríos, Ricardo Rojo.

Es uno de los diez hijos de un matrimonio de inmigrantes. Don Narciso Rojo es español, castellano, y partidario de la República. Doña Catalina Kindsvater, descendiente de alemanes del Volga que huyeron de la persecución zarista para afincarse en las verdes cuchillas entrerrianas. De esa magnífica conjunción tenía que florecer un espíritu libertario, generoso, enriquecido por el ideario republicano y la rigurosa fidelidad de la moral luterana.

Su niñez entrerriana debe de haber dejado profundas huellas en su personalidad. Sólo vivió allí hasta los trece años, para luego trasladarse a Buenos Aires. Sin embargo, nunca dejó de ser un hombre de campo, criado entre criollos a orillas del río Gualeguaychú, amante de su tierra y de su gente.

Llega a la Gran Ciudad en 1937 mientras sangra España en una guerra civil que la descuaja, ante los ojos cómplices de Europa y la mirada atenta del resto del mundo. Ingresa al bachillerato en el Colegio Nº 6 Manuel Belgrano del que egresa, en 1941, con el Premio Sarmiento al mejor promedio.

En 1942 inicia sus estudios en la Facultad de Derecho y Ciencias Sociales de la Universidad Nacional de Buenos Aires. El mundo está sacudido por la Segunda Gran Guerra. El cimbronazo bélico repercute en toda América Latina y tiene lugar en Río de Janeiro la Conferencia de Cancilleres, a fin de fijar la posición de esta parte del continente en la contienda. La asamblea recomienda que sean rotas las relaciones con los países del Eje, lo que es desestimado por la Argentina, que persiste en su actitud neutralista. Mas la neutralidad argentina, mantenida con tanto esfuerzo desde 1939, era puramente jurídica; no regía en los espíritus. Los argentinos habían tomado partido, apasionadamente, por uno u otro bando.

El conflicto mundial era el marco obligado de lo que ocurría en nuestro país, la materia habitual de todas las conversaciones, la discusión de sobremesa, la charla de café. Los argentinos se dividían en aliadófilos y pronazis, en aquellos que se embelesaban con la "V" de la Victoria y los que hacían el saludo fascista.

Ese año 1942 la opinión pública volverá a conmoverse con la puja electoral que agita al país por la renovación del Congreso. Los socialistas sorprenden al vencer en la Capital, asegurándose la mayoría. Pero las provincias quedan en manos de la Concordancia —que consagra 49 diputados contra 23 radicales y 12 socialistas. En el bar del Hotel España, Enrique Santos Discépolo se encuentra con Mariano Mores y le ponen nombre al tango que acaban de componer: se llamará "Uno". Pronto será seguido por una novedad literaria, *Uno y el Universo*, del joven escritor Ernesto Sabato que sorprende por su desenfado ante lo científico y su calidad literaria.

Estas expresiones de la música popular y de la literatura van modelando el perfil de una generación de la que Ricardo Rojo es representante paradigmático: "la generación desesperanzada", como la llamaría Jorge Sabato.

Esa generación tenía 20 años en 1943 cuando se acelera el pasaje de la sociedad liberal a la sociedad autoritaria. Si ese tránsito se había frustrado después del golpe militar de 1930, renació con el golpe de 1943 y empezó a cosechar sus frutos tardíos entre 1966 y 1983.

Los cincuenta años que corren entre 1943 y 1983 representan la historia argentina del último medio siglo, donde los débiles y vacilantes regímenes democráticos fueron esporádicos y fugaces. El resto fueron dictaduras surgidas de golpes militares que contribuyeron a definir a la Argentina como una sociedad autoritaria con fuertes tendencias al totalitarismo. Una sociedad penetrada de odio y fanatismo, proclive a los estallidos de violencia irracional. La estructura política y social autoritaria engendra la estructura de la personalidad autoritaria que, a su vez, contribuye a la conservación y el fortalecimiento de aquélla.

No siempre fue así, no se trata de una "mentalidad argentina" inmutable y eterna. No debe buscarse, pues, en los sentimientos de las masas, o en la psicología del pueblo argentino, el origen de la sociedad autoritaria, sino en la estructura de los intereses económicos y del poder político. La modificación de la personalidad, la "fascistización", fue un proceso largo, complicado e inconcluso; llevó muchos años de propaganda sistemática, de represión policial y de control dogmático de la educación y la cultura, así como de las costumbres y la vida privada de los ciudadanos.

La generación de Ricardo Rojo irrumpe en la vida universitaria y en la escena política con la Revolución de 1953. Ésta había intervenido las universidades y cesanteado drásticamente a los catedráticos que firmaron el Manifiesto por la Democracia en octubre de ese año. Se había prorrogado indefinidamente el estado de sitio y una tácita censura pesaba sobre los diarios.

La recién creada Secretaría de Informaciones de la Presidencia comenzó a centralizar la manipulación de las noticias y la doctrina oficiales. Por primera vez comenzó a usarse la radio como medio de propaganda gubernativa, mediante transmisiones en cadena, difundidas con prólogo y epílogo de marchas militares.

En la vieja Facultad de Derecho de la Avenida Las Heras, en aquel edificio a medio terminar que hoy ocupa la Facultad de Ingeniería, Ricardo comenzó su militancia como dirigente reformista reclamando por la autonomía y el cogobierno universitario. Esto le valió debutar como preso en Villa Devoto en 1945, luego de un acto seguido de disturbios en la referida Facultad.

En ese año crucial y único de 1945, Ricardo se afilia a la Unión Cívica Radical. Se incorpora a la Parroquia

19 de la Capital y milita en la fracción Intransigencia y Renovación liderada por Arturo Frondizi, Ricardo Balbín y Moisés Lebensohn. Esa adscripción se prolongará hasta 1962, en que se convierte en un militante sin partido.

Lebensohn fue el gran animador de la reunión de Avellaneda, de la que salió un Manifiesto que había de tener perdurable vida en muchos espíritus. Tendía a conectar al radicalismo con los grandes temas económicos y sociales que en ese momento apasionaban al mundo. Quienes promovieron su aprobación estaban bajo la influencia ideológica de Harold Lasky y los teóricos del laborismo inglés y del "New Deal" de Franklin D. Roosevelt. Se enfatizaba la necesidad de nacionalizar los servicios públicos y los monopolios extranjeros y nacionales que obstaculizaran el progreso del país. Al lado de estos avances se hacía también un análisis profundo del momento que vivía el mundo, en vísperas de una posguerra que se advertía difícil y conflictuada. Destacaba el papel del radicalismo como instrumento de un movimiento histórico de carácter emancipador y la necesidad de depurar algunos elencos dirigentes y formar a las nuevas generaciones.

Esa Declaración de Avellaneda fue para Ricardo Rojo y muchos jóvenes de su generación, junto con el Manifiesto Liminar de la Reforma Universitaria, la brújula ideológica con la que intentaron navegar el mar proceloso de la política en aquellos años.

Puede advertirse que su oposición al peronismo no apuntaba al proyecto económico social que en buena medida compartía, sino al carácter policíaco-represivo del régimen que sofocaba las libertades y amenazaba a la prensa.

En 1947 vuelve a Villa Devoto y, cuando sale, se incorpora como integrante de la Comisión de Defensa de los Presos Políticos y Gremiales, dependientes de la Presidencia del Comité Nacional de la UCR. Para entonces, 1948, había egresado de la Facultad de Derecho con el título de abogado e iniciará su larga trayectoria de defensor de los derechos civiles y las causas perdidas, defendiendo a todos los perseguidos fueran de su bando o del contrario.

En 1949 cursa el Doctorado en Derecho Social en la Cátedra del Dr. Armando D. Machera, expresando su predilección por el derecho de trabajo, las organizaciones sindicales y las causas de los desposeídos.

Pero Ricardo todavía era un "fubista", como se los llamaba en aquella época. Movido por una fuerte vocación por la Medicina, se inscribe en la Facultad de la UBA donde estudia durante los años 1950-51. Se revela como un alumno brillante, hasta que ese último año estalla una huelga en la que participa y es expulsado. La huelga era en solidaridad con el estudiante de química Ernesto Bravo, que fuera ferozmente golpeado. Rojo, que había ocupado con sus compañeros la Facultad de Medicina, fue detenido y trasladado nuevamente a Villa Devoto.

Su militancia radical se desarrolla en un Comité de barrio, ubicado en la calle Mansilla, donde trabaja con gente como Félix "Falucho" Luna, Nicolás "Nicucho" Babini y otros. Allí formaron un grupo adscripto a Intransigencia y Renovación, liderado por Arturo Frondizi, que entonces era diputado nacional, y por Ricardo Balbín, que ejercía la jefatura de la UCR en la provincia de Buenos Aires.

Pero el verdadero inspirador de ese movimiento era una figura maravillosa a nivel intelectual y humano: Moisés Lebensohn. Era el líder intelectual nato de esa nueva perspectiva de la política nacional y un maestro para las nuevas generaciones. Ricardo solía contar que Lebensohn tenía una amistad vieja y entrañable con Eva Perón, a quien conocía de Junín. Cuando Lebensohn venía a Buenos aires, Evita lo llamaba por teléfono y le decía: "Vení con nosotros, ruso; no pierdas el tiempo con los radicales". Lebensohn murió prematuramente en 1953, pero su pensamiento marcó una influencia indeleble en los jóvenes radicales de entonces.

En los años '50 en Buenos Aires circulaba un chiste que decía: "*Sur* es una monarquía constitucional. Victoria Ocampo es la reina pero no gobierna. Pepe Bianco es el primer ministro, Murena es el favorito del primer ministro, y es el que realmente gobierna". H. A. Murena había publicado en la revista *Verbum,* en 1948, *El pecado original de América Latina,* fuertemente influido por Ezequiel Martínez Estrada. Como su maestro, busca en misteriosas potencias raigales la razón histórica de América. Murena no escamotea el presente, y luego de atreverse a hablar sobre Hipólito Yrigoyen, se pone a indagar sobre Perón. El europeísmo está superado. Ahora hay que descubrir al país, hablar del drama de América, desacralizar, desmitificar.

Pero, como siempre sucede, los epígonos son más avanzados que los iniciadores. Leyendo a Murena se nutre lo que se llamaría la "generación del 50" o "los parricidas", porque como americanos han matado a su padre: Europa. Componen la generación del 50: David e Ismael Viñas, Juan José Sebreli, León Rozitchner, Noé Jitrik, Ramón Alcalde, Oscar Masotta y algunas mujeres como Adelaida Gigli, Regina Gibaja y Susana Fiorito. La publicación que los aglutina se llama *Contorno.*

Rojo tiene varios amigos entre ellos pero, a diferencia de la mayoría, no proviene de la izquierda o el existencialismo sino del radicalismo. Sin embargo, la visión americanista de Murena y *Contorno* empieza a penetrar en los jóvenes como Rojo que ven en la cuestión nacional el núcleo explicativo de la tragedia argentina y americana.

Rojo no era un diletante intelectual. En 1953 integraba la Comisión de Defensa de Presos Políticos y Gremiales del Comité Nacional de la UCR junto con Arturo Frondizi, Lorenzo Blanco y Ricardo Mosquera. Participó en la defensa de los ferroviarios presos luego de la huelga de ese año y patrocinó legalmente a varios militares acusados de conspiración, entre los que se hallaban los coroneles Suárez, Atías, De Michelli y varios civiles. A raíz de esa acción estrictamente jurídica, que ejercía en defensa de los presos políticos y gremiales, se lo sospecha de conspiración. Es detenido por una Comisión de

Orden Político de la Policía Federal y alojado en una comisaría de la calle Concepción Arenal. Antes de que lo trasladaran al penal de Las Heras, en un episodio de película italiana, logra huir de la comisaría, asilándose en la Embajada de Guatemala en Buenos Aires.

Luego de muchas vicisitudes y dos meses de espera, le otorgan el salvoconducto y sale hacia Chile en avión. Salvador Allende lo ayuda a salir por tierra hacia el Norte, llega a Chuquicamata, atraviesa el desierto en tren hasta Oruro y de allí a La Paz. En Bolivia asiste a la experiencia de gobierno del MNR y trata a su jefe, Víctor Paz Estenssoro y al entonces presidente de la República, Hernán Siles Suazo. Allí conoce a Ernesto Guevara de la Serna y juntos continúan a través de Perú, Ecuador, Panamá, Costa Rica, Nicaragua, Honduras, El Salvador y Guatemala hasta México.

La experiencia de "caminar" América Latina le permite conectar su experiencia vital con la búsqueda de la razón histórica de América. En ese deambular por el desierto y hacia el exilio, madura un pensamiento y una nueva visión enriquecida por el conocimiento y el trato de grandes pensadores y políticos americanos. Conoce al legendario Víctor Raúl Haya de la Torre, fundador del APRA peruano, a Rómulo Betancourt, futuro presidente de Venezuela, al Gral. Lázaro Cárdenas, ex presidente de México, a Rómulo Gallegos, gloria de las letras hispanoamericanas, a Fidel Castro y a Gonzalo Britos, entre otros. Esa larga peregrinación abarcará desde abril de 1953 hasta diciembre de 1954.

En 1955 llega a Nueva York, donde se incorpora a un posgrado en Columbia University sobre Políticas predominantes en América Latina, en la Cátedra del profesor Frank Tannenbaum. Allí conoce y traba amistad con los hombres de la generación fundadora de Naciones Unidas, entre los que se encuentran destacadas figuras de América Latina como Raúl Prebisch, José María Ruda, Eduardo Albertal, Benjamin Hopenhayn, Alfredo E. Calcagno, entre otros.

Después de la caída de Perón vuelve a la Argentina

y se reincorpora a la UCR. Frondizi había asumido el liderazgo de Intransigencia y Renovación y le solicita hacer una política de intenso diálogo con el peronismo, que había pasado a ser el gran proscripto de la política argentina. Ahora los perseguidos e indefensos estaban de ese lado.

Haciendo honor a ese rasgo nítido de su personalidad, Ricardo Rojo les tiende su mano a los que, hasta ayer, eran sus perseguidores. Actitud que los emparenta, espiritualmente, con figuras como Arturo Jauretche y Raúl Scalabrini Ortiz, expresiones del mismo pensamiento nacional que supieron elevarse sobre las falsas dicotomías y la perspectiva facciosa de la historia. Con esos viejos forjistas se reencuentra en las páginas de la Revista *Qué* y en la nueva lucha contra el revanchismo y la vindicta social de los trogloditas subidos al carro del vencedor.

Ricardo Rojo fue siempre un hombre "de unidad nacional", de diálogo amplio, apegado a la ley y a las instituciones. Su única intransigencia fue contra el fraude y las dictaduras. No sucumbió jamás a la tentación de la violencia, no se convirtió al marxismo ni a la violencia foquista.

Prefirió el camino largo y difícil y siguió fielmente la prolongada marcha del pueblo argentino hacia la democracia. Por eso, frente a la soberbia proscriptora, él tiende el puente hacia el peronismo que culminará con el acuerdo Perón-Frondizi. Para ello recorre las cárceles visitando a los líderes peronistas, asumiendo la defensa de sus derechos civiles y reivindicando todo lo bueno que había tenido el peronismo como proceso económico y social.

Cuando Frondizi llega al gobierno en 1958, los mismos atributos que le habían posibilitado ser un vínculo con el peronismo proscripto lo convierten en un paria dentro de un gobierno fuertemente condicionado por las Fuerzas Armadas. Frondizi le ofrece un cargo en la diplomacia y Rojo parte como Primer Secretario de la Embajada Argentina ante la República Federal Alemana con sede en Bonn, donde permanecerá hasta 1961. Allí cultivará la amistad de ese gran pacifista que fue Willy Brandt, alcalde de Berlín por aquel entonces y primer ministro de Alemania con posteridad.

Cuando regresa a la Argentina le toca vivir la descomposición y caída del gobierno de Frondizi, que iniciaría la etapa más trágica de la historia argentina en ese siglo. En 1962, Ricardo Rojo es ya un militante sin partido que se incorpora a la Comisión de Abogados de la CGT (1963-64) y, luego, de la CGT de los Argentinos (1966-67-68). En todos sus años de defensor de perseguidos políticos y gremiales desde 1948, jamás cobró honorarios ni fue abogado rentado de ninguna organización gremial.

Vuelven las cárceles y los exilios. Primero en 1963, durante el interinato de Guido queda a disposición del PEN por órdenes del Ministro de Interior, Gral. Rauch. Luego, durante la dictadura de Onganía, queda detenido en Caseros a disposición del PEN y opta por salir del país. Corre el año 1969 y Ricardo Rojo se exilia en París. Por aquel entonces, retoma una relación con Juan Domingo Perón, que había iniciado en Madrid en 1960, visitándolo en el modesto departamento del 2º piso de la calle Arce nº 11. Ahora lo visita innumerables veces en la quinta 17 de Octubre y mantiene una nutrida correspondencia epistolar con el viejo General.

En septiembre de 1969 llega a París el General Pedro Eugenio Aramburu, quien advertía el agotamiento de la llamada "Revolución Argentina" y buscaba una salida democrática para el país. Aramburu había aprendido que no se podía gobernar contra el peronismo y que el país necesitaba una tregua de diálogo, de comprensión, de análisis y no de represión. Una de las llaves de esa tregua era Perón.

Se entrevista con Ricardo Rojo, y en una conversación franca y cordial le propone que hable con Perón para que apoye la salida de la dictadura y la tregua. Otra vez, como en 1957, entre Perón y Frondizi, en 1969, Ricardo es el hombre de la reconciliación, del diálogo, de la negociación entre dos viejos oponentes que entienden que sin unión nacional no hay salida. Le escribe a Perón y éste le contesta aceptando la propuesta de su antiguo rival. El acuerdo se frustra por el cobarde asesinato del Gral. Aramburu a manos de la soberbia armada y el país comienza a caminar por la antesala del horror y la indignidad, de la violencia y el crimen, que ya comienzan a mostrar su cabeza de hidra.

Lo que vino después es historia conocida, aun para las jóvenes generaciones. Ricardo Rojo presenció ese desfile del horror con esa rara mezcla de conciencia e ingenuidad que le era característica. Porque era un "gordo de alma", como solía decir Jorge Sabato. A finales de 1975 un general retirado lo advierte del golpe procesista y lo insta a salir del país. Comienza así un tercer y último exilio que lo llevaría de febrero de 1976 a 1980 a Caracas y de 1980 a 1984 a Madrid. En Caracas se reencuentra con Gonzalo Barrios, ministro del Interior, y conoce a Carlos Andrés Pérez, presidente de la República. En Madrid entabla una estrecha amistad con Felipe González y otros dirigentes del PSOE.

En ambos países fue secretario de la Comisión Argentina en el Exilio y, de hecho, el protector de cuanto argentino sin techo y sin trabajo recalaba por esas latitudes.

Desde España, en 1983, apoyó la candidatura de Raúl Alfonsín a la Presidencia de la República como la mejor garantía para el restablecimiento de la democracia en la Argentina. En 1984, siendo éste presidente, retorna al país y mantiene, obstinadamente, su lejanía del poder y los cargos públicos. Sus cartas a Alfonsín, de quien se sentía amigo, dan testimonio de su franqueza para expresar el disenso y la defensa insobornable de su independencia de opinión.

Tenemos ahí retratado —como decía Unamuno— nada menos que a todo un hombre. Un hombre obstinado y puro, militante ingenuo que no declinó jamás la crítica, prefiriendo la soledad a los honores. Por ello la suya es una historia de militancia y soledad.

Fue un solitario que practicó el culto criollo a la amistad, cuyo único límite es la integridad y la honradez. Tuvo amigos militares como los generales Labayrú y Caro; nacionalistas como Marcelo Sánchez Sorondo y los hombres del Círculo del Plata; sindicalistas como Augusto Timoteo Vandor y Lorenzo Miguel; periodistas como Pablo Giussani, Rogelio García Lupo y Jacobo Timerman; abogados que compartieron sus luchas como Gustavo Roca, Lucio Garzón Maceda, Diego May Zuviría, Emilio Gibaja y Hugo Anzorregui.

Ese espíritu plural lo llevó a unirse, en sus últimos años, al Club del Progreso, foro por excelencia de la convivencia cívica, fundado años después de Caseros para contribuir a cerrar las heridas de las luchas civiles entre federales y unitarios, porteños y provincianos, que ha conservado viva hasta hoy esa tradición ecuménica.

El Congreso de la Nación, por iniciativa de la Cámara de Diputados, se prepara para rendirle homenaje al ciudadano Ricardo Rojo. El proyecto de resolución que lo propone lleva la firma de legisladores de todas las expresiones políticas nacionales con representación parlamentaria.

Murió el 2 de febrero de 1996 en esta Buenos Aires que lo vio recorrer sus calles, durante tantos años, buscando esos ideales que conservó, como pocos, desde su época de "fubista". Murió entero, como vivió. Despojado de la sensualidad que provocan el dinero y el poder, generoso, honrado, bueno en suma.

Al escribir esta nota sobre Ricardo Rojo lo hacemos pensando en los jóvenes que hoy denostan la política y descreen de los políticos. Es bueno que sepan que si la Argentina no hubiera vivido una guerra civil crónica, esto no hubiera sido así. Los años que cubrió la vida de Ricardo Rojo abarcan medio siglo trágico de la historia argentina. Tiempo de desencuentros y antinomias, de autoritarismo y horror. Por eso Ricardo adquiere un rol paradigmático: porque en medio del odio buscó la comprensión, en medio de la división facciosa, la unidad nacional; frente al oportunismo conservó sus convicciones y ante la desmoralización mantuvo intacto su espíritu de lucha.

Para las nuevas generaciones de argentinos, vaya esta semblanza y testimonio sobre Ricardo Rojo. Esperando que nunca vuelvan a padecer lo que Sebreli llama el "delirio de unanimidad". Ese delirio colectivo, esa locura social, esa peste emocional que convulsionó a las masas argentinas desde 1930 y que alcanzó proporciones dantescas en la masacre de Ezeiza de 1973, durante la "guerra sucia", el Mundial de Fútbol de 1978 y durante la Guerra de Malvinas de 1982. El momento de la peste emocional llega cuando una sociedad entera se vuelve loca; es la condensación de uno de los rasgos característicos del autoritarismo. Lo que caracteriza precisamente a éste es la unanimidad, la uniformidad, la unidad que implica, como contracara, la falta de sentido crítico, de neutralidad, oposición, pluralidad, diversidad. La disidencia es vista como un crimen y la mayoría, por el solo hecho de serlo, adquiere el derecho de destruir a la minoría.

Ricardo Rojo murió siendo un disidente, soñando con un país reconciliado, sin antinomias insuperables. Tal vez, en su figura emblemática y querible, podamos rendir homenaje a una generación que no pudo realizarse políticamente, pero dejó ejemplos humanos que hoy pueden tener valor de paradigma moral para una juventud que deambula perpleja por este melancólico fin de siglo.

PRÓLOGO

Empecé a escribir este libro poco después de la muerte de Ernesto Guevara, a pesar de lo cual he tratado de mantener el relato en un plano sereno, tanto para analizarlo a él como a quienes tuvieron que ver, directa o indirectamente, con su final. Sólo yo sé todo lo difícil que esto fue para mí, en ese mismo momento, cuando su muerte nos parecía mentira, igual que a millones de personas en todo el mundo.

La idea de contar en un libro mis experiencias con Guevara, a lo largo de catorce años de amistad, surgió de un hecho que se presentó claramente ante mis ojos: entre los muchos amigos y colaboradores que el Che tuvo en su vida, me encontraba en la privilegiada situación de ser un puente entre su *prehistoria* y su *historia*. En la Argentina, hay muchos que fueron más amigos que yo, *antes* de que Guevara fuera el Che. En Cuba y en otros lugares de América Latina, hay también muchos que vivieron más tiempo junto a él y que lo conocieron más a fondo, *después* que Guevara fue el Che. Pero creo que soy una de las contadas personas que lo conocieron bien antes y después de su entrada en la historia. Repito que fue esta posición especial la que me decidió a escribir este libro, que no es una biografía sistemática del Che, sino una tentativa de reconstruir las principales etapas de su existencia, estableciendo, al mismo tiempo, un lazo íntimo entre todas, descubriendo al hombre, antes de que éste quedara sepultado debajo del mito.

Para reconstruir mis años junto a Guevara he dispuesto de varias docenas de mis propios cuadernos de notas, que si no sirvieron como única fuente, constituyeron la base documental, especialmente para las fechas y los lugares que se mencionan, así como para las transcripciones textuales de conversaciones con Guevara y con otras personas que aparecen en el relato.

Dispuse también la inclusión de una carta de la madre del Che a su hijo, en vista de que, siendo yo el encargado de entregarla a destino, no pude cumplir con la misión, por las razones que se explican. Esta carta, más allá de las circunstancias políticas que contribuye a iluminar, es también una pieza esencial para entender la psicología del Che. Éste ha sido el motivo principal de su incorporación a la obra.

El libro fue escrito para un público general y, por los compromisos editoriales que se anudaron aún antes de ser terminado, también internacional. El insuficiente conocimiento sobre América Latina y la poca costumbre en el uso de nombres, lugares y hábitos locales de ese público me obligó a precisiones sobre muchos detalles que podrán parecer obvios a un argentino politizado.

Al ceder a una editorial norteamericana los primeros derechos de publicación, mi propósito fue aprovechar la notoriedad del Che en los Estados Unidos para obligar al público de ese país a profundizar las causas de la interminable tragedia de los pueblos al sur del río Grande. Mi intención fue que los norteamericanos vislumbraran, a través de la extraordinaria vida y muerte del Che, que él no ha sido un fenómeno de la naturaleza inesperadamente nacido en esta tierra, sino un héroe en una larga cadena de héroes latinoamericanos que han dejado la vida en la lucha por la soberanía nacional, la independencia y la dignidad de nuestros pueblos.

Escribí el manuscrito original de este libro en cuarenta y cinco días, y posteriormente lo sometí a una revisión completa con la ayuda y el consejo de tres personas, a quienes hago por este medio presente mi agradecimiento: el periodista argentino Rogelio García Lupo, que lo leyó en Buenos Aires; el periodista norteamericano Juan de Onís, experto en asuntos latinoamericanos de *The New York Times,* que lo leyó en Nueva York, y el doctor Salvador Allende, presidente del Senado de Chile, que lo leyó en Santiago de Chile.

Nunca busqué la gloria como escritor. Me considero solamente un hombre político al que le toca en suerte vivir un momento trascendental, el de la liberación de la Argentina y de la Gran Patria latinoamericana. Como ésta es mi preocupación exclusiva, ella misma servirá de excusa a los defectos formales que el libro contenga. Mi amigo Guevara tendrá en el futuro mejores escritores ocupándose de su vida, que lo merece. Había una imperiosa necesidad en mí de escribir sobre su mensaje, personal y político en seguida, ahora mismo.

Buenos Aires, mayo de 1968

*Hay que endurecerse, pero sin
perder la ternura jamás.*

CHE GUEVARA, 1967.

Primera parte

Descubriendo Latinoamérica

1. UNA REVOLUCIÓN EN LAS NUBES

En el invierno de 1953, un hombre joven fugó espectacularmente de una seccional policial en Buenos Aires. Había sido apresado diez días antes, cuando la policía política trataba de establecer la importancia de un movimiento opositor y, sobre todo, si este movimiento mantenía contactos estrechos con oficiales de las fuerzas armadas. Encarcelado y sometido a interrogatorios continuos, el prisionero llegó a la conclusión de que debía fugarse de cualquier modo la misma tarde que un reguero de explosiones de dinamita interrumpió un discurso del presidente Perón, que hablaba a una multitud de obreros reunidos frente a la casa de gobierno, en la Plaza de Mayo. Aunque no existían evidencias terminantes de que hubiera tenido participación en los atentados, era prisionero de un aparato policial que debía demostrar su eficacia, precisamente, arrestando sospechosos. De manera que después de pensarlo una y otra vez, la madrugada del 4 de mayo de 1953, se escabulló sigilosamente mientras su guardián lo creía dedicado a desocupar su intestino. Salió a la calle lentamente y, sin ninguna complicidad externa, consiguió asilo diplomático en la Embajada de Guatemala, donde pudo considerarse finalmente a salvo.

El hombre sobre el que escribo era yo mismo. Pero ha cambiado tanto la perspectiva de los hechos contemporáneos de aquella fuga, ha cambiado tanto mi propia conciencia del proceso histórico que me tocó vivir, que puedo ver a aquel hombre que buscaba la libertad y se arriesgaba a ser cazado en las calles como una fiera acorralada, sin que me cueste ningún esfuerzo pensar que era otro.

Era yo, empero. Abogado, 29 años, padres propietarios rurales y amigos políticos de la oposición, mi actividad se había concentrado en una comisión que el partido opositor, la Unión Cívica Radical, había formado para defender presos políticos y sindicales. El jefe de esta comisión, formada por cuatro miembros, era Arturo Frondizi, entonces mi amigo y, sin ninguna duda, el maestro de una generación de políticos jóvenes que, junto a él, tomaría el gobierno pocos años más tarde. En 1953, sin embargo, Frondizi era una personalidad ascendente dentro de un partido marcado por una circunstancia que se había vuelto inseparable de su propia existencia: la oposición al gobierno del general Juan Perón.

Nuestro partido, el radicalismo, tenía detrás suyo una historia completa de servicios al país. Podía recordar que había levantado una y otra vez las banderas nacionalistas en la política económica y en la política internacional; podía demostrar que había llevado adelante la legislación social y que había contado con el apoyo de cientos de miles de obreros. Pero en 1953, este partido no encontraba la forma de probar que estos principios de acción política por los que había luchado tantas veces estuvieran siendo traicionados o abandonados por el gobierno de Perón, al que se oponía.

Existía una contradicción insuperable entre la necesidad de llevar a cabo una política opositora y la semiconciencia de que dicha oposición no podía fundarse en reprochar al gobierno por no hacer aquello que, justamente, estaba haciendo. Para mi generación, esta contradicción se explicó demasiado tarde, o no se explicó nunca. Éramos jóvenes, estábamos limpios, y terminamos por condenar al gobierno peronista a causa de una serie de características que el tiempo nos iba a demostrar poco serias. Entonces no lo sabíamos y, aunque estábamos convencidos de que nuestro lugar era la izquierda, rechazábamos la idea de que la clase obrera peronista y la izquierda ideal en la que pensábamos tuvieran algo que ver entre sí.

Probablemente en este conflicto que afectó a una

generación entera deberá buscarse el impulso que nos llevó entonces a salir de la Argentina. Teníamos otros motivos, además de los personales: también estábamos convencidos de que existía una empresa común para los latinoamericanos, y que esta empresa no podía cumplirse desde la Argentina, en ese momento aislada por causa de su gobierno, y generalmente aislada como consecuencia de su vinculación con Europa.

Había una búsqueda de conocimientos reales. Había un buen margen destinado a las aventuras. Eran dos componentes que se mezclaban de un modo desigual, según los momentos y según los individuos, pero que permanecían combinados en aquella generación de universitarios a la que pertenecía Ernesto Guevara.

Desde el día de mi fuga y mi pedido de asilo en la embajada del régimen izquierdista de Guatemala, habían transcurrido cuatro semanas cuando el gobierno argentino decidió que yo podía salir del país. El embajador de Arbenz era un nacionalista con objetivos claros: denunciaba la agresión que se preparaba contra su país, indicaba por sus nombres a los responsables, y para todo ello no vacilaba en servirse de las columnas de la prensa peronista. Teoría y práctica de la revolución latinoamericana se presentaban juntas en el embajador Ismael González Arévalo, que una mañana me llevó en su auto hasta el Aeropuerto de Ezeiza y me dejó en el avión que iba a ponerme, sano y salvo, del otro lado de los Andes.

Entonces gobernaba en Chile un amigo de Perón, el general Carlos Ibáñez, que sumaba a una fama infundada de espadón intransigente el equívoco de que una parte de la izquierda chilena lo apoyara y otra lo combatiera. En Ibáñez se reproducían, en escala reducida, aciertos y errores, progresos y retrocesos, que en mayor dimensión registraba el gobierno de Perón. También la izquierda chilena reflejaba sus mitos y sus manías, sus esperanzas y sus frustraciones, sobre este gobierno atrapado por sus contradicciones pero, sobre todo, por las contradicciones de la sociedad cuyos problemas quería resolver.

Para un joven que sale por primera vez de la Argentina, asomarse a los contrafuertes de la Cordillera produce vértigo, y no solamente por la altura. Los rostros cetrinos del pueblo chileno, enjuto de carnes, altivo y humilde, se presentaban para mí como la primera imagen concreta de la raza americana, ese misterioso y explosivo producto humano que es diverso y el mismo en las distintas latitudes del continente.

Fue en Chile, precisamente, al regresar de una visita a los socavones de la mina El Teniente, cuando escuché en el informativo de una radio de la ciudad de Rancagua que los terroristas argentinos, con los que yo estaba procesado en Buenos Aires, habían hecho escuela: en Santiago de Cuba, mezclados con el Carnaval, un grupo de estudiantes universitarios había asaltado un cuartel militar. Fue una noticia fugaz y breve, de la que podía sacarse la conclusión —y seguramente el oyente del informativo lo hizo— de violentas convulsiones políticas en el futuro inmediato de Cuba.

Ocho días después del asalto al cuartel Moncada, llegué a La Paz, Bolivia, donde la revolución nacionalista celebraba ruidosamente un acto preparado con cuidado, la sanción de la ley de reforma agraria, que convertía al gobierno boliviano en el segundo que se atrevía en el continente a una determinación tan profunda.

La capital de Bolivia es la capital más alta del mundo, y hay un lugar, el Paso del Cóndor, a casi cinco mil metros sobre el nivel del mar, que es el paso montañoso más alto del globo. La altura y el clima del altiplano, inhabitable y al mismo tiempo el lugar donde se encuentran las principales ciudades, conforman el carácter del pueblo boliviano. El reflejo de ese trágico contrapunto del hombre con la naturaleza es fácil de advertir en la vida política de Bolivia, donde la presidencia de la República es frecuentemente la antesala de la muerte violenta, y los hombres matan y mueren con una tremenda desesperación, como si quisieran terminar cuanto antes.

En 1953, por el contrario, Bolivia estaba en el momento más alto del entusiasmo popular, y un gobierno nacionalista había llevado a cabo, en poco más de un año, dos reformas fundamentales: había nacionalizado las minas de estaño más grandes del mundo y había reformado el régimen de propiedad de la tierra. De estas medidas del gobierno se esperaba una transformación de fondo de la estructura económica del país, que estaba como petrificada por un sistema latifundista que trabajaba la tierra bajo un régimen feudal o semifeudal. La productividad era entonces muy baja en Bolivia, y tres millones de bolivianos desarrollaban una existencia inexplicablemente miserable para un pueblo que descendía directamente de los Incas, y que como ellos había llevado con orgullo el lema "no robes, no mientas, no seas haragán".

La suerte de la propiedad de la tierra estaba metida en la conciencia popular como la propia suerte de todo el pueblo boliviano. La cultura aimará, eminentemente agrícola, buscó la más eficiente explotación del suelo y la consideró del dominio común. Los aimaraes fueron comunistas primitivos, aunque conservaron la propiedad privada con relación a los bienes muebles. La civilización incaica o quichua, que continuó a aquélla, perfeccionó la organización agrícola que encontró, creando instituciones nuevas, como el *ayllú,* mediante el cual el conjunto de descendientes de un mismo antepasado cultivaba colectivamente el terreno comunitario. Esta institución estaba tan arraigada que en 1953 subsistía en diversas regiones del país. Los conquistadores españoles, posteriormente, arrasaron con el régimen de las comunas, que en una primera etapa prometieron respetar, y de este modo los nativos se convirtieron en siervos despojados de sus heredades seculares. El libertador Simón Bolívar, en el siglo diecinueve, afirmó la independencia del país otorgando a los indígenas la posesión de los terrenos que ocupaban. Bolívar realizaba un acto de justicia y, al mismo tiempo, evitaba que se reprodujeran los fermentos de las guerras sociales que por un momento paralizaron la guerra de Independencia en la misma Venezuela. Esta sencilla experiencia de que la estabilidad social y la mayor producción se fundan duraderamente en la explotación y propiedad común de la tierra fue desconocida por los gobernantes bolivianos durante la segunda mitad del siglo diecinueve. Un déspota, Melgarejo, declaró que las tierras de las comunidades indígenas pertenecían al Estado, y se apoderó de ellas, para inmediatamente volverlas a vender, a precios ridículamente bajos, entre su corte de favoritos. La consecuencia fue una inmensa anarquización del trabajo agrícola, que continuó agravándose sin cesar hasta que en 1953 el gobierno nacionalista dictó una ley de reforma. Esta ley determinaba que todos los ciudadanos mayores de dieciocho años que se dedicaran o desearan dedicarse a la agricultura serían inmediatamente dotados de tierras. Era, sin duda, una ley revolucionaria, aunque resultaba evidente que, puesto que los propietarios rurales extranjeros eran en Bolivia prácticamente inexistentes, el gobierno, una vez que había sometido a la oposición interna, podía naturalmente promulgar esta ley sin temor a represalias internacionales.

La resistencia de estos sectores internos había sido, sin duda, poderosa. Apenas un año antes, durante la Semana Santa de 1952, una fuerza heterogénea, compuesta sobre todo por mineros y campesinos, soldados desertores de sus regimientos y cuerpos completos de la policía, había luchado, bajo la dirección del Movimiento Nacionalista Revolucionario (MNR), y había derrotado al viejo ejército profesional.

La destrucción del Ejército, el establecimiento de un gobierno donde estaban fuertemente representados los obreros y los campesinos y la sanción y aplicación de dos leyes de la importancia de éstas —nacionalización de las minas y reforma agraria— se presentaban como una secuela inevitable, tomada de los textos ortodoxos de los revolucionarios. Era este fenómeno original el que íbamos a ver como un espectáculo al que se agregaba, por exceso, otro motivo de admiración. Después de largos siglos de sumisión, un pueblo indígena levantaba la cabeza y luchaba con las armas en la mano para recuperar la dignidad y el patrimonio perdidos. Éste era el espectáculo. Los protagonistas se movían sin parar, por las calles empinadas de La Paz, la ciudad cercada de montañas. Por las callejuelas estrechas y enroscadas, entre casas coloniales y en una atmósfera donde resultaba difícil separar el olor de las frituras y el de la pólvora, subían y bajaban las *cholas*, cargando a las espaldas a sus hijos. Mientras caminan, van hilando sus lanas de llama o de vicuña, teñidas con colores vivos. Estas mismas mujeres han cargado los fusiles de los hombres, han combatido en las calles, han disparado ellas mismas.

Yo las veía desde una ventana del Hotel Austria, a los fondos del Palacio Quemado, sede del gobierno, y calle por medio con el edificio de Correos. Era, por cierto, el mejor lugar posible, porque en esos días todas eran manifestaciones que desembocaban obligatoriamente en la sede gubernamental.

Se formaban columnas que, en definitiva, tenían muchas características comunes con las que forman los pueblos armados. Una alegría ruidosa, que contrastaba con el respeto que podía irradiarse de las armas automáticas; una alegría expansiva que comunicaba entre sí a los desconocidos, que se derramaba por las calles y continuaba cuando ya había desaparecido el motivo que la justificaba oficialmente. Las delegaciones entraban y salían de Palacio, se perdían los jefes a la distancia, pero el pueblo bailaba en las calles. De vez en cuando, los rondines confirmaban que las reuniones eran de amigos y en los amaneceres se escuchaba con frecuencia una descarga de ametralladoras cuyo destino era imposible adivinar.

En La Paz vivían algunos argentinos a los que no conocía. Oficiales de la aviación militar, que habían llegado dos años antes, desterrados después del fracaso de un complot, y que ahora construían una ruta pavimentada entre Santa Cruz y Cochabamba. También algunos aventureros que lavaban cuidadosamente las pepitas de oro que, a cielo abierto, se encontraban entre los riscos del río Tipuani. Y un diputado opositor, Isaías Nougués, que era el jefe de un partido provincial en la Argentina, al que sostenía magnánimamente con las ganancias de una plantación de azúcar propiedad de su familia.

Fue en la casa de Nougués, sin duda el argentino más rico y relacionado de todos los que había en La Paz, donde conocí una noche a Ernesto Guevara.

Guevara contaba entonces 25 años, era médico y tenía una curiosidad dominante: la arqueología. Por su condición de médico y las tendencias de su especialización, Guevara sin duda estaba realizando, todo a un tiempo, una investigación profunda en las causas de la enfermedad que, a medida que más avanzaba, más lo apartaría del ejercicio de la medicina y más lo comprometería con la política.

La casa de Nougués quedaba en Calacoto, un suburbio residencial donde estaban instalándose entonces las personalidades que la nueva política proyectaba hacia arriba. Comíamos *locro*, un guiso con mazorcas de maíz y trozos de carne, donde el recio apetito del dueño de casa encontraba la manera de agasajar y alimentar a sus amigos compatriotas.

Guevara no me impresionó de ningún modo especial, la primera vez que lo vi. Hablaba poco, prefería escuchar la conversación de los demás, y de pronto, con una tranquilizadora sonrisa, descargaba sobre el interlocutor una frase aplastante. La noche que nos conocimos volvimos andando hasta La Paz, y nos hicimos amigos aunque lo único que entonces teníamos realmente en común era nuestra condición de universitarios jóvenes y sin bienes de fortuna. Ni a mí me interesaba la arqueología, ni a él la política, en el sentido que esta actividad significaba entonces para mí, y más tarde para él.

La noche, saliendo de Calacoto, era impresionante. Allí los cerros vecinos están horadados por el tiempo y han tomado la forma curiosa de las tuberías de un órgano. Estas siluetas extrañas se recortan como en una catedral gigantesca, y le dan a la noche una solemnidad trágica.

Caminamos los diez kilómetros hablando de nuestros proyectos, recordando las anteriores experiencias. Guevara me refirió el viaje que había hecho poco antes, cuando intentó llegar a la Isla de Pascua, a tres mil seiscientos kilómetros de la costa, en el Océano Pacífico, con el propósito de trabajar en el leprosario de Rapa-Nui.

Había sido un viaje, un "viaje en serio", según la expresión de Guevara. Él diferenciaba de este modo a otro anterior, cuando recorrió en una pequeña motocicleta doce provincias argentinas, y fue tema para la gloria pasajera del deporte, desde las páginas de la revista *El Gráfico*.

El viaje "en serio" también había comenzado en motocicleta. Con el médico Alberto Granados, Guevara, que todavía era estudiante del último año de medicina, fue a parar a Temuco, Chile, de donde se proponía con su amigo llegar a Valparaíso y emprender la travesía a Pascua. Pero esta intención se frustró: no había viajes regulares a la isla, no había necesidad de médicos en el leprosario, Guevara no sabía bien las causas. Pero lo cierto es que siguieron viaje, durmieron una noche en la mina de Chuquicamata y visitaron, ya en el Perú, Machu-Picchu, que para el arqueólogo Guevara fue una verdadera fiesta. Guevara me relató que había tenido entonces un fuerte ataque de asma —y fue ésa la primera noticia que tuve de que sufriera esta angustiosa dolencia—. Aquel viaje "en serio" había continuado después con una accidentada navegación del río Amazonas, hasta Iquitos, de donde salieron para dirigirse al leprosario de San Pablo. Guevara guardaba de este lugar un recuerdo notable.

—¿Por qué? —le pregunté.

—Porque entre los hombres solos y desesperados —me respondió— se dan de pronto las formas más altas de la solidaridad y de la lealtad humanas.

En fin, aquellos leprosos que recibieron la visita fraternal de los jóvenes médicos la retribuyeron con un afecto sin esperanzas y con el trabajo de sus brazos. Construyeron una balsa para que cruzaran el río Amazonas, a la que bautizaron "Mambo-Tango", una manera alegórica de unir la América templada y la América tropical a través de su música popular.

Guevara experimentaba el placer de la conversación, cálida, íntima, de amigos. Del mismo modo que se retraía y se tornaba cáustico cuando la reunión era numerosa y él no conocía bien a los presentes, del mismo modo se convertía en un conversador fluido y seductor en el diálogo.

Aquella aventura continuó en balsa, hasta un insignificante puerto de Colombia, llamado Leticia, donde Guevara y su amigo Granados trabajaron como entrenadores de un equipo de fútbol del lugar. Pudieron seguir a Bogotá, por avión, y de allí a Caracas, donde se habían separado. Guevara continuó viaje después de tres semanas en Venezuela, a bordo de un transporte de caballos de carrera, a Miami. Allí pasó una corta temporada, y regresó al fin a Buenos Aires donde se graduó de médico, aprobando doce materias de examen en seis meses, más una tesis doctoral sobre alergia.

Era médico en ese momento, aunque nadie lo hubiera dicho viéndolo, como lo vi yo la primera noche que lo acompañé hasta el lugar donde vivía, una miserable pieza de un caserón arruinado que se alquilaba por cuartos, en la calle Yanacocha. Guevara podía vivir en los lugares más siniestros y conservar al mismo tiempo un humor que se canalizaba hacia el sarcasmo y la ironía.

Compartía su cuartucho con *Calica* Ferrer, un estudiante de la ciudad de Córdoba, Argentina, que estaba de acuerdo con él en las exigencias básicas del buen compañero de viaje. Para Guevara, el compañero de viaje debía estar dispuesto a caminar incansablemente, a despreciar cualquier preocupación por la forma de vestir y a soportar sin angustias la absoluta inexistencia del dinero. Si encontraba respuesta positiva en estos aspectos, el resto tenía una importancia secundaria, y aceptaba que la pasión que sentía por la arqueología podía, justificadamente, tomarse como una extravagancia. *Calica* Ferrer estaba en aquel momento de acuerdo con estas reglas, aunque aparentemente terminó fatigándose, como se verá más adelante.

En aquel cuarto de la calle Yanacocha, unos patéticos clavos en las paredes desnudas sostenían las prendas de vestir de Guevara, y un bolso de mano, maltratado y oscurecido por el uso.

Guevara no vivía, realmente, en aquel rincón de un barrio popular de La Paz. Su vida transcurría en los cafés bulliciosos de la Avenida 16 de Julio, en el mercado Camacho, donde comprábamos las grandes frutas del trópico que comíamos de almuerzo.

También en el bar del Sucre Palace Hotel, el más suntuoso de la ciudad, adonde Guevara entraba con absoluta despreocupación por su aspecto campestre. Desde las mesas esparcidas por la terraza, podíamos ver el desfile incesante del pueblo boliviano en revolución: las cholas, con los hijos a las espaldas; viejos indios, consumidos por el sol y la coca, vendiendo pieles de animales; campesinos, en grupos, tropezando por la falta de costumbre al caminar sobre el pavimento parejo; y algunos hombres que, con las ropas de domingo, acababan de hacer un trámite en algún ministerio y que, en la mayoría de los casos, eran dirigentes mineros que realizaban una gestión por cuenta de sus compañeros.

El interminable desfile de la revolución se detenía de pronto en las esquinas, donde unos grandes carteles explicaban el sentido de las medidas económicas. Estaban escritos en la prosa combativa de los agitadores, porque, sin duda, aquel régimen nacionalista contaba entre sus filas con la más formidable legión de agitadores que se había dado nunca en la historia de Bolivia. El "explotador" y el "agiotista" merecían las palabras más duras y las peores amenazas: eran los enemigos del hombre de la calle, que, al reconocerlos, recibía desde los muros de su ciudad, cada día, una dosis de educación política.

Uno de aquellos carteles del Movimiento Nacionalista Revolucionario prohibía, bajo pena de separación de los cargos y expulsión del partido, que sus miembros concurrieran a night clubs y lugares de diversión nocturna. La sensualidad del poder, del poder recién conquistado con las armas en la mano, rondaba a los revolucionarios.

Aquella forma de adoctrinamiento popular no podía disimular su tremenda ingenuidad: recomendaba buenas costumbres a quienes no podían hacer otra cosa que acostarse temprano, pero dejaba indiferente a la nueva clase que estaba engendrándose al resguardo de las banderas de la revolución.

Una noche, en la casa de Nougués, comimos hasta tarde. Era una de esas comidas para la "reserva", según la expresión de Guevara, que podía perfectamente pasar tres días sin alimentarse y también permanecer junto a una mesa surtida durante diez horas. Ahora que lo pienso, esta propiedad de alimentarse fue una condición de Guevara que me impresionó siempre. Comía salvajemente cantidades difíciles de medir, se tomaba todo el tiempo que podía y disfrutaba con una sensualidad inocultable. Luego pasaba a un período ascético, que nunca elegía, por supuesto, sino que se le presentaba como resultado de su falta de dinero y de la ocasional ausencia de invitaciones.

Habíamos comido y bebido, y alguien se ofreció para llevarnos de regreso a La Paz. Al pasar por una pequeña población, llamada Obrajes, ni el conductor del auto ni nosotros advertimos un retén. Una descarga de fusiles, que pasó rozando las gomas, nos devolvió a la realidad. Allí estaban, bajo el frío de una noche serena y limpia, tres indios andrajosos con el fusil echando humo que nos preguntaban quiénes éramos.

—Hombres de paz —contestó Guevara, bajando el vidrio de la ventanilla de su lado.

—¿De dónde vienen? —agregaron con desconfianza.

—De llenarnos —prosiguió Guevara, que, haciendo una pausa y bajando el tono de su voz, añadió—: ...pues estábamos vacíos.

Nos dejaron continuar, después de revisar seriamente unos documentos cuya escritura con seguridad no podían descifrar. Meditábamos sobre el hecho dramático del pueblo en armas, cuando a la vuelta del camino una marca de neón y la música que se filtraba del interior nos pusieron delante de "El Gallo de Oro", el cabaret de moda entre la burocracia gubernamental. El coche disminuyó la marcha al pasar justo enfrente, porque no valía la pena repetir el experimento de un momento antes. Pero nadie disparó a las gomas desde "El Gallo de Oro", nadie pensó que la suerte de la revolución estaba en juego. En eso solamente pensaban los indios ateridos de frío de Obrajes. Guevara hizo un guiño y, con voz torva, dijo:

—El MNR se divierte...

El MNR, para decir la verdad, no solamente se divertía. Pero la escasez de cuadros revolucionarios, la multiplicación de tareas por cuenta de un pequeño grupo de dirigentes, la aparición de oportunistas y favoritos saltaban a la vista con tanta fuerza que sólo la inmensa euforia del pueblo podía ignorar los peligros que la revolución corría.

Una vez quisimos tener la impresión personal y directa de la plana mayor revolucionaria. Guevara creyó que lo mejor era visitar al ministro de Asuntos Campesinos y pedimos una entrevista. El ministro era un abogado, Ñuflo Chaves, que tenía aproximadamente nuestra misma edad, una frente ancha e inteligente y, además, había sido perseguido por la defensa de presos sindicales y políticos durante el régimen anterior. A pesar de los buenos presagios, la entrevista fue convencional y fría. Este clima desfavorable se formó contra nuestra voluntad. El Ministerio de Asuntos Campesinos funcionaba en un típico edificio burocrático, mal iluminado y sucio, esto último por el paso incesante de miles de personas que cada día llevaban hasta allí su problema.

Había largas hileras de silenciosos indios quichuas y aimaraes. Rostros quemados por el sol y el viento, alargados, impenetrables. Vestían ojotas, pantalones de telas rústicas y chaquetas de cortes exóticos; muchos de ellos tenían la cabeza cubierta por gorros tejidos con lanas de colores. Era, sin duda, la larga fila de la reforma agraria, los indígenas que esperaban la adjudicación del predio que la ley recién dictada les prometía. La hilera penetraba en el edificio, se extendía como una serpiente por un pasillo lóbrego y, al fondo, parado sobre un cajón, un *cholo* introducía por la espalda de cada indio un largo pulverizador de goma. Era una tarea metódica, que dejaba a cada uno cubierto de un polvillo tenue. Los indios continuaban esperando, pero ahora estaban enharinados, blanquecinos, con la misma pétrea severidad de antes, aunque a nosotros nos pareció que esta operación era tremendamente humillante. Guevara se entristeció y lanzó una de sus frases mordaces, habituales en él cuando la condición humana lo conmovía profundamente. Dijo:

—El MNR hace la revolución del DDT.

Con este preámbulo, la entrevista con el ministro de los campesinos no consiguió salir de un nivel cortés, que posiblemente molestaba tanto al ministro revolucionario como a sus visitantes. Hasta que Guevara le preguntó por qué se realizaba esta tarea de un modo que hería la sensibilidad de los que llegaban de afuera. El ministro admitió que la cuestión era desgraciada, pero agregó que los indios no conocían el uso del jabón y no podían ser iniciados en sus ventajas de un día para otro, de manera que no tenían los revolucionarios más remedio que atacar las consecuencias de esta ignorancia con los métodos que acabábamos de ver.

Dejamos al ministro revolucionario sin poder superar el conflicto que nos había producido el espectáculo de centenares de indígenas cubiertos de insectos, y el paciente burócrata que los mataba en una operación que nos recordó los corralones de hacienda de los suburbios de Buenos Aires. En la calle, delante de la estatua de Bolívar, Guevara hizo el resumen emocionado de la experiencia:

—La cuestión sería combatir las causas, y no conformarse con tener éxito en suprimir los efectos. Esta revolución fracasará si no logra sacudir el aislamiento espiritual de los indígenas, si no consigue tocarlos en lo más profundo, conmoverlos hasta los huesos, devolverles la estatura de seres humanos. Si no, ¿para qué?

En aquella época, Guevara no era de ningún modo un marxista, ni siquiera tenía claramente manifestada su preocupación política. Sentía un considerable desprecio por la política menuda de la Argentina y lo divertía sobremanera ponerlo en un aprieto a nuestro amigo Nougués, que volvía con perseverancia de exiliado sobre las causas de su desacuerdo con Perón. Cuando Nougués exageraba el relato de sus desventuras y la exaltación de sus sacrificios personales por la libertad, Guevara dejaba reposar la enorme cuchara que le servía para comer el apetitoso *locro* de nuestro amigo, y le preguntaba:

—Bueno, bueno, está bien. Ahora, ¿por qué no hablás un poquito de tus ingenios azucareros?

La observación y el análisis personal, antes que las lecturas teóricas, le dieron una perspectiva nueva: la importancia de los hechos económicos en la historia de los pueblos y de los individuos. Los viajes por América Latina le presentaron el panorama social que lo hechos económicos habían creado.

Si tuviera que definir a Guevara entonces diría que buscaba a tientas lo que quería hacer con su vida, pero estaba completamente seguro de lo que *no* quería que ella fuera.

Un buen campo para desarrollar su personalidad, hasta por contradicción, fue su propia familia. Tanto el tronco paterno, Guevara Lynch, como el materno, De la Serna, arrancaban de viejos linajes aristocráticos, aun anteriores a la independencia argentina. Pero tanto unos como otros habían perdido lo principal de sus patrimonios, y los padres del Che, en los hechos, debieron edificar su posición como familias corrientes de clase media, a partir de niveles bastante bajos. En esta situación particular, el origen aristocrático se convirtió en un verdadero obstáculo, porque los compromisos con el pasado impidieron más de una vez al padre realizar buenos negocios en el presente. La absoluta certeza de que un hidalgo no puede descender a ninguna inmoralidad y lo corriente que son éstas en el comercio aprisionaron al padre del Che en la alternativa de ganar dinero o seguir siendo un caballero, como sus antepasados. De más está decir que eligió lo segundo, y que el Che heredó íntegramente el espíritu generoso de su padre, llevándolo a un plano superior que sólo podía materializarse en la revolución social y la implantación de la justicia en el mundo entero. El hogar de los Guevara fue, además, socialmente abierto y democrático, intelectualmente activo y políticamente progresista, sin perder el marco de aristocracia añeja. Por su procedencia familiar, el Che pudo ser recibido por las grandes familias de la nobleza provinciana, en la ciudad de Córdoba, o en Buenos Aires, como un igual. Por la posición económica, sus compañeros de juegos fueron hijos de funcionarios del gobierno o de profesores de colegio, o *caddies* de los campos de golf cercanos a su casa.

Una familia con estas características debía sentirse conmovida con la guerra de España, que estalló cuando el Che tenía ocho años. La guerra española emocionó a la Argentina como un conflicto propio, y el país se dividió en "fascistas" y "leales". Las calles de Buenos Aires y de las grandes ciudades de provincias fueron escenario de choques armados y manifestaciones populares, que un gobierno militar de extrema derecha más de una vez no pudo controlar. Un tío del Che, poeta refinado, sintió el sacudimiento de la guerra lejana y viajó a España, escribiendo a su regreso un libro, *España bajo el comando del pueblo,* que también marcó su adhesión al comunismo. La madre, como el padre, eran laicos, con ese estilo particularmente agresivo que caracteriza a quienes han sido educados en colegios religiosos —lo que, por lo menos en el caso de la madre, había tenido lugar bajo la tutela de monjas católicas muy estrictas.

En este ambiente familiar, lo natural era la pasión por la justicia, el repudio al fascismo, el desdén religioso, la curiosidad por la literatura y el amor por la poesía, la prevención contra el dinero y los métodos para ganarlo. Y también la rebeldía personal, cuya gradual comprensión de los problemas sociales, lo llevaría a su rol principal de revolucionario. No quería que mataran lo mejor que había en él: de eso estaba seguro.

Pero en 1953, Guevara estaba repleto de curiosidades científicas, comenzando por la arqueología. Así fue como un día me anunció que se iba a ver la Puerta del Sol, reliquia de la cultura aimará, que mantiene intacta la imagen de una civilización deslumbrante. Guevara no contaba conmigo para estas cosas, creo que no contaba con ninguno de sus compañeros de entonces. Pero en las tertulias de los cafés había conocido a un notable fotógrafo alemán, Gustav Thörlichen, y con él realizó la travesía. El alemán viajaba en un jeep de guerra, de ruedas altas que le permitían escapar del barro de los malos caminos. Preparaba un libro de fotografías sobre las ruinas milenarias de Tiahuanaco, y Guevara, que ya conocía Machu-Picchu y acumulaba una excepcional erudición sobre el tema, se transformó en el compañero y en el guía ideal.

Tal vez para contrapesar la escapada arqueológica, me propuso que fuéramos a las grandes minas Siglo XX y Cataví, en la región de Oruro. En estas minas se había librado la lucha entre la clase trabajadora y el ejército, y en un campo bautizado con el sencillo nombre de María Barzola la dinamita de los mineros había enfrentado las ametralladoras de los soldados. Teníamos amigos entre los colaboradores del ministro de Minas, Juan Lechín, y ellos nos consiguieron los salvoconductos para penetrar en el distrito minero.

Lechín había dicho en esos mismos días:

"La revolución boliviana es más profunda que la de Guatemala y la de China".

Aquellos mineros, a los que diezmaba la silicosis antes de cumplir los treinta años, se merecían, evidentemente, que la frase de Lechín fuera cierta. ¿Podría cumplirla?

Guevara lo ponía en duda. El día que le explicaron que el gobierno había indemnizado con dinero a los mineros, al nacionalizar las minas, dándole a esta medida el carácter de un cambio de patrón, hizo reflexiones sombrías. Para él, había un error grave en confundir los procedimientos de un Estado nacional en armas con los de una empresa comercial que pasa a otros dueños. Los bolivianos explicaban que la medida contenía una dosis de demagogia y una mucho mayor de estímulo al bajo consumo, puesto que los mineros habían invertido de inmediato sus indemnizaciones en alimentos y vestidos. Pero Guevara insistía en que el acto de recuperación de las minas había quedado empañado con esta disposición, porque gratificaba los sentidos en el mismo momento histórico que más necesario era elevar la moral. En este juicio era intransigente, y su conclusión fue que por una pequeña recompensa los mineros disminuían las reservas materiales y morales de una revolución que iba a necesitarlas, y en gran escala.

Ninguno de nuestros amigos bolivianos pudo convencerlo de lo contrario.

El día que nos fuimos de Bolivia, en dirección al Perú, lo hicimos en camión. Eran unos camiones duros y sin amortiguadores, que cargaban a los indios con sus productos en los mercados de las calles, y los llevaban y traían, mezclados con sacos de sal y de azúcar, con bolsas de papas y de coca, y algún cartucho de dinamita.

Nuestro plan era entrar en territorio peruano por tierra, para lo cual debíamos bordear el Lago Titicaca hasta Copacabana, la ciudad del turismo y de los viajes a vela, unida a La Paz por una ruta de 140 kilómetros.

Guevara se ocupó de comprar los boletos de los tres

—*Calica* Ferrer era todavía de la partida— y mantuvo una instructiva conversación con el vendedor de billetes. Estaba detrás de un mostrador roñoso, con la piel brillante y un pañuelo cuidadosamente arrollado al cuello, para no manchar la camisa. Sin duda, se sorprendió cuando tres hombres blancos llegaron hasta allí.

—¿Viajan en Panagra, no?

—¿Cómo en Panagra? —replicó Guevara—. Vamos a Copacabana, en camión.

—Sí, en camión, pero clase Panagra, ¿verdad?

Nos miramos sin comprender. En una pared descascarada, un viejo almanaque de Panagra mostraba las playas de Miami.

Entonces el *cholo* explicó que la *Clase Panagra* era el compartimiento del chofer, una carrocería donde amontonaban cuatro o cinco pasajeros privilegiados, y que a causa del privilegio pagaban un sobreprecio. Era, como obviamente nos insinuaba el *cholo,* el único lugar posible para tres jóvenes blancos que no podían mezclarse con la indiada. Guevara entendió de inmediato, y terminó la discusión secamente:

—No, nada de Panagra. Vamos atrás, vamos con todos.

Ese viaje fue un ejercicio indispensable para el conocimiento de la América indígena. Entramos en un mundo hostil, y quedamos prisioneros de bultos y de personas que parecían bultos. Silencio. Barquinazos y silencio. Descubrimos que era inútil ensayar la simpatía de que nos sentíamos capaces con aquellos ojos escrutadores, metálicos, con aquellos labios que se cerraban imperiosamente y no respondían a nuestras preguntas. De vez en cuando, una boca se abría y dejaba salir un pestilente aliento de coca mascada, un aliento que parecía imposible de haber fermentado en las entrañas de un ser humano.

No pudimos establecer la más mínima comunicación humana con los indígenas que viajaron con nosotros, pero los guardias fronterizos del Perú estaban absolutamente persuadidos de que los habíamos trastornado con la idea de la revolución agraria. El 11 de septiembre de 1953, cuando pisamos territorio del Perú, la policía aduanera de Yunguyo, la primera población al salir de Bolivia, descubrió que nuestro equipaje se componía casi exclusivamente de libros y folletos editados por los revolucionarios bolivianos. Los materiales de propaganda que el ministro Chávez nos había entregado en la entrevista pasaban ahora a ocupar un lugar especial en la inspección de los policías peruanos. Uno dijo:

—¿Son ustedes agitadores?

Guevara respondió:

—Difícil. No hablamos una palabra de aimará o de quichua, y a estos tipos no pudimos arrancarles una palabra en todo el viaje.

Sin embargo, perdimos un tiempo antes de poder convencer a los guardias de que nuestras intenciones eran inofensivas, y que no nos proponíamos contaminar a los indígenas del Perú con los bacilos de la revolución agraria. Estos rudos policías fronterizos procedían con una correcta valoración del problema, y nos brindaron una lección histórica. Ésta es que las fronteras políticas no alcanzan a dividir a masas humanas con los mismos problemas, y que una rebelión agraria que prende entre las masas indígenas de un país no se detiene ante los límites políticos fijados desde lejos por los hombres blancos de las ciudades. En la frontera peruana, en 1953, soplaba el viento de las rebeliones indígenas y los aduaneros sospecharon que traíamos más combustible en nuestras pobres alforjas.

Recibimos unos salvoconductos y continuamos hasta Juliaca, para seguir al Cuzco. Guevara quería confirmar una hipótesis que había esbozado en una estada anterior en Machu-Picchu y que, con soberano desdén por nuestra ignorancia arqueológica, se cuidó muy bien de repetirnos, en medio de discreto escepticismo. Atravesamos el valle de Uhubamba y recorrimos las ruinas de Sacsahuamán, una ciudadela amurallada ante la cual Guevara se rindió: inmediatamente decidió quedarse en ese lugar, mientras yo proseguía hasta Lima, la capital.

Perú estaba gobernado por un general cerradamente reaccionario, Manuel Odría. Había llegado al poder valiéndose de cualquier medio, y se mantenía en él del mismo modo. Una masacre en la ciudad de Arequipa lo salpicó con la sangre de centenares de personas, y esta situación lo había tornado cada día más implacable. En la embajada de Colombia estaba desde cuatro años antes asilado el jefe del APRA, Víctor Raúl Haya de la Torre, y en las calles de Lima el número de policías parecía excepcionalmente alto. La oposición no podía manifestarse, numerosas demostraciones de los partidos políticos habían sido disueltas a bastonazos y el movimiento estudiantil se encontraba en dificultades, con muchos dirigentes encarcelados, otros exiliados y algunos sometidos a tormentos.

Con este cuadro por delante, mi situación no podía ser demasiado brillante. Mi pasaporte era, en realidad, un salvoconducto de asilado en la Embajada de Guatemala, y en Perú se desconfiaba de todos los asilados en embajadas. Mi entrada en el país se había hecho desde Bolivia, y en Perú se desconfiaba de todos los que venían de países con revoluciones agrarias. Mi autorización para entrar en Perú, a causa del incidente fronterizo, contenía la exigencia de presentarme a la policía de Lima, apenas llegara. Y la policía, como se sabe, tiene siempre razones profesionales para desconfiar.

Acompañado por unos periodistas norteamericanos que representaban al *Chicago Tribune,* y sólo visitaban grandes hoteles y algunas ruinas, crucé los Andes, esa masa de piedra pelada y cubierta de nieve, en cuyas laderas se libró la guerra de la Independencia. Las poblaciones miserables se hacían más numerosas a medida que nos aproximábamos a la capital, las callejuelas de los suburbios se llenaban de gente, la ropa vistosa de los indios deslumbraba tanto como la luz.

Lima puede dar —y frecuentemente sucede así— una imagen errónea del país. El poder de España y de la civilización que ésta trasplantó a América estuvo simbolizado durante tres siglos por la rumbosa arquitectura de la Catedral, del Palacio Torre-Tagle y de la Universidad de San Marcos, la más antigua de América y un semillero de movimientos estudiantiles. Pero la riqueza de Lima está desconectada del resto del país, entonces poblado por unos nueve millones de habitantes, de los cuales la mitad es descendiente directa de los primitivos pobladores indios, y un porcentaje muy alto está formado por mestizos de indios y europeos.

Para esa multitud de indios y mestizos no había, naturalmente, piedad, y los hechos económicos trituraban silenciosamente a millones de seres humanos, condenados al trabajo esclavo del campo y de las minas.

Un millón de campesinos, encadenados a la tierra de dos mil latifundios, estaba en la base de la riqueza y el despilfarro de una minoría cómicamente aristocrática, aliada con banqueros, importadores y extranjeros inversionistas.

Era una realidad penosa, aplastante, la de esta dictadura policial sostenida por una minoría de ricos para mantener sin alteraciones su posición económica. Decidí continuar el viaje, sin esperar a Guevara, que me había dado una seña para encontrarlo en Lima pero no había llegado al lugar de la cita, la casa de una enfermera que él conoció en un hospital de Buenos Aires.

El destino nos volvió a reunir. En la fila que formaban los pasajeros del ómnibus a Tumbes, en la frontera con Ecuador, había un tipo que fumaba un cigarrillo y miraba distraídamente a la gente que pasaba por su lado. El tipo era Guevara. Nos dimos un abrazo y, después de pagar los billetes de ómnibus para el día siguiente, salimos a despedirnos de Lima. En la Embajada de Colombia había una fiesta: el asilado Haya de la Torre recibía a sus amistades. En la calle, tanques y camiones con tropas magnificaban el entredicho diplomático que provocaba la dilecta presencia del famoso refugiado. Guevara movió la cabeza, y dijo:

—¿Por qué le tienen tanto miedo? Si es igual que todos...

Nos fuimos en ómnibus, por el camino de la costa, cruzando Trujillo, Piura, Talara, en el desierto árido y barrido por los vientos del Norte, donde el petróleo subterráneo mana de la tierra sin cesar. En Tumbes, una laguna que marca la frontera de Perú y Ecuador, el clima era de guerra. Los ejércitos de los dos países se mostraban recíprocamente sus últimas novedades en armamentos. Esta obsesión militar se alimentaba con una disputa de fronteras que, por momentos, parecía mantenerse encendida para justificar la adquisición de más armamentos y la expansión de los cuadros del ejército.

—Con estos tipos, mucho cuidado —comentaba Guevara mirando con desconfianza los fusiles—, porque como no saben tirar, seguro que si se les escapa una bala, te la encajan en el cuerpo.

El 26 de septiembre de 1953, los policías fronterizos de Ecuador anotaron el paso de Ernesto Guevara, *Calica* Ferrer y yo, por Huaquillas, una aldea indígena, de donde proseguimos a Puerto Bolívar y de allí a Guayaquil.

Nadie que no haya estado alguna vez en Guayaquil podrá afirmar que ha conocido el trópico. Emplazada sobre el río Guayas, 64 kilómetros más arriba de la desembocadura de éste en el océano, la ciudad está a menos de un pie sobre el nivel del mar. En todas las direcciones, rodean la ciudad los manglares, las aguas se estancan y proliferan las enfermedades clásicas, el paludismo, el parasitismo intestinal y la fiebre amarilla. Cuando llegamos, la ciudad tenía menos de cuatrocientos mil habitantes, penosamente estacionados en viviendas de madera semipodrida e infestada por el comején. Descubrimos con horror que este caserío mal iluminado podía convertirse en cenizas al cabo de pocos minutos, y los bomberos recorrían las calles constantemente, ofreciendo el espectáculo diario de la dramática carrera contra el fuego.

Estábamos en la llamada "estación seca", una manera sin duda literaria de diferenciar estos meses, cuando llovía no menos de una hora cada mediodía, de los otros meses del año, cuando una cortina de agua sumergía en un lodazal las calles y las avenidas.

El grupo se aumentó con otros tres estudiantes argentinos, los tres de Leyes: Oscar Valdovinos, *Gualo* García y *Andro* Herrero. Ellos habían llegado a Guayaquil pocos días antes, y leyeron la noticia perdida en un diario que anunciaba el arribo a la ciudad de un argentino exiliado, con dos amigos más. Nos encontramos en la Universidad, nos dijimos nuestras señas, y descubrimos al mismo tiempo que el estado general de las finanzas personales era calamitoso. En consecuencia, en ese mismo momento que nos conocimos, decidimos vivir todos juntos, en una sola pieza de una casa de madera, muy cerca del puerto.

Era un cuarto con dos camastros. El uso de las camas se obtenía por riguroso orden de llegada, y a la madrugada siempre había cuatro cuerpos tendidos en el suelo, apenas envueltos por una sábana. Desde esa altura —la del piso— el sueño podía verse interrumpido por el paso de una rata fugitiva, o de alimañas de menor tamaño aunque todavía más repugnantes. Nos dormíamos por agotamiento, cuando el sueño vencía nuestra última resistencia a los mosquitos, que se reproducían por millones sobre las aguas insalubres del Guayas.

En las mañanas, temprano, cuando el sol era menos fuerte, íbamos a ver las maniobras de carga de los grandes barcos fruteros, el movimiento de los lanchones y los remolcadores con los productos del trópico, las jangadas que navegaban desde el Norte. Alrededor del mediodía podía suceder que comenzara a elevarse un clamor humano. Al principio nos sorprendía, pero después nos acostumbramos a ver unas masas desgreñadas, que por las calles convergían hacia la ribera, entonando estribillos políticos y vivando el nombre de un ex alcalde de la ciudad, Carlos Guevara Moreno, posiblemente uno de los más eficaces demagogos que haya conocido.

Estas masas rugían en las calles, corrían y se apretujaban, desafiando a los poderosos, pero terminaban en el desaliento y por fin se evaporaban, con la misma rapidez que la lluvia bajo el sol del mediodía. Pasaron a ser para nosotros, entre quienes dominaban francamente los políticos sobre los científicos, con la incorporación del nuevo grupo, un motivo de estudio. Eran masas dispuestas a todo, que no tenían nada que perder y que, demasiadas veces, perdían la vida en los choques con la policía. Pero estas masas carecían de una dirección revolucionaria; su energía solamente servía para encumbrar a los demagogos criollos que, una vez en el poder, se encargaban de traicionarlas.

Viéndolas y reflexionando sobre ellas, se nos pasó el tiempo y se nos acabó el escaso dinero. Hubo entonces una reunión de emergencia, que decidió salir cuanto antes de aquella caliente olla tropical. Para continuar viaje era necesario vender de inmediato las pocas ropas que todavía conservábamos, cualquiera fuera su estado. Con el fondo común que se reuniera, Guevara y *Calica* Ferrer podrían trasladarse a Venezuela, que era la meta original de su viaje. Mientras que los tres nuevos compañeros y yo continuaríamos hasta Guatemala, donde estábamos de acuerdo en que se desarrollaba un proceso revolucionario de enorme interés y segura proyección histórica.

En los países pobres, la ropa usada se vende en las calles. Pero en las calles de Guayaquil nuestra ropa difícilmente podría venderse, porque la mejor que nos quedaba era para clima frío. Así partió Valdovinos a Quito, la capital, a 2.800 metros sobre el nivel del mar, para convertir en unos pocos dólares mi único lujo, un abrigo de vicuña que había comprado en La Paz, y los trajes gastados y descoloridos que nos habían acompañado hasta allí.

Guevara se quedó con el equipo mínimo: un pantalón deformado por el uso, una camisa que había sido blanca, y un saco sport con los bolsillos reventados de cargar objetos diversos, desde el inhalador contra el asma hasta los grandes plátanos que muchas veces eran su único alimento.

Estábamos casi desnudos, pero podíamos seguir hacia el Norte, abandonar las aguas fétidas del Guayas, las ratas domésticas, el olor a madera y frutas corrompidas. Fue en esos días cuando intentamos que el cónsul de Colombia nos extendiera una visa de turistas a Bogotá. Pero en Colombia la situación era extremadamente grave, pocos meses atrás el general Rojas Pinilla había derrocado el régimen ultraconservador de Laureano Gómez, y en el valle del Tolima las guerrillas campesinas habían ganado a balazos el respeto del ejército profesional. Se aseguraba que 25.000 guerrilleros campesinos estaban negociando su rendición al Ejército, a cambio del reconocimiento de la ocupación de sus tierras. Pero el cónsul no tenía ningún deseo de que les ocurriera algo malo a seis extranjeros que se proponían atravesar los valles y las montañas en guerra. Nos puso como condición que compráramos un pasaje aéreo a Bogotá, donde estuviera registrada también la fecha de salida. Era una condición inaccesible para nuestra miserable economía. Tuvimos que renunciar a pasar por Colombia, y yo recurrí a mi última carta.

Era, realmente, una carta. Se la dirigía el líder socialista chileno Salvador Allende a un abogado socialista de Guayaquil, y le pedía que me ayudara cuanto pudiera. Los socialistas chilenos odiaban a Perón, y yo pertenecía al ala izquierda de un partido opositor a Perón, de manera que cierta vecindad ideológica y una simpatía personal con Allende que se prolonga hasta hoy explican que el joven exiliado llevara la carta del senador.

Hasta ese momento no la había utilizado, pero sin duda no quedaba otro camino. Fui a ver al abogado socialista con Guevara, porque en vista del pedido que pensaba hacerle era mejor que con sus propios ojos comprobara la magnitud de nuestra pobreza. Nos recibió fraternalmente, pero descubrimos su perplejidad cuando tomó conocimiento de que los viajeros anclados en Guayaquil a la fuerza no éramos sólo nosotros dos, sino que había cuatro más. Habló por teléfono dos veces, en nuestra presencia, y por fin nos anunció que dispondríamos de seis pasajes en la "Flota Blanca", la línea carguera de la United Fruit Co.

Había una condición más: sería imposible introducir seis pasajeros gratuitos en el mismo barco, de manera que la salida se iba a efectuar en tres veces, a razón de dos por viaje.

Fue en esos momentos cuando se decidieron algunos proyectos que cambiarían la historia de América Latina. En una discusión amistosa, en la que Guevara no opuso demasiada resistencia, sin duda contagiado por nuestro entusiasmo, renunció a radicarse en Venezuela, donde se proponía reunirse con el médico Granados en el leprosario de San Pablo. *Calica* Ferrer, que esperaba ganar dinero en negocios de construcción, se separó del grupo en ese momento.

—¿Cómo vas a ir a Venezuela —le dije esa noche—, si Venezuela es un país que sólo sirve para ganar dólares?

Guevara insistía en que tenía un pacto de amigos con Granados, y quería cumplirlo.

—La cuestión está en Guatemala, viejo —continuaba yo—. Allí hay una revolución importante, hay que verla.

—Está bien —se rindió Guevara— pero con la condición de que caminemos juntos. —Y con un ligero tono amenazador, teñido de su espíritu bromista, agregó:— A no marearnos con el oficialismo de Guatemala, ¿eh? Te lo digo porque ustedes, los reformistas, son especiales para la burocracia.

La idea de que todos nos volveríamos a reunir en Panamá, para llegar juntos a Guatemala, nos puso de buen humor esa noche. Y Guevara lo completó, ganándonos una apuesta. Aseguró que el calzoncillo que llevaba puesto, y que era el único desde hacía dos meses, estaba tan impregnado de tierra del camino que podía quedarse parado sin necesidad de sostenerlo. No le creímos. Guevara se quitó los pantalones, y ante nuestros ojos apareció una prenda íntima desfigurada en el pantalón de trabajo de un albañil, tan tiesa estaba la tela, de un color inverosímil. Se los quitó también, y tuvimos que resignarnos: Guevara había ganado la apuesta, sus calzoncillos permanecían "de pie" y su dueño prometía, en medio de nuestras carcajadas, que con el tiempo llegaría a hacerles marcar el paso.

El 9 de octubre de 1953, Valdovinos y yo, los dos primeros del grupo, nos dispusimos a partir. En el último minuto, *Andro* Herrero anunció que regresaba a la Argentina, fatigado de la aventura y nostálgico de su familia y sus amigos. En unos días más, deberían seguirnos Guevara y *Gualo* García. Éramos amigos íntimos, nos conocíamos profundamente y la camaradería del camino y las malas posadas nos habían unido para siempre.

Después parecería mentira, pero Ernesto Guevara entró en el hervidero centroamericano gracias a un pasaje de barco que cortésmente le regaló la United Fruit Co.

2. EL TORBELLINO DEL CARIBE

Desde el 17 de junio de 1952, fecha de la proclamación de la reforma agraria, Guatemala fue el mayor laboratorio de la revolución latinoamericana, con una fuerza de ejemplo superior a la revolución boliviana. Esta significación surgía de una serie de circunstancias que diferenciaban ambos procesos, y encontraba su nudo más decisivo en el hecho de que en Bolivia la tierra que se distribuyó pertenecía a latifundistas criollos y en Guatemala a corporaciones norteamericanas, con un reconocido poder político.

Entre 1821, cuando se declaró su independencia, y 1944, momento en que se inauguró el proceso revolucionario nacionalista, sólo dos gobiernos fueron elegidos constitucionalmente. El continuo asalto del poder y el apoyo recíproco de la clase propietaria y el capital extranjero fueron la nota típica de la historia de Guatemala. Servidumbre, oscurantismo y miseria, los frutos nefastos de esta colaboración. En la época de la revolución agraria, ocho de cada diez habitantes de Guatemala estaban descalzos, y siete de cada diez eran analfabetos. El feudalismo nativo, asociado con los capitalistas norteamericanos, se lamentaba hipócritamente de las consecuencias de esta situación, que atribuía falsamente a que la mitad de la población de Guatemala era indígena, en su mayoría descendiente de los mayas, cuya civilización nunca ha sido discutida. De este modo, el sistema que expoliaba a una nación entera la convencía a través de la propaganda de que las causas de su enfermedad estaban en sus mismos habitantes. Mediante la degradación del sentimiento nacional y el estímulo de la resignación y el fatalismo, la alianza de los magnates locales y de los millonarios extranjeros se proponía succionar indefinidamente la riqueza del país.

En 1944, una conspiración de jóvenes oficiales del ejército y de intelectuales se apropió del gobierno, con un confuso proyecto de reformas. Las intenciones de cambio nacían, antes que de un ambicioso plan futurista, de la comprobación de que Guatemala arrastraba una existencia indigna como nación y había malbaratado su herencia como pueblo. Los mayas escribían, pintaban bellamente, esculpían la piedra y construían con cerámica. Los códices, los templos y las piezas arqueológicas, sembradas a todo lo largo y lo ancho del país, probaban que la civilización maya había sido una realidad. La colonización española y la colonización capitalista habían aniquilado los mejores productos de esa civilización, habían sumido en la indigencia material y la ignorancia a la población indígena, pero ésta conservaba todavía importantes elementos de cohesión social e histórica. De manera que para los militares y los jóvenes intelectuales, en 1944 se abrió una etapa que se propuso rescatar con rapidez a la mitad de la población de Guatemala para integrarla en un Estado nacional.

El reconocimiento de los indígenas como ciudadanos, con los mismos derechos que los blancos descendientes de europeos, fue el objetivo de la mayoría de las medidas gubernamentales. Sucesivamente se abolieron los pilares del viejo régimen, en especial la servidumbre y las prestaciones personales de los indios, y en este punto se pusieron de acuerdo quienes sólo rechazaban por razones morales esta fórmula esclavista y los que además estaban persuadidos de que la baja producción agraria del país se debía a los métodos latifundistas que se usaban.

Pero el eje de la cuestión estaba en que cualquier modificación del *statu quo* social dañaba los privilegios económicos de los 1.059 terratenientes que poseían más de la mitad de las mejores tierras y el más grande de los terratenientes era la United Fruit Co., el célebre monopolio frutero norteamericano. En 1953, cuando el gobierno de Guatemala expropió 161.000 hectáreas de la United Fruit, la compañía entendió que la reivindicación de los indios concluía con la pérdida de sus posesiones, y puso en movimiento su gigantesco y bien aceitado aparato de presiones y amenazas. El Departamento de Estado norteamericano intervino en ese momento para defender la compañía, y lo hizo con vehemencia, seguramente porque dos de las figuras más prominentes del gobierno norteamericano, Dulles y Moore Cabot, también pertenecían a la plana mayor de la United Fruit.

La revolución recorrió hasta entonces un sendero en línea casi recta. Para cumplir la meta que su presidente Juan José Arévalo le había fijado —*Socialistas, porque vivimos en el siglo XX, pero no socialistas materialistas. El hombre no es primordialmente estómago y creemos que, por encima de todo, lo que ansía es la dignidad*—, los revolucionarios necesitaban profundizar las reformas económicas. Podían creer de buena fe que el estómago no *era* lo principal, pero comprobaban día a día que para los grandes intereses económicos el estómago *es* lo principal.

En esta lenta evolución de casi nueve años, durante los cuales muchos de los revolucionarios quedaron por el camino, aprendieron en la práctica muchas cosas que los libros no explicaban, o explicaban de distinta manera. Y hubo muchas más que no consiguieron comprender sino cuando ya era tarde y habían perdido el poder. Una, que los militares profesionales tardan en desalentarse con una revolución, mucho menos tiempo del que se toman las masas indias en entusiasmarse con ella. Este desencuentro en el ritmo de un proceso revolucionario puede acabar con todo y, de hecho, fue el que abatió por fin la experiencia de Guatemala.

Pero en noviembre de 1953, cuando Valdovinos y yo llegamos al Puerto de San José, la atmósfera de Guatemala estaba cargada de un emocionante entusiasmo. Sólo al cabo de algunos días podía advertirse la electricidad que cargaba las conversaciones de los cafés y los corrillos, el temor con que los comerciantes se referían al entredicho entre el gobierno y "la Frutera".

Habíamos decidido continuar viaje, al cabo de veinte días en Panamá, donde esperamos infructuosamente a Guevara y *Gualo* García. Panamá hervía de calor y de convulsiones antinorteamericanas. Era una temperatura que se alimentaba con las pasiones políticas, y unas pasiones políticas que se recalentaban en el húmedo calor del canal. Pero la idea de que allí el clima como la situación política no podían cambiarse tornaba obsesionante el contacto con ambas cosas y, después de tres semanas, durante las cuales nos asistió la solidaridad de los estudiantes, resolvimos partir.

Yo viajaba con un pasaporte argentino que registraba su carácter de excepción, pues oficialmente sólo podía utilizarlo para un único viaje a Guatemala, el país que me había concedido asilo político. Este pasaporte, en realidad un salvoconducto, predeterminaba mi ruta y naturalmente me colocaba a la disposición de las autoridades de Guatemala, una vez que llegara a destino. De modo que al día siguiente de poner un pie en la capital, fui a comunicar mi presencia al Ministerio de Relaciones Exteriores. El canciller era Raúl Osegueda, un pedagogo que se había educado en la Argentina, lo mismo que Arévalo, y quien, a diferencia de éste, se había relacionado íntimamente con la bohemia estudiantil y la vida nocturna. Osegueda había ganado su vida en la Argentina como músico de orquestas populares, tocaba guitarra en los salones de baile y conservaba un nostálgico y afectuoso recuerdo de esos años.

Fue el canciller Osegueda nuestro protector, y quien pagó la cuenta de una modesta pensión, cerca de la Quinta Avenida. También fue Osegueda quien nos abrió las puertas del mundo oficial y político de Guatemala.

Este universo político era muy animado pero, a poco que uno lo miraba detenidamente, podía llegar a la conclusión de que el régimen se movía sobre un tembladeral de ambiciones personales disfrazadas de tendencias ideológicas. Recibimos esta impresión como un fenómeno curioso y original, porque ya que todos los partidos proclamaban su condición revolucionaria, he aquí que se revelaba como posible la existencia de una democracia pluripartidista que al mismo tiempo realizaba la revolución. Para los que veníamos de la Argentina, gobernada por un presidente fuerte apoyado en un partido macizo y poco aficionado a las intrigas menudas de las camarillas, el contraste con Guatemala era notable. El fenómeno estaba delante de nuestros ojos, era imposible desconocerlo. Sólo el tiempo diría si el sistema era bueno o no para respaldar un proceso revolucionario.

En esos días tuvimos noticias de que habían llegado a Guatemala dos hermanos argentinos que realizaban la travesía entre los Estados Unidos y Buenos Aires a bordo de un *Ford* 1946. El mayor, Walter Beveraggi Allende, era profesor de Economía Política en la Universidad de Boston, y había protagonizado un escándalo internacional hasta que finalmente el presidente Perón le retiró la ciudadanía argentina, en un episodio sin precedentes en el país y poco corriente en América Latina. Atravesaba las fronteras con un *affidavit* que le había extendido el Departamento de Estado, haciendo sin duda mérito de su condición de profesor universitario norteamericano. El menor, Domingo Beveraggi Allende, había escapado al Uruguay sin documentos, y acompañaba a su hermano con una carta de identidad uruguaya, donde se dejaba constancia de que era ciudadano argentino.

Naturalmente, estos personajes tenían que encontrarse en algún lugar del mundo con nosotros, y ese lugar fue Guatemala. En esos mismos días, mi compañero Valdovinos, que se había casado al cabo de un rápido romance con una joven aristócrata panameña, tomó la determinación de abandonar la aventura y reunirse con su esposa, que lo esperaba en Panamá.

Con mi salvoconducto me incorporé a los hermanos viajeros, formando los tres el más sospechoso conjunto de documentos de identidad que se podía reunir en aquella época en América Central. Presentados juntos, por ejemplo, podían alarmar a cualquier cónsul, y así en efecto sucedió con el de El Salvador, un recalcitrante funcionario que nos miraba de arriba abajo y movía negativamente la cabeza, hasta que el canciller Osegueda convenció al embajador salvadoreño de que nuestro paso por su país sería con una finalidad "cultural".

Mi intención era volver a encontrar a Guevara y *Gualo* García, a quienes suponía enredados en algún problema administrativo con las autoridades de Panamá. Por momentos, llegué a temer que ni siquiera habrían podido embarcarse en el carguero de la "Flota Blanca" que debía sacarlos de Ecuador.

Como los hermanos del *Ford* 46 continuaban viaje al Sur, me sumé a ellos, y comenzamos una penosa excursión a través de las "Banana Republics", como las denomina la prensa norteamericana. La estación de las lluvias había comenzado, y la única carretera por la que se podía avanzar estaba, en algunos tramos, anegada. Todo el tráfico de vehículos estaba demorado, y muchos conductores de camiones, sencillamente, optaban en ese mismo momento por suspender sus viajes hasta que terminaran las lluvias. Cruzamos El Salvador, y el 16 de diciembre entramos por el puesto fronterizo de El Amatillo, en Honduras, que atravesamos sin parar para ingresar en Nicaragua por Madriz, donde la guardia nacional de Somoza registró nuestro paso el 18 de diciembre de 1953. Seguimos a Managua, y de allí a Rivas, una pequeña ciudad colonial en la que todas las personas a las que preguntamos estuvieron de acuerdo en lo mismo: no debíamos continuar nuestra marcha hacia el Sur, porque el agua de las lluvias estaba arrastrando partes de la carretera y la marcha era prácticamente imposible.

Pero los amigos del *Ford* ya estaban otra vez conduciendo, y las palabras sensatas de los lugareños se perdieron a la distancia.

A unos quince kilómetros de Rivas, cuando el agua formaba una cortina impenetrable y la visibilidad era escasa, empezamos a dudar de que con ese tiempo llegáramos algún día a Piedra Blanca, el lugar por donde se entra en Costa Rica.

Íbamos con la explicable tensión nerviosa, escudriñando la ruta, que se abría paso por la selva más espesa de la América Central. De pronto distinguimos dos siluetas chapaleando en el barro. No cabía duda: dos hombres caminaban dificultosamente por el borde de la carretera, en dirección contraria a la que llevábamos. Pensamos preguntarles por el estado del camino, puesto que ellos venían de recorrer la parte que nosotros debíamos emprender en ese momento, cuando se hizo un claro, suficiente para verles las caras. Eran Ernesto Guevara y *Gualo* García, con las bolsas de viaje a la espalda, calados de lluvia hasta los huesos, chorreándoles agua y transpiración sobre la cara.

—Paren —grité, y creo que el grito lo escucharon el amigo del *Ford*, que detuvo la marcha, y los caminantes, que también se quedaron firmes.

Nos dimos fuertes abrazos, y los amigos del *Ford* fueron presentados, con muy poco protocolo, dadas las circunstancias, a Guevara y *Gualo* García. El informe que ellos nos dieron del estado de la carretera fue espeluznante. El agua se había llevado terraplenes y puentes, y en las últimas seis horas de marcha el único vehículo que ellos habían encontrado era el nuestro. Señal de que el camino había sido ya declarado impracticable, y que las emisiones de radio disuadían a los conductores de camiones de sus planes de viaje.

Se decidió el retorno del grupo a Rivas. Guevara y yo estábamos muy contentos, no paramos de referirnos las experiencias que habían tenido lugar desde nuestra separación en Guayaquil, y las intercalábamos con los planes de regreso a Guatemala.

Así supe que desde Panamá, adonde los llevó la "Flota Blanca", continuaron viaje a Costa Rica, en camiones de transporte pesado y en algunos tramos también a pie. Habían tenido un accidente, cuando un camión que los transportaba volcó, cayendo torpemente en la banquina del camino. Guevara fue despedido afuera desde la altura inestable en la que se encontraba, sobre cajas de frutos tropicales, y al caer golpeó con fuerza contra el suelo. Todavía ahora, cuando habían pasado más de diez días, Guevara tenía los músculos y los tendones del antebrazo izquierdo resentidos de aquel golpe, y hacía los movimientos con dificultad.

Pero ya estábamos llegando a Rivas. Atardecía. Cerca de la plaza principal de aquella antigua ciudad, en una tahona donde había algunos hombres fumando pausadamente y unas jóvenes preparaban la comida de la noche, nos quedamos. Fue una tarde inolvidable, con mucho mate y la nostalgia de la patria lejana, que los amigos del *Ford* convirtieron en canciones, acompañándose con una guitarra. Alrededor de las siete, comimos arroz y pollo frito, que llegaba a la mesa directamente del caldero donde se cocía. Guevara comía lentamente, con aquella filosofía de comer "para la reserva" que me había explicado en Bolivia. Ahora Guevara y su acompañante habían pasado cinco días sin realizar una comida completa, y la ocasión estaba repleta de ese ingenuo optimismo que surgía de lo inesperado del encuentro y de la certeza de que en Guatemala todo iba a salir bien.

De pronto caímos en la cuenta de que nuestro aspecto extravagante y la música y las canciones del folclore argentino estaban haciendo de nosotros un imprevisto y curioso espectáculo. Había una rueda que nos acompañaba en silencio, y bandadas de niños interrumpieron sus juegos para vernos de cerca y escuchar el canto.

—¿Saben qué pensé cuando los vimos? —preguntaba Guevara, y en seguida él mismo respondía—: Pensé: "Estos yanquis son unos hijos de puta. Ellos tienen un auto, bajo esta maldita lluvia, y nosotros vamos a pie".

Era verdad. El *Ford* llevaba una patente de los Estados Unidos y una placa especial que decía "Boston University". Por un instante, Guevara creyó que los afortunados del auto eran norteamericanos.

Fue en Rivas, un punto del mapa que entró años después en la historia porque allí fue asesinado el dictador Anastasio *Tacho* Somoza, donde se decidieron los amigos del *Ford* a renunciar a la aventura automovilística.

El nuevo año 1954 lo recibimos en San José de Costa Rica, la capital más hispánica y tradicionalista de la América Central. San José se había convertido en el cuartel general de una organización que contaba entre sus miembros al propio presidente, José Pepe Figueres.

Esta organización, llamada *Legión del Caribe,* desempeñaba el papel de una internacional democrática y congregaba a algunas de las figuras de tendencia liberal más famosas de la región. Se había formado durante la presidencia de Carlos Prío Socarrás en Cuba, cuando residían en La Habana el venezolano Rómulo Betancourt y el dominicano Juan Bosch. Posteriormente, había manifestado su fuerza para imponer en el gobierno de Costa Rica al candidato de Figueres, Otilio Ulate, y más tarde al propio Figueres. Desde 1952, cuando Fulgencio Batista asaltó el poder en Cuba, los líderes de la Legión habían abandonado su asilo en Cuba y se habían refugiado en San José.

A decir verdad, la eficacia militar de la *Legión del Caribe* no era mucha. Sin embargo, y a pesar de los fracasos, las sucesivas expediciones de Cayo Confites y Luperón contra el dictador Trujillo de Santo Domingo crearon una embrionaria organización militar en el Caribe, enseñaron a algunos centenares de hombres jóvenes el manejo de las armas modernas y, sobre todo, con sus aventuras contribuyeron a desenvolver el entusiasmo romántico de los estudiantes de toda la América Central. Otro elemento que la *Legión* desarrolló hasta sus últimas consecuencia fue la fraternidad de sus miembros como ciudadanos de una nación más grande que las marcadas por los estrechos límites políticos. Era un concepto que se fundaba en la idea bolivariana de la gran nación latinoamericana, aunque de hecho la restringía el Caribe, su campo de acción propio. Cubanos y hondureños, en número igual que dominicanos, organizaron las expediciones contra Trujillo, que se armaron en Cuba con la protección del gobierno, y que partieron en algu-

65

nos casos desde Guatemala, con el visto bueno de sus autoridades. Las nacionalidades se habían borrado en el reclutamiento de la *Legión,* tanto como en el siglo anterior habíanse fundido en una sola, para la lucha contra la dominación española.

Los líderes de la *Legión* vivían ahora en la apacible San José, en un suburbio residencial, donde ocupaban la misma casa los venezolanos Rómulo Betancourt y Raúl Leoni, y el dominicano Juan Bosch. El hecho de que, en los años posteriores, los tres llegaran a la presidencia de sus países, ayudará a comprender el intenso movimiento de hombres e ideas que confluía y se engendraba en aquella casa de San José.

De tal modo que no se sorprendió Betancourt cuando Ernesto Guevara y yo nos presentamos un día en su casa y le dijimos que queríamos hablar de política latinoamericana con él. En Betancourt la habilidad dialéctica denunciaba una pasada educación marxista, aunque su misma destreza en la discusión denunciaba también una irresistible vocación por el mando. Entonces era imposible determinar el precio que Betancourt estaba dispuesto a pagar por cumplir su ambición, y lo cierto es que impresionaba por su información y su inteligencia expositiva. Entablamos una buena relación, que Betancourt ahondó con una invitación a almorzar.

Estas comidas representaban las mejores noticias que podíamos oír en aquellos años. Y las que Betancourt nos brindaba, en un pequeño restaurante italiano de San José, podían compararse con una buena noticia en el lenguaje gastronómico de cualquier época y lugar. El restaurante pertenecía a una italiana, madura pero atractiva, que mientras servía la mesa intercambiaba significativas miradas con Juan Bosch. Éste, un mulato de mirada profunda, con elegancia natural y nada sofisticada, por el momento realizaba su carrera de escritor de ficción, con incursiones en la historia.

Guevara sintió una inmediata atracción por Bosch y una equivalente antipatía hacia Betancourt. Con Bosch hablaba de literatura latinoamericana, de los propios relatos que el dominicano escribía, y de Cuba, a la que acababa de dedicarle un exaltado libro, todavía sin publicar. La veta profunda y sensible de Guevara, lector incansable y cultivado musicólogo, se abría sin reservas en los almuerzos con Bosch.

Pero existía una invisible barrera entre Guevara y Betancourt. Yo creo que los dividió primero una percepción inconsciente, y en seguida la confrontación de las ideas. Betancourt proponía una imagen doble de los Estados Unidos, con una cara amable, de la que podía esperarse comprensión y ayuda, y otra odiosa, la del imperialismo, al que prometía combatir. Guevara replicaba que esta división planteaba una opción falsa, que como todas las opciones falsas, beneficiaba solamente al más poderoso. Nunca pudieron ir más adelante en el tratamiento del tema de las relaciones de los Estados Unidos con América Latina, aunque Guevara aceptaba escuchar respetuosamente las explicaciones de Betancourt.

En un cafetín de San José, conversando de mesa a mesa, nació la relación con otros exiliados políticos, jóvenes como nosotros, que llevaban poco tiempo en el lugar. Formaban un grupo desordenado y bullicioso, discutían de política y de mujeres con verdadera pasión y tenían, como nosotros, problemas económicos para vivir en un país donde conocían a pocas personas importantes.

Eran los cubanos del 26 de julio de 1953. Los conocimos en San José en enero de 1954. Relataban historias impresionantes, la masacre que siguió al fracaso del ataque al cuartel de Moncada, y el terrorismo de las ciudades, que comenzaba a ensangrentar las calles de Cuba. Para Guevara tanto como para mí, aquellos muchachos entusiastas se internaban en un terreno fantástico. Hablaban de fusilamientos sumarios, atentados con dinamita, ejercicios militares en el interior de las universidades, secuestros y descargas de ametralladoras con una naturalidad que nos hacía dar vueltas la cabeza. Luego se despedían, iban a vender por las casas zuecos de baño que habían fabricado con sus propias manos, o a cobrar los cheques que las familias o los camaradas les enviaban desde Cuba o los Estados Unidos. Fue de boca de ellos de donde Guevara tuvo la primera información concreta sobre la existencia de Fidel Castro.

Pero en San José, a Guevara sólo le provocaban una incredulidad burlona, y más de una vez clausuraba el patético relato de los cubanos con una frase:

—Oigan, ¿y ahora por qué no se cuentan una película de cowboys?

Dejamos Costa Rica, en dirección a San Salvador, en ómnibus.

Al entrar en San Salvador, el ómnibus que nos llevaba recogió pasajeros en la segunda ciudad de la república, Santa Ana. Recordé que el amable embajador salvadoreño en Guatemala me había aconsejado visitar a cierto coronel Vides en caso de que me detuviera algún día en Santa Ana. Éste resultó ser el hombre más poderoso de la ciudad y uno de los más poderosos del país, de manera que rápidamente nos pusimos en contacto con él. Al conocer el motivo de nuestra visita, se esforzó en hacerla más agradable. Fuimos sus invitados en una formidable plantación cafetalera, llamada *Dos Cruces,* una extensión bien cultivada, con complejas instalaciones para el procesamiento del vegetal. El coronel tenía una hija de excepcional belleza, que se ofreció para hacernos conocer la finca. Fue entonces, al pasar, y mientras reparábamos en la eficiencia de la explotación, cuando descubrimos dos o tres detalles llamativos. La finca estaba rodeada de alambrada de púa, a unos dos metros de altura, y la recorrían unos individuos de uniforme militar que, sin embargo, no tenían grados ni los colores del ejército salvadoreño. Estos individuos llevaban unos imponentes revólveres de calibre 48 y, en aquel momento, parecían sumamente pacíficos. La hermosa hija del coronel respondió a nuestra curiosidad. Era la policía "interna" de la plantación, la encargada de restaurar el orden cuando "aquella gente" —y señalaba a unas mujeres y unos niños, que esperaban a los hombres en inmundos barracones— se rebelaba.

La sencilla explicación de la joven nos dejó mudos. Por la noche, el padre nos explicó que la fuerza policial interna era necesaria por la poca obediencia y amor al trabajo que a menudo revelaba la población campesina. Y en un esfuerzo por ser más claro, nos informó que su propio grado de coronel no lo había conquistado en la academia militar sino en la represión de un movimiento campesino, un cuarto de siglo antes.

Fue, aunque parezca obvio decirlo, la última noche que pasamos en la finca *Dos Cruces,* junto al amable coronel que fusilaba a sus peones y a la hermosa hija que nos tranquilizaba asegurando que "papá es una buena persona".

Cuando llegamos a Guatemala, el contraste entraba por los ojos.

Al promediar enero de 1954, cuando penetramos con Guevara en Guatemala, la temperatura política estaba caldeándose peligrosamente y, para quienes habíamos educado nuestro olfato en anteriores experiencias, algo iba a estallar muy pronto.

El 29 de enero, el presidente Arbenz denunció que se estaba maquinando una invasión armada contra su país, que las fuerzas se preparaban en territorio de El Salvador, República Dominicana, Nicaragua y Venezuela, y que el motor de la conspiración estaba "en un gobierno del Norte". Naturalmente, esta declaración implicaba la ruptura de hecho entre el gobierno de Guatemala y los Estados Unidos, porque en América Latina nadie que menciona a "un gobierno del Norte", aunque sea el país más austral del hemisferio, se refiere a otro gobierno que el de Washington. Al día siguiente, con una velocidad sugestiva, el Departamento de Estado replicó a la Cancillería de Guatemala que su denuncia era falsa y formaba parte de "un esfuerzo comunista para desbaratar la Décima Conferencia Interamericana", convocada en Caracas para comienzo de marzo de ese año.

Con Guevara nos alojamos en la misma pensión adonde mi amigo el canciller Osegueda había tenido la generosidad de pagar la cuenta anterior. Y en ese lugar se presentó un día, contra toda expectativa, el embajador argentino en Guatemala, Nicasio Sánchez Toranzo. Mi presencia en el país le había sido revelada por la Cancillería de Guatemala, en vista de mi condición de asilado. Pero Sánchez Toranzo no vino a vernos como enemigos, sino exactamente como lo contrario y con una prenda de amistad en las manos: yerba mate, el mejor regalo que podíamos recibir Guevara y yo en aquellos momentos —y en cualquier otro, fuera de la Argentina—. Sánchez Toranzo era un diplomático peronista, que además tenía un hermano general, sindicado como uno de los militares más adictos al presidente Perón. Las visitas de Sánchez Toranzo nos traían la preciosa yerba mate, que él recibía por avión desde Buenos Aires, y otro inapreciable regalo, los diarios argentinos, que podíamos leer con Guevara no más de una semana después de su publicación. Sánchez Toranzo contemplaba con simpatía el desarrollo de la revolución de Guatemala, aunque no ocultaba su preocupación por las represalias norteamericanas que se habían desencadenado. Era un tema que incluía el análisis de las relaciones entre Perón y el gobierno de Guatemala, donde la posición de dos antiperonistas como Guevara y yo se tornaba desconcertante. Perón había apoyado al gobierno de Guatemala todo lo que había podido, y continuaría haciéndolo, como iba a verse en la conferencia de Caracas. El episodio de las relaciones entre Perón y Guatemala nos "movía el piso", para decirlo francamente, a Guevara y a mí.

En torno al mismo tema, el ex presidente Juan José Arévalo nos explicó algo que, por cierto, ignorábamos. Mientras vivimos en Guatemala, falleció un pariente cercano de Arévalo. El ex presidente era embajador en Chile, y se trasladó de inmediato a su país. Por Osegueda tuvo noticia de que estábamos allí, y un día nos invitó a almorzar, junto al lago Amatitlán, un bello paraje a veinte kilómetros de la capital.

Guevara y yo lo interrogamos amistosamente por los motivos que podía haber tenido para condecorar a

Perón con la Orden del Quetzal, la más alta distinción que podía otorgar Guatemala a un extranjero. Arévalo nos refirió que poco después de que su gobierno sancionara el Código del Trabajo, en mayo de 1947, las compañías navieras norteamericanas habían comunicado que dejarían de servir los puertos de Guatemala. El país no poseía flota propia y esta decisión significaba un bloqueo en regla. Arévalo entabló entonces una negociación secreta ante Perón. El agente de esta negociación fue el economista hondureño Juan Núñez Aguilar, que había sido camarada de Perón en el Colegio Militar de la Argentina. Núñez Aguilar visitó a su antiguo compañero de academia, lo impuso del problema de Guatemala, y en el mismo momento que se lo comunicó, el presidente llamó al director de la flota mercante y le ordenó que, en lo sucesivo, los barcos de bandera argentina deberían hacer escala en Guatemala. Arévalo nos confesó que Perón había hecho algo más: los primeros barcos argentinos que tocaron puertos de Guatemala llevaban armas de las fábricas militares de Buenos Aires. Después de estas revelaciones, que explicaban los honores diplomáticos de Guatemala a Perón, hubo por lo menos dos antiperonistas que quedaron profundamente confundidos.

Los cafés de Guatemala eran entonces un hervidero de noticias falsas, rumores tendenciosos y agentes de los servicios de inteligencia de los Estados Unidos. Muchos de éstos operaban con completa desenvoltura, se sabía en qué lugares tenían su cuartel general y dónde y cómo podía traficarse con ellos información de interés, que pagaban con dólares. Un coronel norteamericano, un tal Carl Studer, aparecía siempre al final de las conversaciones y, aunque muchos afirmaban haberlo visto, parecía más realista que dicho militar trabajaba sobre Guatemala desde Managua, valiéndose de una importante red de espías.

En un café volvimos a encontrar a algunos de los cubanos que habíamos conocido con Guevara en Costa

Rica. Vivían, como nosotros, las angustias de la revolución amenazada, mientras preparaban la suya. Según decían, la cuestión de Cuba comenzaría a resolverse una vez que el jefe del 26 de Julio, Fidel Castro, saliera del presidio de la Isla de Pinos y todos pudieran reunirse con él en México. Los cubanos de Guatemala, en realidad, se consideraban en la antesala de su traslado a México, desde donde operarían sobre su propio país.

Nuestra situación era distinta. Guevara planteó un día la necesidad de trabajar por la revolución de Guatemala orgánicamente, desde el puesto en el que la tarea fuera más eficaz. Para un médico, el problema era, aparentemente, el más fácil de solucionar.

Pero cuando visitamos al ministro de Salud Pública con una carta de presentación de Osegueda, descubrimos que la cuestión era más compleja de lo que esperábamos. Guevara fue a ofrecerse como médico, y sugirió que le interesaba trabajar en la región del Petén. Allí se realizaba un interesante programa de asistencia a la población indígena y, además, allí se encuentra una de las más grandiosas manifestaciones de la cultura maya, el templo de Tikal, de setenta metros de altura. La curiosidad arqueológica de Guevara retenía una parte, todavía, de su interés.

La conversación se deslizó tranquilamente, y Guevara podía considerar suyo el empleo que solicitaba. Hasta que el ministro dijo desganadamente:

—Por supuesto, ¿tiene usted el carnet?

—¿Qué carnet?—respondió Guevara.

—Hombre, cuál va a ser. El de afiliación al PGT.

—No —agregó Guevara, con mal disimulada sorpresa—, yo soy revolucionario, y no creo que las afiliaciones de esta clase sirvan para nada...

—Lo siento —concluyó el ministro, poniéndose de pie, e indicando de este modo que la reunión tocaba a su término—, pero lo necesitamos por una cuestión de trámites.

—Vea, compañero —fue la despedida de Guevara—,

el día que yo resuelva afiliarme lo voy a hacer por convicción, y no por imposición, ¿comprende?

El ministro tal vez comprendió, pero lo cierto es que Guevara nunca fue médico en el Petén. Todo por no llenar una boleta de afiliación al Partido Guatemalteco del Trabajo, que era el nombre del Partido Comunista. El jefe de los comunistas había llevado su partido a un grado tan extremo de sectarismo que, por fin, ni él mismo pudo soportarlo y se convirtió en anticomunista, algunos años más tarde. Eso sí, con el mismo sectarismo.

La colonia de exiliados latinoamericanos en Guatemala contaba con un dinámico y bien situado grupo de peruanos del APRA. Estos peruanos habían sido distribuidos en los organismos de planificación económica y agraria, materias en las que muchos de ellos se destacaban como expertos. Las reuniones amistosas con los peruanos pusieron en contacto a Guevara con Hilda Gadea, una joven de rasgos exóticos, que sintetizaban la sangre de los abuelos indios y los abuelos chinos, en proporciones difíciles de calcular. Hilda Gadea era empleada del INFOP, instituto creado por la revolución para fomentar la producción, tanto la agraria como la industrial. La vinculación de Guevara con Hilda Gadea culminó con una hija y una boda en México. Pero a principios de 1954 ella era solamente una abnegada compañera de los exiliados, de la que Guevara no tardaría en enamorarse.

En febrero, el clima popular antinorteamericano alcanzó todavía un grado más. Dos periodistas de Estados Unidos fueron expulsados del país, como represalia por la campaña sistemática que realizaban contra el gobierno, al que acusaban de haber quedado prisionero del comunismo. La Iglesia Católica, por su parte, fue advertida de que no se toleraría su oposición, y un sacerdote debió partir compulsivamente.

En estos días participamos de una excursión organizada por la presidencia de la República. El motivo del viaje era conocer las obras de salubridad que se estaban terminando en Quezaltenango, donde el gobierno revolucionario había concluido modernas instalaciones de agua potable y un hospital. El azar nos reunió con un matrimonio de universitarios norteamericanos, formado por Robert Alexander y su esposa. Alexander era profesor de economía en Rutgers University, Nueva Brunswick, New Jersey, y tanto él como su esposa preguntaban y anotaban las respuestas con esa pasión por el orden que diferencia a los universitarios norteamericanos de los de otras partes del mundo. Esta preocupación por registrar todo lo que acontecía distrajo a Guevara, que durante un largo rato contempló a Alexander y sus anotaciones.

En el asiento delantero de una cross-country nos sentamos un burócrata de alto rango, Guevara y yo. Al subir, descubrimos en el piso una ametralladora. Guevara preguntó el motivo de su presencia allí, a lo que el burócrata respondió con soberbia.

—Para que a nosotros no nos cojan como a ustedes... argentinos, sin las armas en la mano. Aquí tendrán que pelear hasta el último hombre, ya van a verlo...

En el campo de batalla que parecía el Caribe durante aquellos años, la verdad es que los argentinos nos sentíamos inhibidos e inferiorizados ante las demostraciones de esta clase. Algunos meses más tarde le preguntaría a Guevara por la conducta de aquel burócrata, pero en este momento impresionaba como un luchador determinado a dar la vida.

Cuando regresamos de la gira a Quezaltenango, Guevara podía dudar de cualquier cosa de las que había visto, menos de una: este profesor norteamericano que no había pasado un minuto sin escribir algo en su libreta, sin duda era un espía. Lo puse en duda.

—Mucho gringo, mucho gringo, fue su respuesta, ¿qué crees que vienen a hacer? ¿Son investigadores o espían para el FBI?

Era muy difícil ser justo cuando al salir a la calle uno podía señalar con el dedo a agitadores a sueldo del espionaje norteamericano. Se reunían en los cafés, solicitaban a media voz datos sobre la organización política y, sobre todo, el nivel de confianza que el Ejército continuaba depositando en el gobierno revolucionario.

El problema del Ejército fue el punto crítico del proceso, aunque los revolucionarios no lo entendían así. Guevara estaba convencido de que, en este aspecto, el atraso de Guatemala era mucho más peligroso que el de Bolivia. Allí habíamos podido verificar una organización militar de los mineros y campesinos que, cualquiera fuera en definitiva su grado de consolidación, se apoyaba en la realidad de que los trabajadores habían derrotado militarmente al ejército profesional. En Guatemala, el ejército profesional llevaba diez años consecutivos de participación en el gobierno, pero las medidas revolucionarias habían entrado en un terreno cada día más arriesgado. ¿Iban a consentir los militares la continuación de la política revolucionaria, ahora que los Estados Unidos habían declarado oficialmente su oposición? Guevara dudaba, y un día fuimos a preguntárselo a la plana mayor de la juventud revolucionaria.

—Ustedes tienen una enorme confianza en los jóvenes oficiales, ¿verdad? —preguntó Guevara.

—Sí —fue la respuesta—, porque han sido los discípulos del coronel Arbenz en la Academia Militar...

—¿Pero ustedes creen —insistía Guevara— que los modos de vida, la formación militar, todo lo que diferencia a este grupo, socialmente hablando, va a resistir la presión yanqui, si ésta se vuelve brutal?

Los jóvenes revolucionarios afirmaban que sí. Pero Guevara les recomendaba armar milicias campesinas, como las que habíamos visto en Bolivia. Mejores todavía, si esto fuera posible. Milicias que llegado el caso pudieran no sólo vigilar al Ejército sino sustituirlo y asumir totalmente la defensa de la soberanía nacional.

Los temores de Guevara tuvieron dramática confirmación pocos meses más tarde, aunque yo no estuve para verlo. Al finalizar febrero de 1954 dejé Guatemala, en viaje a México y los Estados Unidos, donde pasaría cerca de un año.

Nos dimos un abrazo.

—Espérame en México —alcanzó a gritarme, cuando el ómnibus se puso en movimiento, hacia la frontera.

En Guatemala, el drama se aproximaba a su último acto.

3. LA FORJA DE UN REVOLUCIONARIO

—¿Por qué no, eh?

Guevara preguntó con una sonrisa desafiante, mientras daba vueltas por detrás de una modesta mesa de pino y simuló afectadamente tomar fotografías. Tenía en la mano una cámara barata de profesional, y un minuto antes, después de los saludos de práctica, había comenzado a explicarme picarescamente cómo se ganaba la vida ahora tomando fotos en las plazas y las avenidas. El problema "técnico" era que los únicos en México que podían pagar unas fotos de calle eran los turistas, pero la mayoría de éstos eran norteamericanos y, por cierto, es difícil concebir a un turista norteamericano sin su correspondiente cámara fotográfica.

—El mercado potencial —bromeaba Guevara— es enorme, pero el mercado real es, verdaderamente, para morirse de hambre.

En abril de 1955, después de pasar un año en los Estados Unidos, tomé el avión a México, con la idea de cumplir la promesa que le había hecho a algunos amigos de reunirme allí con ellos. Sabía que Guevara estaba vivo, que había salido en el último momento de Guatemala, y quería verlo, conocer su versión personal y directa de la caída del gobierno de Arbenz.

Guevara ocupaba un modesto departamento en la calle Nápoles 40. Allí vivía con su esposa, Hilda Gadea, y con la hija de ambos, que entonces tenía pocos meses de edad. Había un tercer inquilino, un pequeño guatemalteco, que se había unido a Guevara cuando los dos huyeron de Guatemala, en el tren que los llevaba a Tapachula, escala preliminar a la llegada a la capital. Este pequeño guatemalteco, al que todos conocían por el

77

sobrenombre de "El Patojo", era el socio de Guevara en el magro negocio de la fotografía, del que todavía participaba una tercera persona, el mexicano en cuyo laboratorio se revelaban las placas que día por día registraban en la calle los otros dos.

Guevara había elegido ese año, o más probablemente en los días que pasó asilado en la Embajada Argentina en Guatemala, el camino político, un camino que pasaba por la revolución. Estaba más delgado, a pesar del oficio de fotógrafo de plaza, conservaba el inconfundible aspecto del estudiante universitario en vacaciones. México es una gran ciudad, y hasta una personalidad tan anticonvencional como la de él debía encuadrarse en algunas normas colectivamente aceptadas.

—¿Recuerdas aquel tipo de la presidencia que llevaba la ametralladora en el piso del auto? —preguntó Guevara al comenzar el relato de lo que había sucedido en Guatemala poco después de mi partida.

¡Cómo podía olvidarlo, si nos había humillado con la exhibición de su ametralladora y su promesa de luchar hasta morir!

—Lo recuerdas, ¿eh? —continuaba Guevara—. Pues bien, ése fue uno de los primeros en escapar —y lanzaba una carcajada donde estaba reunida la desilusión más grande del mundo y el desprecio que siempre había sentido por los fanfarrones.

Guevara había visto recalentarse la caldera de Guatemala, especialmente después de la Décima Conferencia de Cancilleres, reunida en marzo de 1954 en Caracas.

En la capital se sabía, con lujo de detalles, que en Tegucigalpa, Honduras, estaba reclutándose un ejército mercenario, cuyos miembros se identificaban en público mediante un crucifijo atravesado por un puñal. En esta fuerza irregular formaban nicaragüenses, hondureños y dominicanos a quienes se había contratado en sus respectivos países, y cierto número de cubanos y colombianos que habían hecho la guerra en Corea y momentáneamente carecían de empleo. Este conjunto de no más de 600 hombres, sumado a unos 200 guatemaltecos, no podía representar una amenaza militar seria. Pero sin duda podía actuar sobre el frente interno y, si éste no se aglutinaba sobre bases muy seguras, el derrumbe se precipitaría sin necesidad de que las fuerzas llegaran en efecto a medirse.

Una semana antes de la invasión, aviones con pilotos norteamericanos dejaron caer millares de hojas donde se invitaba a adherir al "ejército libertador" que se encontraba acantonado en la frontera. El coronel Castillo Armas atronaba el espacio con sus amenazas radiales, y el gobierno vio empeorar sus relaciones con la Iglesia Católica, que por su parte exageraba su preocupación ante el cariz izquierdista del régimen.

La invasión comenzó el 18 de junio de 1954, por cuatro sitios fronterizos con Honduras. Pero resultaba tan evidente que el contingente invasor no podría combatir contra un ejército de 7.000 hombres, que nadie esperaba que se librara una verdadera batalla. En los primeros dos días, la fuerza invasora avanzó 15 kilómetros, sin encontrar resistencia, pero por un momento pareció que el Ejército de Guatemala respaldaría a su gobierno, y ese día se produjo un choque que dispersó, virtualmente, a las tropas irregulares de Castillo Armas.

Guevara había comprendido de inmediato que la batalla debía darse en la capital, donde el desconcierto de las fuerzas revolucionarias podía culminar en el desmoronamiento de la resistencia. Entonces desplegó una actividad desesperada, para convencer a las organizaciones de la juventud revolucionaria de que debían asumir el control inmediato de la capital. La hipótesis de Guevara proponía, primero, dominar la ciudad férreamente, y luego mantener aislada a la fuerza invasora, cuya capacidad de ataque, desde el punto de vista militar, era insignificante. Esta doble operación condenaba la suerte de la aventura de Castillo Armas, pero violentaba la condición de militar profesional de Arbenz. Entregar armas a las organizaciones cívicas, tanto a los numero-

sos partidos que proclamaban su fidelidad revolucionaria, como a las agrupaciones sindicales campesinas, era
una resolución imprescindible.

Entre el 18 y el 26 de junio, es decir, desde que
comenzó la invasión y el momento en que el coronel
Arbenz dimitió, la capital fue un gran escenario donde
se desnudaron muchos fervores falsos y salieron a la luz
inconfesables cobardías. A medida que el gobierno no
detenía a la ridícula tropa mercenaria, la moral del
Ejército se derrumbaba. Los agentes civiles de la derecha guatemalteca, aún antes de que Arbenz abandonara
el poder, comenzaron a preparar la purga de sangre que
seguiría a su caída.

Fue en ese momento cuando el embajador argentino, nuestro amigo de la yerba mate y los diarios de
Buenos Aires, se largó a la pensión de Guevara una
madrugada.

—Guevara, usted se viene conmigo ahora mismo
—le dijo.

—¿Por qué? —respondió—, si no me pasa nada, nadie me conoce.

—Eso cree usted —continuó el embajador—, he sido
avisado de que hay un argentino en la lista de agitadores que serán ejecutados, y el argentino es usted.

Guevara había intentado rechazar el asilo que le
ofrecía el diplomático, pero éste terminó de convencerlo
con una sencilla reflexión:

—Usted no puede hacer solo lo que el gobierno no
está dispuesto a hacer.

Fue de este modo como Ernesto Guevara salvó la
vida, permaneciendo alrededor de un mes en la embajada peronista de Guatemala. El gobierno argentino había
negado su voto a la condena del gobierno de Arbenz y,
cuando éste cayó, obtuvo autorización para sacar del país
a los asilados en su embajada, a bordo de aviones militares. Guevara fue invitado a regresar a la Argentina en
uno de aquellos vuelos, pero se negó. Pidió un salvoconducto para salir hacia México.

En México estábamos ahora. Clic, clic, y Guevara

disparaba en broma su cámara. Después se ponía serio, y recordaba con "El Patojo" lo que se desencadenó en Guatemala con la caída de Arbenz, la depuración política y el asesinato, la revancha de los terratenientes, la liquidación de los programas campesinos y el eterno reinado de la United Fruit.

El 1º de mayo de 1955, por la mañana, Guevara vino a mi hotel.

—La revolución mexicana está muerta, estaba muerta hace rato y no nos habíamos dado cuenta. Vamos a ver el desfile de los trabajadores organizados. Parece un entierro —me dijo.

El desfile se realizaba por El Zócalo. Largas columnas de sindicalistas, con pantalones azul-acero, llevando enormes cartelones que, además de identificar la organización a la que pertenecían, confirmaban su adhesión a la política del gobierno. Por momentos, uno sentía la sensación de asistir a un desfile obrero en un país socialista de Europa. La columna se completaba con enfermeras y personal de los cuerpos sociales, con sobrevivientes de las luchas agraristas y con sobrantes de grandes impulsos históricos del pueblo mexicano. El conjunto parecía coagulado detrás de los ideales revolucionarios, pero Guevara los miraba con desaliento y, algo tristemente, comentó:

—Los une el presupuesto, la nómina de gobierno. Vámonos, viejo.

Guevara y yo terminamos la tarde, aquel 1º de mayo, junto al Monumento de los Niños Mártires, que recuerda el sacrificio de los cadetes de Chapultepec enfrentando hasta morir al Ejército norteamericano del general Pershing.

Al día siguiente, una noticia conmovió a Guevara. Sus amigos cubanos, a muchos de los cuales habíamos conocido juntos en Costa Rica y en Guatemala, anunciaban que Batista se encontraba en dificultades internas e internacionales, y parecía inminente la sanción de una ley de amnistía. El 3 de mayo, la versión tomó cuerpo y en un departamento del edificio *Imperial,* donde vivía un número impreciso de exiliados cubano escuchamos las radios de Cuba que informaban sobre la sanción que el Senado había dado a una ley de amnistía.

En los *Apartamientos Imperial* vivía una impresionante colonia cubana. Dispersados en diferentes pisos, uno podía encontrar a los fundadores del 26 de Julio o a intelectuales opositores, como Raúl Roa, que por aquel entonces profesaba una sólida enemistad a los comunistas. Esta colonia, o la mayor parte de ella, vivía pendiente de la ley de amnistía porque representaba la libertad de Fidel Castro y los veteranos del asalto al cuartel de Moncada. Y en México los cubanos se habían empezado a concentrar para esperarlo.

Guevara había cambiado, sin duda, la incredulidad hacia los cubanos por un creciente entusiasmo hacia ellos. La mayor influencia en este cambio podía atribuirse a que Guevara perdió en Guatemala, de una vez y para siempre, la confianza en los medios pacíficos de conquistar el poder o de retenerlo. En contacto con ellos, además, había descubierto que una parte importante de las aventuras que relataban era verdad, y en prueba de ello contaban en sus filas un imponente número de muertos, heridos y prisioneros.

La vinculación de Guevara con los exiliados cubanos no había tenido un origen premeditado. Intervinieron en su formación tanto la edad como la condición universitaria de muchos, y por supuesto el carácter abierto de los cubanos, que combinaba perfectamente bien con un hombre tan desprejuiciado como él. La idea de Guevara giraba en torno a la necesidad de hacer cosas importantes sin perder el sentido del humor. Por eso lo deprimían los "doctores" latinoamericanos, con sus modos engolados y su dificultad para la acción, y lo atrajeron enormemente los bulliciosos cubanos, capaces de pegarle un tiro al lucero del alba sin ponerse graves.

A Guevara se le ocurrió que yo podría hacer una escala en Cuba, cuando regresara a los Estados Unidos, y que esta visita terminaría de convencerme sobre la existencia de una base revolucionaria activa en la isla.

A Roa le pareció igualmente buena la idea de que yo viajara a La Habana, cuando se la comuniqué unos días más tarde, en la finca que el poeta venezolano Andrés Eloy Blanco poseía en Cuernavaca. En esta finca se reunía una abrumadora mayoría de venezolanos entre los que ganaba terreno la tesis de la conquista del poder por las armas. Gonzalo Barrios, que más tarde ocuparía el Ministerio del Interior desde el que se propuso aplastar a las guerrillas, sostenía en aquellos años, por el contrario, y desde posiciones minoritarias, la necesidad de la "guerra del pueblo". Eran reuniones amistosas y abiertas, donde resaltaba el fino espíritu del dueño de casa, uno de los mayores poetas de América Latina, muerto trágicamente poco después. Guevara disfrutaba de aquella compañía, y la pasión política que abrasaba a todos creaba, de hecho, una cálida fraternidad.

Pero cuando llegué a La Habana, el 7 de mayo de 1955, el optimismo de la colonia cubana de México me pareció algo excesivo. Por lo menos, la ley de amnistía estaba suspendida, o Batista se negaba a firmarla, o el precio que le pedía a la oposición era inaceptable para ésta. Yo llevaba una carta para cierto doctor Martí, al que me recomendaba Roa, pidiéndole que me enseñara lo más importante de Cuba en ese momento. Evidentemente, los motivos de interés para Roa y para Martí debían ser distintos, porque éste me hizo recorrer durante varias noches consecutivas los cabarets de la ciudad, a bordo de su auto último modelo. En las mañanas, me internaba solo en las calles cercanas a la de Belascoain, donde se halla el *Hotel San Luis,* al que había ido a parar por recomendación de los cubanos amigos de Guevara. El dueño, según decían, simpatizaba con ellos, aunque parecía sobre todo devorado por un odio total hacia Batista. A veces se escuchaban ráfagas de ametralladoras, en pleno día, que el hotelero explicaba de inmediato como procedentes del recinto universitario. En general, las descargas se hacían desde el interior de la Universidad, al paso de las *perseguidoras* de la policía.

Pero el tal Martí, que también dirigía el diario *El Mundo*, se mostraba escéptico sobre futuros cambios políticos en la isla.

—Mire, mire —decía mientras señalaba a algunos miserables que dormían bajo los portales, el mediodía, bajo el sol de fuego—. ¿Qué pueden querer *éstos* cambiar? Están tranquilos y son, a su manera, felices. En Cuba nunca pasará nada.

Lo que se me reveló de inmediato fue que, por lo menos, nada importante pasaría en los pocos días que yo podía quedarme en La Habana. La ley de amnistía estaba aparentemente estancada en la mesa de trabajo de Batista, y se había abierto un compás de espera. Volví a Nueva York, con la doble y contradictoria imagen del lujo de la ciudad nocturna y la miseria que se arrastraba en la claridad diurna.

En junio de 1955, al salir de una fábrica metalúrgica del suburbio de Nueva York donde trabajaba, los periódicos anunciaban que Buenos Aires había sido bombardeada desde el aire y que había centenares de muertos. La noticia me golpeó tan fuerte que por un momento sentí como si mi cuerpo se hubiera quedado sin sangre. La noticia era, desgraciadamente, verdad. Se trataba de un *putsch* contra Perón, que había fracasado pero sin duda también había herido de muerte a su gobierno. Yo era objetivamente un enemigo político de Perón, estaba prófugo de su policía, que había puesto alto precio a mi cabeza después de mi fuga, pero no veía ningún motivo para alegrarme con este bombardeo. En los días siguientes recibí cartas de mi familia, que contaba la historia desde su propia perspectiva, donde por supuesto era más importante que Perón cayera y yo pudiera volver a la Argentina, que el juicio histórico sobre lo que había ocurrido. La idea de que el hijo abogado se ganara la vida como obrero metalúrgico en los Estados Unidos resultaba insoportable para mi padre. La soportaba solamente porque, en todo caso, prefería que fuera obrero norteamericano antes que preso político argentino. Yo estaba, en cierto modo, preparado psicológicamente para una temporada prolongada en Estados Unidos y había hecho el proceso de aclimatación de un auténtico inmigrante, aunque jamás pensé quedarme a vivir allá. Había comenzado recogiendo tabaco, en Hartford, Connecticut, mezclado con los negros de las British West Indies, en la escala más baja del proletariado norteamericano. Después fui modelo en una galería de arte de la calle 51 y Quinta Avenida, en clases de pintura para directores de empresa alienados por la sociedad capitalista. Cuando trabajaba en la metalurgia, llegué a ganar 2 dólares 70 centavos por hora, como oficial pulidor, después de haberme iniciado como handy-man. Y además, asistía a los cursos de ciencias políticas, en la New School for Social Research, y a las clases del profesor Frank Tanembaum sobre política latinoamericana, en Columbia University.

Sobre los hechos, en cambio, me escribió mi amigo Arturo Frondizi, con el que había mantenido permanente correspondencia desde el comienzo de mi destierro. Más de una carta de Frondizi, cargada de reflexiones sobre el futuro argentino, la habíamos leído junto con Guevara, para discutirla y utilizarla como documento de análisis. Guevara no tenía reparos en aceptar lo que yo entonces le decía, sobre la personalidad intelectual de Frondizi. Pero invariablemente terminaba rezongando que Frondizi lo haría mejor que los otros, pero no lo haría diferente.

En septiembre, me anunciaban los amigos de la Argentina, las Fuerzas Armadas derribarían el largo gobierno peronista. Y en septiembre, efectivamente, Perón cayó. Los argentinos residentes en Nueva York adquirimos notoriedad, durante estos meses, especialmente en los círculos universitarios. Sin embargo, la naturaleza del régimen que se instauró en la Argentina permaneció imperfectamente expresada durante varias semanas, aunque sin negar la orientación derechista del proceso inaugurado por el levantamiento armado.

Frondizi me telegrafió que un avión de la Marina

de Guerra volaría a México para recoger a los argentinos desparramados por Centro América y devolverlos a Buenos Aires. En ese avión había un lugar para mí, de manera que saqué mis cálculos sobre la anunciada llegada del aparato y me trasladé a México. El día que descendí en el aeropuerto de México los vendedores de periódicos anunciaban la caída del general Lonardi, que había derrocado a Perón, y el regreso de éste al gobierno. Había liquidado mi situación personal en Nueva York, y la idea de que el avión no iba a llegar para buscarme era, para decir lo menos, inquietante.

Fui directamente a la casa de Guevara. Por supuesto, seguía atentamente la marcha de los sucesos en la Argentina y con rapidez iluminó la parte de la historia que los vendedores de diarios pregonaban con oscuridad. Esa noche fui yo quien intentó convencer a Guevara de que debía regresar a la Argentina. Hasta le prometí formalmente obtener para él un pasaje en el avión naval con el que yo partiría —pasaje que no tenía en ese momento, ni siquiera para mí, pero que días después conseguí, sin dificultades, del capitán de navío Bassi, comandante de la máquina.

—No, no voy, ¿para qué? —fue la respuesta de Guevara—. Aquí hay un asunto sumamente serio, la empresa de los cubanos, que cada día crece más. Allá, ¿qué hay? Un gobierno militar, por el momento, tratando de rebajar el papel de la clase trabajadora en la dirección política del país. Imaginemos que ese gobierno se va, ayer ya se fue uno, y que venga tu amigo Frondizi, que tú mismo llegues a ministro. ¿Qué pueden hacer? Un gobierno de buenas intenciones, con pocos cambios de fondo y, el día que quieran hacer los cambios, ¡rassss...! —Guevara hizo el gesto de una navaja cortando el cuello.

El avión argentino tardó tres semanas en llegar a México, justamente porque las luchas intestinas del régimen militar se desarrollaban con un estricto recuento de los efectivos de cada bando y un avión siempre es un avión.

En este período recomendé a Guevara al más grande editor de México, el argentino Arnaldo Orfila Reynal, que dirigía el Fondo de Cultura Económica. Guevara había dejado la fotografía, aunque "El Patojo" seguía en el asunto, y había tomado una cartera de venta de libros a crédito. Tenía un interés doble, porque, aparte de rendirle algo más, le permitía disponer de cierto número de obras caras cuya lectura sistemática había encarado tiempo atrás. Los clásicos del marxismo, la colección de obras de Lenin, textos relativos a la estrategia militar de la Guerra Civil Española, pasaban ante los ávidos ojos de Guevara por la noche, y a la mañana volvían al interior de la cartera de cuero con la que recorría oficinas y casas particulares. Pero el encuentro del editor con Guevara no fue positivo, seguramente por la orgullosa barrera que siempre ponía por delante cuando debía pedir algo a alguien muy poderoso —y Orfila Reynal era entonces sumamente importante en México. El encanto y la seducción personal que Guevara ponía en juego en una reunión de amigos se evaporaba en el momento de pedir, y el semblante se le marcaba con un aire reconcentrado y grave. No era, sin duda, el mejor carácter para un vendedor de libros a crédito.

Fidel Castro estaba en México, lo mismo que su hermano Raúl. En los días anteriores a mi nuevo encuentro con Guevara, Fidel Castro había realizado una gira por varias ciudades de Estados Unidos, y yo mismo había escuchado a sus partidarios en un acto celebrado en Nueva York, al término del cual hermosas muchachas recogían dinero en una ametralladora construida con papel de colores y madera.

Guevara me llevó a conocer a Fidel Castro en la segunda semana de noviembre de 1955. Vivían en otro departamento del mismo edificio *Imperial,* y allí se había trasladado el cuartel mayor de la revuelta cubana. Encontré a Nico López, a quien había conocido en Guatemala, y que al año siguiente hallaría la muerte en la expedición del *Granma.* Era una colectividad de personas locuaces, con la costumbre de hablar en voz alta y, en vista del insuficiente número de sillas, discutían desde el suelo. Había una impenetrable humareda de algunos grandes tabacos encendidos, y este aroma se mezclaba con el olor a sudor de los cuerpos jóvenes que se amontonaban en todos los cuartos. El tumulto era tan ensordecedor que Guevara me tomó del brazo y dijo muy de cerca: "Ven, vamos a encerrarnos en la cocina. Es el único sitio donde se puede hablar".

En la cocina estaba Fidel Castro, hirviendo una monumental olla de fideos. El invierno mexicano es riguroso, y el clima de conspiración permanente en el que vivían los exiliados cubanos requería improvisaciones todo el tiempo. Castro vigilaba los fideos, cuando comenzó a explicarme, a pedido de Guevara, la síntesis militar del proyecto.

—Tenemos el barco, tenemos las armas, tenemos los hombres y los estamos preparando. El año que viene iremos a Cuba. Quedaremos muertos o seremos libres. Pero en este momento tenemos detrás nuestro a la policía mexicana y a los espías que manda Batista para que nos sigan. Dime, ¿tu situación con la policía es regular aquí?

Le expliqué que había vivido dos años con un salvoconducto sospechoso, pero que en este momento podía gestionar un nuevo pasaporte argentino sin ninguna clase de problema. Además, las autoridades mexicanas tenían conocimiento de que estaba por aterrizar un avión de la Marina de Guerra argentina, y que el propósito del vuelo era recoger a los que deseaban volver a Buenos Aires.

—Perfecto, es mejor así. Tenemos la sensación de que se prepara una provocación contra nosotros, para meternos en la cárcel por una temporada. En cuanto a la expedición, una vez que se interne nuestra fuerza en territorio cubano, comenzará el trabajo en las ciudades. Bueno, el trabajo ya se hace, ya lo hacen nuestros compañeros. Pero desde el momento en que pongamos el pie en Cuba, cada bomba que estalle en La Habana desatará miles de lenguas y todas hablarán de nosotros, de los que luchamos con las armas en la mano. Tú comprendes, ¿no?

La puerta de la cocina se abría una y otra vez. Entraban hombres con mensajes, otro acababa de oír por la radio de La Habana opiniones desfavorables al proselitismo que Castro venía de realizar en los Estados Unidos.

Castro respondía a cada pregunta; y volvía a cerrar la puerta de la cocina con el pie. Le pedí más detalles sobre la operación que proyectaba, y fui sacando la conclusión de que realmente no tenían por el momento un verdadero barco para trasladarse a Cuba, aunque posiblemente ya habían reunido el dinero para comprarlo. Tampoco parecían encontrarse en una verdadera etapa de preparación militar sistemática, aunque sin duda se disponían a comenzarla muy pronto, y mis preguntas sobre el particular determinaron un intercambio de miradas de inteligencia y una referencia al "profesor de inglés". Entonces no lo comprendí, pero mucho después Guevara me recordó ese encuentro y me contó que el "profesor de inglés" no era otro que el coronel Bayo, un cubano que hizo la carrera militar en España, y que preparó técnicamente a las fuerzas de Castro.

El proyecto que Castro relataba con pasión sinceramente parecía poco consistente y con un desproporcionado margen desfavorable. Podían tener éxito pero, tal como presentaba el asunto, era dudoso que lo tuvieran. A la vuelta de los años, he llegado a la conclusión de que el éxito de la expedición de los 82 hombres del *Granma* tuvo comienzo, precisamente, en que *no podían* tener éxito. Contrariaron las leyes de la navegación, de los abastecimientos, del material militar y de la guerra. Era un desafío tan desmesurado como, en escala mucho mayor, lo sería la lucha armada del Vietcong contra el Ejército de los Estados Unidos. Pero al colocar dos técnicas completamente diferentes frente a frente, su propia desigualdad hizo posible que la más débil, desde el ángulo del más fuerte, continuara activa indefinidamente. El ejército cubano *no podía* tomar en serio la amenaza militar de la pequeña fuerza armada del 26 de Julio. Del mismo modo que el Ejército de Guatemala no tomó en cuenta, militarmente, la banda invasora de Castillo Armas. Pero los dos ejércitos perdieron la batalla porque en definitiva la solución del conflicto fue política y no bélica.

En este momento, cuando Fidel Castro explicó por milésima vez en los últimos meses la dirección de su plan armado, sonaba a fábula. Se lo dije:

—¿Sabes adónde encerramos en Buenos Aires a los que tienen ideas como la tuya? ¡En Vieytes!

Guevara rió, mientras informaba a los otros que *Vieytes* es la denominación popular del más antiguo hospicio de la Argentina.

Intenté hasta el último momento que Guevara regresara a Buenos Aires en el avión naval. Lo discutimos caminando la ciudad de México de una punta a la otra, que era el modo preferido por Guevara para tratar las cuestiones de importancia. Caminador infatigable en el campo y en la ciudad, esta rutina perforaba las suelas de sus zapatos y allí aparecían las horribles marcas del uso, cada vez que cruzaba las piernas. No le importaba, por supuesto, y esta despreocupación también daba lugar a situaciones ligeramente humorísticas, como la vez que solicitamos una entrevista al gran poeta exiliado León Felipe.

El poeta era uno de los cincuenta mil exiliados que entonces vivían en México, entre los cuales todavía los españoles formaban el contingente más numeroso. Guevara había descubierto la obra poética de León Felipe en uno de los libros que vendía para vivir, y cuando se informó de que el poeta residía en la misma ciudad, me preguntó si yo lo acompañaría hasta un club de republicanos españoles adonde podía vérselo. Una tarde llegamos hasta el club y alguien nos indicó a León Felipe. Nos invitó a sentarnos y él y Guevara lo hicieron en un sillón doble, mientras yo ocupé uno simple, enfrente de ellos. Mientras se desarrollaban las presentaciones, casi al mismo tiempo Guevara y el poeta español cruzaron la pierna derecha sobre la rodilla izquierda. No pude menos que sonreír discretamente: al hacerlo, los dos dejaron a la vista, por un momento, las suelas de sus zapatos, y las dos mostraron la profunda herida que el uso les había hecho.

En 1964, cuando era uno de los hombres más poderosos de Cuba, Guevara recordó al viejo poeta, y le envió una carta de hermosa memoria:

"Tal vez le interese saber", le escribió, "que uno de los dos o tres libros que tengo en mi cabecera es «El Ciervo»; pocas veces puedo leerlo, porque todavía en Cuba dormir, o descansar simplemente, es un pecado de lesa dirigencia. El otro día asistí a un acto de gran significación para mí. La sala estaba atestada de obreros entusiastas y había un clima de hombre nuevo en el ambiente. Me afloró una gota del poeta fracasado que llevo dentro y recurrí a usted, para polemizar a la distancia. Es mi homenaje; le ruego así lo interprete. Si se siente tentado por el desafío, la invitación vale".

Pero México, paraíso de exiliados, a menudo amistosa con los recién llegados, a largo plazo era terriblemente dura, por la virtual prohibición de trabajar que pesaba sobre los extranjeros. En esa ciudad, con sus agónicos ataques de asma que lo derrumbaban durante horas, Ernesto Guevara quemó sus naves y jugó todas sus cartas a una aventura de cuyo éxito no estaba del todo convencido, como él mismo lo reconoció después del triunfo. Su esposa, nuestra compañera de Guatemala, Hilda, reforzaba el insignificante presupuesto familiar con un empleo mal pagado en una oficina. Y la hija de ambos, también Hilda, como la madre, empezaba a criarse en la atmósfera cargada de esperanzas y de fracasos de los exiliados.

Pero ese clima era demasiado melancólico para pensar que Guevara podría adaptarse a la existencia de un exiliado regular. Castro y sus amigos tampoco parecían apropiados para un largo exilio, y si alguna duda les quedaba, la caravana de los vencidos refugiados españoles tenía que moverlos a regresar.

Guevara forjó su personalidad definitiva en México, porque pasaron a un plano secundario algunas preocupaciones científicas que lo habían cultivado antes, porque su formación ideológica alcanzó un alto nivel teórico y porque gracias al "profesor de inglés" tuvo una educación militar efectiva.

Por el modo en que la personalidad de Guevara se integró, sin duda el único campo de acción que tenía por delante estaba en el Caribe. La acción política, como podía desenvolverse en la Argentina a la caída de Perón, lo hubiera hecho retroceder a un estilo que nunca había sido el suyo y que ahora lo era todavía menos. El hormiguero de minúsculos partidos y facciones que se disputaba el poder en Guatemala era semejante al que se disputaba la oposición en Cuba. Guevara sentía repugnancia por los métodos de la democracia liberal y, justamente, lo que la Argentina le podía ofrecer en 1955 era, ni más ni menos, enterrarse en un hormiguero como el de Guatemala o Cuba. El desprecio de Guevara por los métodos partidarios tenía una raíz sin duda moral, pero Fidel Castro había llegado al mismo desprecio por otra vía, al cabo de una intensa y corta experiencia. Como resultado de esta misma actitud forjada por problemáticas personales y nacionales distintas, Guevara y Castro tiraron por la borda todo lo que no servía a la lucha armada, y se pusieron a la tarea de edificar su pequeño ejército.

Poco antes de que comenzaran los ejercicios militares con el coronel Bayo, y como habíamos estado haciéndolo desde el ya lejano encuentro en Bolivia, organizamos una excursión. Viajamos en ómnibus a El Bajío, uno de los lugares más pobres de México, donde los campesinos arrancan penosamente sus frutos a la tierra seca de la meseta, cuya aspereza rechaza la vida. Era domingo, y en una pequeña iglesia del ejido vecino a Querétaro, los campesinos entraban en silencio. Ernesto Guevara y yo entramos detrás de ellos. Cumplían un rito de servi-

92

lismo, aunque no podía saberse de quién lo habían heredado, si de los colonizadores españoles o de los emperadores aztecas. Traían en las manos o en canastos tejidos su ofrenda al cura, mazorcas de maíz, huevos y gallinas. Se quitaban los grandes sombreros y al arrodillarse recogían los pantalones blancos, que dejaban al descubierto bastas sandalias. Era una escena plásticamente bella e históricamente desalentadora: estos humildes campesinos indígenas transmitían la impresión de que el tiempo no transcurría en El Bajío. Y nosotros estábamos decididos a que el tiempo marchara a prisa.

—Yo diría —comentó Guevara, sacudiéndose como si quisiera alejar esa hermosa imagen feudal— que la famosa revolución mexicana no entró. —Hizo una pausa, y concluyó irónicamente—: ...mucho que digamos.

Cuando nos detuvimos en Querétaro, por el contrario, la inmovilidad del lugar estaba refutada por una ráfaga de la historia. Allí los insurgentes mexicanos ejecutaron al emperador Maximiliano de Austria, el siglo pasado, acabando con la dominación europea.

—Estos indios —murmuró Guevara en el sitio histórico— son buenos para pelear. El asunto es que te den tiempo para explicarles cómo deben hacerlo y cuál es su enemigo, ¿no te parece?

En diciembre de 1955 me separé de Guevara en México. Tenía un optimismo febril en la empresa de Castro y sentía por sus camaradas cubanos una sincera amistad. La aventura le interesaba políticamente, pero también a nivel humano: vivía con los cubanos la hermandad de una gran familia y con sus cualidades personales había conquistado el aprecio de todos.

Me dio una carta para su madre, Celia, y pocos días más tarde, ya en Buenos Aires, se la entregué en sus manos. Entonces comenzó mi amistad con esta mujer extraordinaria y leal, que se prolongó casi diez años, hasta su muerte, en 1965.

Segunda parte

Gobernando Cuba

El 10 de marzo de 1952, el coronel Fulgencio Batista, un ex sargento protegido por los Estados Unidos, derrocó al gobierno constitucional de Cuba e implantó una dictadura militar, que iba a prolongarse por espacio de seis años y diez meses.

Dieciséis meses después de ocupar Batista el poder, el líder universitario Fidel Castro, 26 años, de una familia de ricos propietarios rurales, encabezó el primer alzamiento armado contra su dictadura. Fue el asalto al cuartel Moncada, en la ciudad de Santiago de Cuba, al frente de un centenar de jóvenes. El ataque fracasó, pero echó las bases del movimiento rebelde llamado 26 de Julio, en recuerdo de la fecha en que se llevó a cabo. En octubre de 1953, cuando se encontraba en prisión, Castro enunció sus intenciones políticas, en un famoso alegato ante los jueces que rápidamente dio la vuelta a la isla y se convirtió en la plataforma teórica y práctica de la acción revolucionaria.

El ideario de Castro era nacionalista y democrático; prendió de inmediato entre los jóvenes universitarios de toda Cuba.

En seguida se propaga en las ciudades a otros estratos sociales, aunque en aquella época sus limitaciones son evidentes. Considerado como un movimiento de burgueses radicales mezclados con aventureros y oportunistas, los comunistas de Cuba, por ejemplo, lo miran con desconfianza y en ningún momento le prestan apoyo. La heterogeneidad social e ideológica provoca una calculada simpatía por parte de los políticos veteranos de Cuba, todos ellos dispuestos a servirse en provecho propio de las energía y el valor personal de los jóvenes. Las proezas de éstos también deslumbran a la clase alta cubana, cuyos hijos sienten a menudo la atracción de los rebeldes y se pliegan a ellos. El vasto campesinado cubano, por el contrario, permanece ajeno a la gesta del 26 de Julio y, fuera de las ciudades principales, apenas se deja oír un eco lejano.

Después de cumplir una condena, Castro abandona Cuba y organiza en México la expedición que en noviembre de 1956 parte con 82 hombres, a bordo del yate Granma. La azarosa travesía culmina en un precipitado desembarco sobre la costa sur de la isla, en el lugar denominado Belic, cerca de la Sierra Maestra, el 2 de diciembre. Un alzamiento en la ciudad de Santiago de Cuba, preparado por el líder universitario Frank Pais, fracasa en ese mismo momento.

El 5 de diciembre los expedicionarios son atacados por el ejército y diezmados. Che Guevara, que va en la expedición, recordará siempre aquel encuentro trágico como el día que se decidió definitivamente su vida entre la medicina y la lucha revolucionaria. "Quizás esa fue la primera vez —escribió— que tuve planteado prácticamente ante mí el dilema de mi dedicación a la medicina o a mi deber de soldado revolucionario. Tenía delante una mochila llena de medicamentos y una caja de balas, las dos eran mucho peso para transportarlas juntas; tomé la caja de balas, dejando la mochila para cruzar el claro que me separaba de las canas".

El 18 de diciembre de 1956, los doce sobrevivientes del fatal desembarco se reunieron y formaron la primera guerrilla de la Sierra Maestra, a la que se sumaron, durante el mes siguiente, los primeros cinco campesinos. De este modo, se configuró la alianza de los jóvenes idealistas de las ciudades con los sufridos trabajadores del campo, que juntos libraron la batalla contra el cuartel de La Plata, el 17 de enero de 1957.

El 15 de marzo de 1957, otra organización de estudiantes rebeldes, el Directorio Revolucionario, ataca el Palacio de Gobierno de La Habana con el propósito de ultimar al dictador Batista, pero fracasa. Este fracaso y la sangrienta represión que continúa profundizan la división de la sociedad cubana. Muchos jóvenes emigran de las ciudades al campo, y buscan el camino de la Sierra Maestra. Otros permanecen en las ciudades y organizan el terrorismo. En los meses siguientes son dinamitadas las usinas eléctricas de La Habana y estallan bombas por doquier. En mayo los guerrilleros de Castro capturan un cuartel en Uvero, y se apoderan de gran cantidad de armas. El dictador Batista pierde la cabeza, y su policía arresta al líder universitario Frank País, al que poco más tarde asesina. El entierro adquiere un carácter nacional, y la ciudad de Santiago de Cuba se vuelca a las calles para acompañar los restos de País. El jefe de la policía teme un nuevo motín popular, entonces ordena el ametrallamiento de las mujeres y niños que abren el cortejo. La ciudad se paraliza durante tres días, como acto de repudio.

Las violentas represalias del dictador Batista y su temible policía solamente consiguen volcar en su contra más sectores, y una parte de la Marina de Guerra, junto con jóvenes del 26 de Julio, ataca y captura la ciudad de Cienfuegos. El 9 de noviembre de 1967, estallan durante la noche cien bombas en La Habana: todo el país queda notificado, de ese modo, de que en El Hombrito, Sierra Maestra, se ha constituido el primer "Territorio Libre". La guerra es ahora una guerra en regla y sin cuartel.

En marzo de 1958, Raúl Castro, hermano menor de Fidel, abre en las montañas del Norte el Segundo Frente. Mientras tanto, Camilo Cienfuegos, un joven lugarteniente, baja a los llanos y hostiliza al Ejército con la táctica guerrillera, al tiempo que Juan Almeida, con otro grupo armado, se aproxima a Santiago de Cuba y la ataca.

El 26 de Julio es ya un movimiento nacional, pero continúa careciendo de predicamento entre la clase obrera. Sus progresos desde 1953 han sido muchos, y los campesinos integran los batallones. En las ciudades, sin embargo, los trabajadores fabriles mantienen su reserva, y el 9 de abril de 1958 un llamado a la huelga general no es atendido. En este momento, Batista advierte que deberá jugar todo el peso de su Ejército para aplastar cuanto antes a las guerrillas porque los partidos políticos se agitan en las ciudades, los negocios decaen, el turismo se retrae y los grandes grupos financieros, cubanos y norteamericanos, comienzan a interrogarse sobre el poder real de la dictadura. Catorce batallones del Ejército, con protección de la Aviación, la Artillería y la Marina, se lanzan contra las fuerzas de Castro. En algo más de un mes, el Ejército ocupa militarmente el 90 por ciento del territorio guerrillero. Trescientos hombres, bajo las órdenes de Castro, resisten ahora contra millares de soldados.

En julio de 1958, las guerrillas recuperan la iniciativa, y se les rinden doscientos cincuenta soldados, después de combatir durante once días. Sobre esta victoria militar, Fidel Castro acumula una notable victoria política, cuando el día 20, en Caracas, todos los partidos de oposición, centristas y francamente derechistas, suscriben con él un pacto de unidad para derrocar a la dictadura. Los comunistas no lo firman, porque continúan desconfiando de los propósitos de Castro.

En agosto, los combates se generalizan en toda la isla, el Ejército se sume en una completa desmoralización. El cuadro de oficiales deja ver las diferencias que lo minan, y la división entre los favoritos de Batista y el resto de los militares se ventila a la luz del día.

El dictador convocó a elecciones generales el 3 de noviembre de 1958, con el evidente fin de imponer un candidato de su confianza y, al mismo tiempo, comprometer a los partidos políticos en una sucesión "constitucional". Pero las elecciones fueron boicoteadas por el 26 de Julio, y, a causa del pacto, también por los demás partidos. El repudio asumió una forma sumamente expresiva. Arrinconado por el derrumbe político, Batista apela a la violencia policial: los asesinatos se multiplican en las ciudades, como respuesta al terror revolucionario. Los cadáveres en las calles son espectáculo diario, resulta imposible controlar los atentados con dinamita en la misma zona comercial de La Habana.

La catástrofe política de Batista se desarrolla al mismo tiempo que la ofensiva general de las guerrillas. La columna de Camilo Cienfuegos atraviesa tres provincias, alcanza el centro de la isla, por el norte. Por el sur, la columna del Che Guevara llega a las montañas del Escambray, donde establece contacto con las guerrillas del Directorio Revolucionario. Una columna inicia el sitio de Santiago de Cuba, y hacia allí confluyen las columnas de Fidel Castro, de Juan Almeida y de Raúl Castro.

La batalla decisiva es la toma de la ciudad de Santa Clara por la columna del Che, el 29 de diciembre. También destruye un tren militar y hace más de un millar de prisioneros, con armas y municiones. El régimen está liquidado. El 1º de diciembre, al cumplirse veinticinco meses de guerra de guerrillas, Batista huye a Santo Domingo con algunos miembros de su familia y colaboradores próximos a la dictadura. Una parte de los mandos militares, con el visto bueno del embajador de los Estados Unidos, intenta apoderarse del gobierno, pero Fidel Castro ordena la huelga general y la concentración de todas las columnas guerrilleras sobre La Habana. Santiago de Cuba, la segunda ciudad de la isla, se rinde, y la huelga general paraliza la tentativa de golpe de Estado de los militares apoyados por el embajador norteamericano.

El 3 de enero de 1959, Camilo Cienfuegos y el Che llegan con sus hombres a La Habana, y toman, respectivamente, las fortalezas de Columbia y La Cabaña. El 4, el juez Manuel Urrutia jura como presidente provisional de Cuba, mientras Fidel Castro recorre toda la isla con sus hombres, desde Santiago de Cuba a La Habana. Los hombres del Ejército se rinden por millares; otros millares se suman a la columna. El 5, cinco países latinoamericanos, encabezados por Venezuela, reconocen al nuevo gobierno. Gran Bretaña y otras naciones anuncian su reconocimiento. Por fin, el 7, los Estados Unidos también reconocen diplomáticamente al nuevo régimen y el 10 debe dimitir el embajador Earl Smith, bajo fuerte presión de toda la opinión pública cubana, que lo acusa de haber apoyado a Batista.

El 8 de enero, Castro entró triunfalmente en La Habana. Anunció sus primeras medidas de gobierno, entre ellas el retiro de la misión militar permanente de los Estados Unidos. El 16, Washington anunció que designaba a Philip Bonsal nuevo embajador en La Habana. El mismo día, Fidel Castro asume el cargo de Primer Ministro.

Desde este momento, se establece una relación íntima entre las disposiciones del gobierno revolucionario en el orden interno, y la reacción de Washington frente a ellas. Poco después, la intensidad de estas reacciones se convertirá, a su vez, en el principal motor de los cambios internos. La dependencia económica y política de Cuba queda ahora más al desnudo que nunca, cuando la interrelación de política interior y exterior se condensa en torno a la disputa con Washington.

En abril de 1959, las relaciones parecen mejorar, cuando la Sociedad de Editores de Diarios de los Estados Unidos invita a Fidel Castro a visitar ese país. Castro entrevista al vicepresidente, Richard Nixon, y al secretario de Estado, Christian Herter. Pero una fuerte prevención contra el nacionalismo cubano y veladas amenazas contra la orientación económica del nuevo gobierno dejan la situación en un punto crítico.

El 2 de mayo de 1959, Castro habla en Buenos Aires, ante el comité interamericano que trata de remediar el subdesarrollo del hemisferio. Castro propone que Estados Unidos financie con treinta mil millones de dólares el desarrollo latinoamericano; antes de que pasen 24 horas, el subsecretario de Estado, Douglas Dillon, responde que la cifra es excesiva, en vista de lo cual los gobiernos latinoamericanos no apoyan la propuesta de Fidel Castro, que la retira.

El 17 de mayo de 1959, el gabinete cubano firma en la Sierra Maestra la ley de reforma agraria. Establece para la propiedad un máximo de cuatrocientas hectáreas de tierra y elimina el latifundio. La prensa norteamericana juzga que se trata de un atropello a la libertad individual de acumular riquezas, y en la bolsa de Nueva York cae verticalmente el valor de las acciones de compañías azucareras cubanas. Varios millares de norteamericanos eran propietarios de estas acciones, y su depreciación crea la atmósfera para que comiencen a ser escuchados los enemigos de Castro. Los primeros, policías y militares del régimen de Batista, a quienes el gobierno cubano, por su parte, sindica como responsables de "crímenes de guerra".

En junio, se produce la primera crisis del gobierno cubano, y renuncian cinco ministros. Che inicia una gira por África y Asia. Como apenas diez días antes se ha casado (con la cubana Aleida March), se interpreta su partida como resultado de la presión que sobre Castro ejercen los que consideran a Guevara excesivamente a la izquierda. Che viaja casi durante tres meses, y visita Egipto, Japón, Indonesia, Ceilán, Paquistán, Sudán, Marruecos y Yugoslavia.

La presión de la derecha, empero, no cesará con la salida de Che. En junio 30, el jefe de la Fuerza Aérea de Cuba, comandante Díaz Lanz, deserta y huye a los Estados Unidos. Allí será escuchado en una sesión especial de la Subcomisión de Seguridad Interna del Senado y en reunión secreta de la CIA, donde acusa al gobierno cubano de estar dominado por los comunistas. El mismo día, Batista solicita asilo en Estados Unidos, desde su refugio en Santo Domingo.

En julio, la oposición derechista a los planes revolucionarios aumenta de grado. El día 18, Castro renuncia y acusa en público al presidente Urrutia de trabar los planes del gobierno. Estalla la huelga general en apoyo de Castro y, bajo presión obrera y campesina, Urrutia sale del gobierno y lo reemplaza el abogado Osvaldo Dorticós. El 26, ante seiscientos mil campesinos reunidos en La Habana, Castro retira su dimisión. A su derecha, está el ex presidente de México, Lázaro Cárdenas, líder de los nacionalistas de América Latina, desde que confiscó en 1938 las compañías petroleras extranjeras.

En agosto 14, Castro califica la conferencia de cancilleres que se celebra en Santiago de Chile como una farsa. También denuncia la constante conspiración contra Cuba del dictador Trujillo, de Santo Domingo.

El 7 de septiembre de 1969, Che regresa a Cuba después de casi tres meses de ausencia, durante los cuales ha tenido lugar la crisis de Castro con la derecha de su gobierno. Ahora, la posición de Castro es mucho más sólida, sin duda, ha sido una hábil jugada política del jefe cubano mantener fuera de la isla al más controvertido de los líderes revolucionarios mientras libraba su batalla.

En septiembre 30, La Habana anuncia que han vendido 330.000 toneladas de azúcar a la Unión Soviética. La prensa norteamericana pide inmediatas sanciones económicas contra el gobierno de Castro, comienzan los vuelos "piratas" de aviones sobre Cuba, procedentes de los Estados Unidos.

El 7 de octubre de 1959, Castro preside un reunión del Instituto Nacional de Reforma Agraria, INRA y anuncia oficialmente la designación de Che como jefe del Departamento de Industrias de dicho organismo, con retención de los cargos que desempeña en las Fuerzas Armadas.

En octubre 14, Washington eleva una nota oficial a La Habana: se interesa por el futuro de las inversiones de capital norteamericano en Cuba. En octubre 17, La Habana protesta ante Washington porque el Departamento de Estado intenta disuadir a Gran Bretaña de que venda aviones de guerra a Cuba.

En octubre 21 es destituido el comandante Hubert Matos, jefe de la guarnición militar de Camagüey, implicado en una conspiración. Cinco horas después, las granadas llueven sobre La Habana y el gobierno norteamericano anuncia que investigará la denuncia cubana de que el ataque ha partido de su territorio. Un millón de personas se reúne, entretanto, para protestar por la agresión.

Al terminar octubre, el presidente Dorticós da estado público a una conversación que ha mantenido con el embajador Bonsal, que ha mostrado preocupación por la marcha de la reforma agraria.

Che es designado presidente del Banco Nacional de

Cuba en noviembre 26. La decisión del Consejo de Ministros lo deja, virtualmente, a cargo de todas las finanzas del país.

El año siguiente estuvo dominado, en su totalidad, por la hostilidad de los Estados Unidos hacia Cuba. Tres hechos marcan 1960 de manera indeleble: en enero, el presidente Eisenhower solicita al Congreso autorización para alterar las cuotas azucareras, en perjuicio de Cuba; en junio, las refinerías de petróleo norteamericanas e inglesas se niegan a refinar petróleo crudo soviético, y el gobierno cubano las expropia, y en noviembre, La Habana abandona simbólicamente el Banco Mundial.

Che, como presidente del Banco Central, expuso antes que nadie la respuesta cubana al tema de las cuotas: afirmó que la independencia sería ahora más completa respecto de los Estados Unidos. Explicó también que se restringirían las importaciones, para mantener las reservas de divisas, y contrariamente a la recomendación del embajador Bonsal, señaló que Cuba no iba a dar ningún paso para atraer el capital extranjero. Se refirió con desprecio al papel de la inversión foránea, tema que algunas semanas más tarde fue retomado y desarrollado por Castro. Esta clara política anticapitalista se completó con el viaje del enviado soviético Anastas Mikoyán, que en el preciso momento en que Eisenhower cortaba, como represalia, la cuota azucarera cubana, llegó a La Habana para otorgar un crédito por 100 millones de dólares. Este empréstito de gobierno a gobierno, a largo plazo, y con bajo interés, estaba llamado a provocar grandes modificaciones en todos los órdenes. En el campo diplomático, fue el antecedente natural del alineamiento de Cuba junto a las naciones socialistas en la Asamblea General de las Naciones Unidas, celebrada en septiembre. Ese mismo mes, el gobierno de La Habana estableció relaciones diplomáticas con China Popular y Corea del Norte.

Che volvió a salir de la isla, presidiendo una delegación comercial, en octubre 21. Visitó Checoslovaquia, la Unión Soviética y China Popular. En diciembre firmó un pacto comercial con Corea del Norte, en Pyongyang.

Al finalizar 1960, sólo faltaba entre Washington y La Habana dar el último paso. Fue la ruptura de relaciones diplomáticas, el 3 de enero de 1961.

4. VÍSPERAS DE INVASIÓN

La temperatura de una caldera a punto de reventar, en el instante exacto en que los segundos parecen horas y el estallido inminente. Ésta era la sensación física que uno podía sentir apenas descendía del avión en el aeropuerto Rancho Boyeros, de La Habana, en enero de 1961. Con diferencia de apenas dos semanas, el presidente Eisenhower había roto las relaciones de Estados Unidos con Cuba, y el gobierno cubano había abierto un paréntesis en su polémica diplomática con Washington. Cuba había depositado una confianza inusitada en el nuevo presidente, John Kennedy, que ocuparía el sitial de Eisenhower el 20 de enero. Sin embargo, aunque quisiera, la capital no podía cambiar de la noche a la mañana su fisonomía militar, y por la carretera que une el aeropuerto con la ciudad el auto se cruzaba con camiones de guerra y soldados en equipo de combate. Tampoco era muy seguro que quisiera cambiar. Mi primer impulso, al llegar al Hotel Nacional, fue llamar a Guevara a su despacho de presidente del Banco Nacional de Cuba. Pero sabía que Guevara no llegaba a la oficina hasta muy entrada la tarde al terminar su actividad más intensa, que podía desarrollarse en cualquier lugar de la isla. Preferí salir a la calle, abrasada por el sol del mediodía. Las grandes veredas sin árboles del barrio del Vedado despedían fuego y la luz hería los ojos. Cerca del hotel, por una avenida, desfilaba militarmente un destacamento de la milicia femenina, con sus ametralladoras cortas, botas de paracaidistas, blusas abiertas y boinas recostadas sobre el lado derecho de la frente.

La imagen del país en guerra se captaba en cualquier lugar. Había carpas de campaña cerca de los muelles y, según el chofer del auto que tomé para recorrer la ciudad, la Vía Blanca estaba minada en el tramo norte. Cerca de Guanabo, una ciudad a veinticinco kilómetros de La Habana, el chofer había sido desviado de su ruta por milicianos que perforaban el pavimento con taladros neumáticos, para depositar allí las cargas de dinamita. El chofer, sin embargo, no había perdido el buen humor y mientras esquivaba a las lindas muchachas que atravesaban las calles distraídamente, recordaba con confianza las palabras que Castro había pronunciado el día anterior. Para el jefe de la revolución, las relaciones de Cuba y los Estados Unidos "podían comenzar de nuevo con Kennedy". Era una frase optimista, fundada en el crédito de confianza que todo el mundo abrió al nuevo presidente, la contrafigura exacta del valetudinario general que hacía pocos días había interrumpido las relaciones oficiales con Cuba.

Podía percibirse una visible contradicción entre el tono tranquilizador de Castro, que había obrado como un bálsamo sobre muchas personas de nervios agotados, y el trajín militar, que parecía crecer en vez de disminuir. Sin embargo, existía entonces en Cuba una gradación de peligros contra los cuales combatir, ya que si bien el mayor era una invasión desde el mar con apoyo norteamericano, los menores eran las redes de sabotaje interno, cuya acción se había intensificado. Me lo hizo notar el chofer, al traerme de regreso al hotel, cuando me señaló las huellas de balas que había en una pared. En las noches serenas de La Habana, cuando la población reposa del clima calcinante del día, los disparos se escuchaban con limpieza. Podían salir de la zona del Capitolio, un lugar preferido para atacar por la espalda a las milicias populares, o del barrio de los grandes hoteles, para alarmar a sus huéspedes.

Tenía en mi poder el número telefónico directo de Guevara. Algunas semanas antes me lo había comunicado en Bonn el periodista argentino Jorge Masetti, que cumplía tareas de prensa en estrecha colaboración con Guevara.

Marqué y esperé que atendieran. No fue la voz de un secretario sino la del propio Guevara.

—¿Quién es? —preguntó con cierta impaciencia.

—El Francotirador en visita oficial a El Chancho —respondí.

Se echó a reír. Yo acababa de rescatar del olvido dos apodos con los que nos habíamos bautizado recíprocamente en nuestras correrías por América Latina. Cuando nos conocimos, Guevara era un curioso del mundo y yo un hombre de partido. Entonces comencé a llamarlo *El Francotirador*. Pero en México, cuando se consideró perfectamente compenetrado de su compromiso con la revolución cubana y latinoamericana, me devolvió cariñosamente el sobrenombre. Para él, sin duda, su asociación revolucionaria valía más, era una decisión definitiva. *El Chancho* fue el apodo de Guevara durante la adolescencia. Se lo habían puesto los camaradas del team de rugby del Atalaya Club, un equipo aristocrático donde las bromas eran con frecuencia virulentas, como corresponde a deportistas fuertes. Guevara había aceptado el apodo sin protestar, a su vez había calificado cómicamente a no menos de seis de sus compañeros y, por fin, lo había convertido en un seudónimo para firmar las crónicas de los encuentros de rugby. Hizo todavía más: lo adoptó como un nombre que los amigos podían usar, de manera que cuando establecimos nuestra buena relación, en Bolivia, me dijo:

—Mirá, Gordo, a mí los amigos me llaman El Chancho —y agregó a modo de explicación—: Dicen que hago ruido cuando como.

Ahora El Chancho era el Che, el argentino más famoso después de Perón.

Quiso que nos viéramos en seguida, aunque tenía un programa nocturno recargado de trabajo, pero le gustaría que yo asistiera a sus audiencias, viera en movimiento un alto organismo de la revolución, observara desde adentro la maquinaria que trazaba las grandes líneas de la política económica de Cuba.

Guevara tenía su oficina en un piso alto de un enorme edificio mal terminado, construido por el régimen de Batista para sede del Ministerio de Guerra. Ocupaba una serie de grandes despachos sucesivos con sus secretarios y ayudantes, y en uno de ellos, semiamueblado, descansaba la guardia personal de veteranos de la guerra que siempre lo acompañaba. Estos hombres, barbudos y con uniforme de combate, no desentonaban en la atmósfera guerrera de La Habana, pero sin duda sobresaltaron a más de un funcionario internacional o a un banquero europeo, cuando le abrieron la puerta de su jefe.

Y ahí estaba él. Plantado en sus botas de paracaidista, con una amplia camisa de cuello volcado y los brazos abiertos. Parecía más grueso, pero más tarde me explicó que la cara se le edematizaba, por el empleo crónico de la cortisona, en su tratamiento del asma.

—No es sebo, no, aquí no te queda tiempo —comentó.

Guevara y yo habíamos mantenido diversos contactos, pero lo cierto es que no nos veíamos desde diciembre de 1955, cuando terminaba de ligar su suerte con los revolucionarios cubanos y se disponía a cumplir su preparación militar bajo la supervisión del coronel Bayo. Desde entonces, Guevara había librado una guerra de dos años y ya llevaba otros dos en el gobierno de Cuba; tenía en el cuerpo por lo menos tres marcas de balas y había vuelto a casarse, esta vez con una muchacha cubana que conoció durante la guerra.

—Tu historia —le dije— excita la imaginación de los jóvenes de todo el mundo. Y los viejos funcionarios del gobierno alemán no quieren creerme cuando les cuento que muchas noches dormimos a campo abierto y nos alimentamos nada más que con bananas. ¿Qué puedo hacer para que me crean? —terminé con un tono falsamente preocupado.

—¿Tú crees que si te extiendo una declaración escrita y nos tomamos una foto juntos llegarán a creerte? —contestó él, con el mismo tono grave y burlón a la vez.

Era exactamente el mismo Guevara que había dejado cinco años antes. Lo único distinto en él era la reciedumbre de su personalidad, en la que no podía descubrirse ninguna fisura, ninguna grieta o espacio en blanco. Este proceso de transfiguración había comenzado a manifestarse agudamente en los últimos tiempos de México. Despuntaba el espíritu metódico y enérgico, capaz de trabajar sin descanso cuando encontrara la empresa que mereciera la dedicación de todas esas virtudes. Aparentaba una complacencia por el desorden, pero este desorden fue desapareciendo en la misma medida que el orden de las ideas entró en su cabeza. Las ideas se le ordenaron de afuera hacia adentro, primero percibió la barbarie, la explotación y la miseria de Latinoamérica, después estudió las causas de fondo. Por esa investigación apasionante, Guevara abandonó todo lo que antes lo atrajo. Se le cayeron de las manos los voluminosos libros de Freud, las teorías de Spengler sobre la superioridad del hombre blanco. El universo cultural del europeo se apartó de él en todo aquello que no servía a la liberación del latinoamericano mestizo, indio, negro o blanco. El día que su inteligencia y la realidad circundante se pusieron en contacto, quedaron perfectamente atornilladas, como dos piezas de una misma máquina. Su capacidad de trabajo, creativo y silencioso, tomó el cauce definitivo y por fin hubo paz en la conciencia exaltada de Guevara. Era un hombre cabal el día que los revolucionarios cubanos le ofrecieron participar en el poder.

—¡Hombre! Te esperaba hace como un mes. Pensé encontrarte aquí al regresar de mi gira por Asia. ¿Dónde estuviste metido?

Le conté que había renunciado a mi cargo diplomático con extensos fundamentos escritos, resumiendo mi honda decepción por la conducción económica, social y política del gobierno de Frondizi, al que había contribuido a llevar al poder. Esta desilusión no era la de un simple espectador descontento. Me comprometía moralmente, porque el gobierno defraudaba promesas de la campaña electoral, y yo había participado en ella. Al abandonar la Embajada argentina en Bonn, había hecho una escala en Nueva York y estaba allí en el momento de la ruptura de relaciones. Guevara quiso conocer mi apreciación sobre la opinión pública norteamericana frente a la ruptura. Le dije que la gente de la calle parecía sinceramente convencida de que podía esperar de Cuba las peores calamidades, incluyendo un ataque armado, tal vez una agresión soviética encubierta, o algo así. Guevara escuchaba en silencio, con un enorme tabaco entre los labios. Hizo una anotación muy breve cuando le relaté dos encuentros que había tenido en Nueva York, uno con Joseph Newman, especialista en noticias latinoamericanas del *New York Herald Tribune*, y el otro con Manuel Ray, un ex ministro del gobierno castrista que pretendía diferenciarse del resto de la oposición exiliada porque defendía las conquistas sociales de la revolución.

A Newman yo lo había acompañado en una gira por varias provincias argentinas, poco antes de que Frondizi ocupara la presidencia, en 1958. Frondizi me pidió que tratara de mostrarle lo que él quisiera ver, y viajamos juntos durante algunos día. Ahora, a mi paso por New York, recordé a Newman y lo busqué en su diario. Al saber que iba a Cuba me interrogó exhaustivamente sobre un tema del que yo no podía ofrecerle más que conjeturas a la distancia. Le interesaba conocer el grado de consentimiento interno del régimen castrista y si cabía o no esperar un levantamiento de la población, en el caso de que una fuerza expedicionaria repitiera la hazaña de Castro e invadiera la isla. El propio Newman había realizado poco tiempo antes una gira por el interior de Cuba y su opinión no era favorable a que dicho levantamiento llegara a producirse. Pero daba la sensación de estar realizando una verdadera encuesta entre latinoamericanos, destinada a alguien colocado a buena altura en Washington. Recién al cabo de los años llegué a saber que Newman era el informante de Arthur Schlesinger Jr., y que su opinión negativa sobre la invasión a Cuba le fue transmitida por aquél a Kennedy, sin por ello variar la decisión final de atacar.

Guevara entrecerró sus ojos, que era su modo de subrayar curiosidad, y dijo:

—¿Y tú, gordo, qué le contestaste al gringo Newman?

—Le contesté que no había estado en Cuba todavía, pero que él había estado en la Argentina en 1945, cuando el embajador Braden y el Departamento de Estado bloquearon a Perón. "Usted cree, Newman, que los argentinos habrían cooperado con una invasión norteamericana en aquel momento?" Y Newman movió negativamente la cabeza.

También le referí a Guevara mi impresión sobre Manuel Ray, un ingeniero de aspecto bonachón, que pretendía que los Estados Unidos no se oponían a Castro por sus medidas económicas y sociales sino por su adhesión política a la Unión Soviética. A partir de esta creencia, Ray sostenía que era posible continuar la revolución apartando a Castro del camino.

—¡Qué Ray! —exclamó Guevara poniéndose de pie—. Nunca sé bien si es un angelito o un hijo de puta, o una mezcla de las dos cosas en cantidades variables.

Guevara, ciertamente, estaba persuadido de que, a pesar del cambio de gobierno en los Estados Unidos, continuaban los preparativos de invasión. En La Habana poseían información detallada de estos preparativos, especialmente los que se realizaban en haciendas de Guatemala. El problema era, por lo tanto, saber hasta dónde podía o quería Kennedy hacer pesar la autoridad presidencial para paralizar y dispersar estas fuerzas. Guevara pensaba que Cuba debía estimular un cambio en la determinación norteamericana de lanzar la invasión, pero que este cambio era históricamente imposible.

—Sería como reconocer que Betancourt tenía razón, ¿comprendes? Que hay unos Estados Unidos buenos y otros Estados Unidos malos, y que la suerte de América

Latina depende de cuál de esos gobierna. Los intereses económicos tienen algún matiz, pero la nación es un bloque de concreto, mientras la clase obrera no adquiera conciencia de clase y los negros organicen su rebelión. Pero eso está lejos, ¿eh?

Sin duda, todo el gobierno cubano vivía la doble expectativa de que las relaciones con Estados Unidos bajo Kennedy se aliviaran y hasta se tornaran aceptables, o que, por el contrario, la isla fuera invadida.

Pero en aquellos días, los cubanos habían decidido reiterar su buena disposición para un entendimiento. Estaban transfiriendo a los trabajos del campo a unidades completas de milicianos, con bastante publicidad, de modo que estos hechos no perdieran su sentido político.

El 23 de enero, Guevara me invitó a viajar con él a Cabañas, un pequeño pueblo situado al oeste de la capital, a unos setenta kilómetros. Pasó a recogerme por el Hotel Nacional de mañana, muy temprano, porque era la única hora a la que se podía viajar sin sufrir totalmente el calor del trópico. Con él llegó Manresa, su secretario y hombre de confianza, un hombre sencillo y cortés sin exageración, que era el arquetipo de los hombres que Guevara trataba de tener alrededor suyo. Manresa había sido soldado del ejército de Batista, pero esta situación no modificó nunca la determinación de Guevara de tenerlo al corriente de muchos asuntos del gobierno. Era uno de esos tipos leales, cuya honradez de alma lo denunciaba por los ojos.

En Cabañas estaba el pueblo entero en la plaza principal, y la plaza cubierta de milicianos que regresaban a trabajos civiles. La multitud campesina coreaba estribillos revolucionarios, agitaba los sombreros de paja trenzada y alentaba a los milicianos, otros campesinos como ellos, que después de aprender el manejo de las armas volvían para reunirse en los surcos de caña.

Guevara fue sumamente cauteloso en el discurso que pronunció poco antes del mediodía. Advirtió que Kennedy no había insinuado aún cuál sería su política hacia Cuba y que por el momento convenía reincorporar a los hombres al trabajo productivo.

—Si la nueva administración nos amenaza —agregó—, todos nosotros estaremos listos para regresar a las trincheras.

La muchedumbre parecía bastante ambivalente, porque si los rostros se distendían tranquilamente cuando el orador alentaba la hipótesis de mejores relaciones con Estados Unidos, también se contrajeron en una expresión voluntariosa cuando mencionó el retorno a las trincheras. Los cubanos no deseaban la guerra, pero tampoco la temían.

Tomamos la costumbre de reunirnos todas las noches, al filo de las 12, cuando Guevara recibía en su despacho hasta las 5 de la mañana. En un cuarto contiguo, donde a menudo su esposa, Aleida, atendía a los visitantes, había también un saco de yerba mate y los utensilios para prepararla. Era una antigua costumbre del Río de la Plata que había conservado intacta, y los amigo íntimos sabían que no existía para el Che un obsequio mejor que ése. La información se extendió, y pronto no hubo delegación universitaria, política u obrera, procedente de la Argentina, Uruguay o Paraguay que no llegara con su modesta ofrenda de yerba mate.

El mate pasaba de mano en mano, mientras afuera amanecía. Los argentinos de Cuba celebraban el rito de los gauchos en el aposento del Che. Allí conocí finalmente a Alberto Granados, el bioquímico que viajó con Guevara la primera vez fuera de la Argentina, cuando el Che todavía era estudiante de medicina. Granados trabajaba en Cuba en su especialidad y la devoción que él sentía por Guevara era correspondida por la ternura que el Che sentía hacia él.

La idea de que Guevara fue un hombre con pocos afectos, difícil para la amistad o, mejor dicho, distraído de las obligaciones que ésta implica por su concentración a la política y a la revolución, es falsa. Con Granados, con Masetti, con Gustavo Roca, conmigo, con los que fueron sus amigos argentinos en distintas épocas, pero sobre todo con los que lo conocieron íntimamente antes de que fuese célebre y poderoso, Guevara era un amigo ejemplar, cálido, interesado en los problema del otro hasta disimular por completo la magnitud que su propia figura había adquirido.

Al finalizar enero, un discurso de Kennedy sobre la infiltración del comunismo en las revoluciones nacionalistas de América Latina se interpretó como una declaración del nuevo presidente hacia Cuba. La declaración, por cierto, fue recibida negativamente. Además, coincidió con el recrudecimiento de las actividades de saboteadores procedentes, en varios casos probados, de territorio norteamericano. Estos saboteadores estaban concentrándose en una región montañosa de baja altura, aunque bastante protegida por vegetación y de acceso fácil desde el aire: la Sierra del Escambray.

En la Sierra del Escambray, provincia de Las Villas, en el centro mismo de la isla, un grupo de anticastristas había encontrado refugio en cavernas escondidas por la selva. La prensa norteamericana hablaba de un verdadero ejército, con millares de hombres pertrechados esperando el momento de actuar. Guevara tenía una idea mucho más realista. Para él, la banda de insurgentes no sobrepasaba los doscientos individuos, cantidad que de todos modos justificaba la preocupación del gobierno cubano. Por las noches, aviones camuflados lanzaban desde el aire bultos de regular tamaño con fusiles Garand, armas automáticas Browning, cajas de granadas y bazukas, que en muchos casos pasaban directamente a los arsenales gubernamentales.

La presencia de los grupos anticastristas no podía amenazar la estabilidad del gobierno, pero del mismo modo que había sucedido en 1957 y 1958, justificaba la agitación en las ciudades y el sabotaje. Hubo varios fusilamientos. Empleados de la usina eléctrica de La Habana, que habían dinamitado parte de las instalaciones, fueron pasados por las armas. También cierta cantidad de norteamericanos estaba bajo proceso, todos los cuales habían sido capturados cuando pretendían internarse en territorio de la isla. Su situación, sumamente difícil de explicar por los Estados Unidos, alimentaba también la convicción de los jefes cubanos de que los organismos de espionaje norteamericanos llevaban adelante su proyecto de invasión, a despecho de cualquier idea contraria de Kennedy.

Entonces el gobierno cubano tomó la determinación de limpiar de enemigos las montañas de Escambray, mediante un vasto operativo en el que participarían cerca de quince mil milicianos. Era una tarea sumamente peligrosa, no a causa de la fuerza del enemigo, sino de la misma inexperiencia de los milicianos, que hasta ese momento habían intervenido en ejercicios militares pero no conocían, en su inmensa mayoría, un combate de verdad.

De cualquier modo, recibí con entusiasmo la invitación de Guevara para sumarme a una de las unidades combatientes. En el lugar adonde Guevara me propuso ir, la ciudad de Santa Clara, él mismo había librado una de las batallas más cruentas de la guerra contra Batista. Tomó más de mil prisioneros, se apoderó de un tren militar completo y capturó la ciudad. Santa Clara es el eje de la llanura central de la isla, un importante centro ferroviario adonde convergen las comunicaciones y donde, además, viven más de ciento cincuenta mil personas.

Guevara recordaba con emoción a un soldado de aquella batalla, un combatiente anónimo de la revolución. Lo encontró dormido en un encuentro anterior, y el soldado le explicó que carecía de arma para combatir. Se la habían quitado por culpa de su propia imprudencia, cuando dejó escapar un disparo. Guevara le había dicho:

—Gánate otro fusil en la primera fila de la lucha. Ve desarmado y vuelve con él, si eres capaz.

En Santa Clara, en un improvisado hospital de sangre, Guevara fue llamado junto al lecho de un moribundo.

—¿Recuerda, comandante? Usted me mandó buscar un arma, y yo me la gané aquí.

Era una historia heroica que siempre conmovía a Guevara.

En Santa Clara, cuando yo llegué para sumarme a las milicias, el recuerdo de Guevara estaba demasiado fresco. El edificio de la central eléctrica y el de la Universidad conservaban rastros de disparos en sus muros, y muy cerca del lugar en que se ofició la primera misa católica en América, estaba el ramal ferroviario donde los hombres del Che rindieron al tren blindado del Ejército.

Las milicias estaban formadas especialmente por campesinos. Hombres simples y francos, como todos los campesinos que habíamos conocido en nuestras correrías por América, aunque más comunicativos. Reían con facilidad y bromeaban con las armas automáticas, cuyas piezas brillaban bajo el sol del mediodía. Muchos eran negros, como el joven maestro voluntario al que esos mismos días habían ahorcado los anticastristas de las sierras. Se trataba de un crimen brutal e impolítico, al cabo de una parodia de juicio en la que se lo condenó por "comunista". Los milicianos negros sentían que debían vengar a ese hermano de sangre que encontró la muerte mientras cumplía la misión de educar a otros campesinos como ellos. No había odio sino el grado de conciencia que Guevara consideraba óptimo para que la revolución llegara a ser invulnerable. Estos hombres habían comprendido que para ellos la liberación estaba en las bocas de sus fusiles, y que mientras los conservaran, la soberanía de Cuba y su dignidad como personas estaban aseguradas, eran indivisibles.

—Fíjate —me dijo Guevara cuando le transmití mis impresiones— que si a aquellos campesinos de Guatemala se los hubiera esclarecido a tiempo, ni Castillo Armas ni nadie, ni los yanquis siquiera, acaban con la revolución agraria.

Para Guevara, la preparación militar de un revolucionario no podía considerarse completa jamás. Él mismo había juzgado necesaria una buena preparación como aviador, y la había conseguido con rapidez. Conducía un

Cessna bimotor, que antes había pertenecido a Castro, y en algunos de sus viajes al exterior llegó a sentarse también en el comando de los grandes Britannia.

En el avión de Guevara recorrí la isla de un extremo al otro. Fue una experiencia curiosa y reveladora al mismo tiempo, porque el trabajo se interrumpía en el campo cuando el avión volaba de día sobre los surcos del cañaveral. El teniente Eliseo De la Campa, piloto personal de Guevara, que me hizo recorrer íntegramente la isla, me explicó que los campesinos sabían que en ese avión viajaba Fidel Castro o el Che. En cualquiera de los casos, al reconocerlo en el cielo, dejaban un momento los machetes en paz y agitaban las manos.

Guevara le pidió al piloto que me "cuidara mucho".

—Es un viejo amigo, tú comprendes? —y guiñaba un ojo mientras decía—: No sea que lo tomen por un contrarrevolucionario, y los tumben de un bombazo.

Era una precaución justificada, porque en esos días la artillería antiaérea había derribado un avión cerca del balneario de Varadero, muriendo sus tres ocupantes, dos de ellos militares y el otro dirigente del partido. A Guevara la confusión lo había irritado poderosamente, y en los funerales de las víctimas dijo:

—Los tres fueron víctimas del enemigo, porque el enemigo es quien hace ver fantasmas donde no los hay.

Guevara temía sobremanera a la psicosis de la invasión, que era una disposición del ánimo totalmente diferente a estar preparado contra la invasión. Habló, en esos días, varias veces a auditorios distintos sobre este tema. No podía olvidar la destructora psicosis que se apoderó de la población de Guatemala en 1954, y la dejó prácticamente inerme ante el avance de una grotesca fuerza armada.

Además, relacionaba la histeria de invasión con la disminución de la producción. Este asunto era una preocupación dominante en Guevara.

—Si seguimos en el actual pie de guerra durante un año más —decía—, nos quedaremos sin producción y eso no puede ser.

Una noche me propuso partir a la madrugada para una visita sorpresiva a una fábrica metalúrgica. Estas visitas tenían el propósito de verificar el ritmo de trabajo. Debían ser, por ende, sin preparación previa. A las cuatro y media de la mañana siguiente, un Pontiac de antiguo modelo entró en la rampa de automóviles del Hotel Nacional. El conserje del hotel me despertó bastante sobresaltado.

—Lo aguarda el comandante Guevara y su escolta —anunció.

En ese momento, descendían no menos de cien jóvenes estudiantes de provincias que completaban en la capital un curso de formación. Ellos y yo llegamos casi al mismo tiempo a la planta baja, el lugar donde Guevara esperaba. Fue para ellos un impacto extraordinario encontrar allí al Che, de carne y hueso, con su blusa descolorida por el uso en algunos ángulos, las botas sin lustrar y el semblante alegre de los jóvenes que parten de excursión, el mismo que ellos tenían en ese momento.

El Che producía siempre una respetuosa curiosidad. Allí donde se presentaba, todos captaban de un modo rudimentario que este hombre nacido en el otro extremo del hemisferio estaba trabajando junto a ellos porque la revolución cubana era parte de una revolución mayor, en la que todos tenían un papel.

Cuando partimos, la sensación casi mágica de los jóvenes revolucionarios parecía flotar alrededor nuestro.

Guevara tomó a su cargo el volante, y sus cuatro compañeros se apiñaron en el asiento posterior. Me senté a su lado, mientras los otros acomodaban las ametralladoras FAL entre las piernas y uno encendía un tabaco, cuyo fuego había dejado extinguir. Estos hombres del pueblo que protegían a Guevara de un ataque terrorista, lo habían seguido desde la Sierra Maestra hasta Las Villas, combatiendo bajo sus órdenes en la columna Ciro Redondo. Representaban al contingente más radical del ejército rebelde, y ello parecía más una consecuencia directa de la veneración que profesaban por el Che, que de un análisis ideológico sistemático.

Guevara también encendió un tabaco, y me ofreció que hiciera otro tanto, indicándome una caja de madera lustrada que había quedado entre nosotros dos. Cuando levanté la tapa no pude contener una exclamación: en la caja no había cigarros sino una docena de granadas de mano, primorosamente alineadas, con sus precintos de seguridad intactos. Lo interrogué con la mirada, porque, además de los cuatro hombres armados del asiento posterior, Guevara llevaba una pistola 45 en la cartuchera, suspendida de un ancho cinturón tejido con hilo de pescar.

—¿Qué pasa? —atiné a preguntarle.

—Esto es lo que nosotros usamos aquí. La vida de un revolucionario es dura, siempre está pendiente de un hilo. Hay saboteadores entrenados por la CIA buscando a los jefes de la revolución para asesinarlos. Y en ese caso, no hay arma más terrible que una granada de piña bien puesta, colocada matemáticamente entre el grupo atacante. Más aún: si el que la va a arrojar tiene suficiente sangre fría y puede conservarla en la mano varios segundos después de quitarle el anillo de seguro, el efecto que conseguirá será demoledor.

Y en seguida extrajo un verdadero tabaco del bolsillo superior de la camisa, y me lo dio.

En la fábrica de aceros que visitamos, Guevara pasó rápidamente a la sede de la dirección y reclamó el registro de asistencias del personal. Comprobó que el veinticinco por ciento de los obreros había participado su inasistencia, por distintos motivos; desde enfermedad hasta tareas de vigilancia o adoctrinamiento político. Pidió entonces que el personal fuera congregado en el patio de la planta industrial.

—Sólo con trabajo y sacrificio pueden ustedes producir más —les dijo—. Es más fácil morir en las trincheras luchando que trabajar los 365 días del año.

Guevara se esforzó por ser claro en el sentido de que la producción nacional de Cuba estaba ahora bajo el control del proletariado.

—Éste es un momento histórico de la clase obrera cubana y también para la clase obrera de toda América —prosiguió—, porque todo lo que sucede en Cuba en estos tiempos revolucionarios tiene repercusión inminente en otros países de América. Aquí, en Cuba, se está librando una batalla por todo el porvenir de América, y cada vez que nosotros actuamos y damos un paso adelante —concluyó—, estamos contribuyendo con nuestra acción revolucionaria a que toda América se libre de un yugo que es feroz y que nosotros conocimos bastante.

Cuando regresamos a La Habana, pasado ya el mediodía, Guevara comentaba su preocupación por los desórdenes en la producción que había agudizado la amenaza del ataque desde el exterior, pero que también se originaban en una interpretación incorrecta del control proletario sobre las industrias.

El auto se detuvo ante un semáforo, y Guevara miró distraídamente hacia el conductor de un vehículo que frenó junto al nuestro: el otro lo miraba con rencor mal contenido, los ojos echaban chispas. Guevara volvió la cabeza hacia mí, con una sonrisa beatífica.

—Fíjate —dijo—, éste pertenece a la clase media, de la que Fidel todavía cree que puede esperar apoyo. Mírale los ojos.

Pero ya la luz verde nos dejaba continuar la marcha.

Una noche descubrí que Guevara tenía un gran mapa de la Argentina en su salita privada, anexa al despacho. Era uno de esos mapas encerados que el cartógrafo *Bemporat* fabricó por millares y que se encuentran en todas las escuelas argentinas. Le pregunté los motivos de esta decoración.

—Sabes —me dijo—, cuando el asma me voltea, tengo la costumbre de cavilar. Pienso en la Argentina, en su potencia económica sin explotar, en lo que podría ganar la revolución latinoamericana si conquistara un punto de apoyo, y expansión como ése, en vez de apoyarse exclusivamente en un pequeño país como Cuba.

Y la juventud, ¿siempre está anestesiada con el "no te metás"?

En realidad, la Argentina era un tema que lo rondaba siempre. Guevara estaba convencido de que la revolución latinoamericana no podría expandirse sin contar con un baluarte político y económico. A veces, pensaba también en el Brasil, y en esos días la llegada al poder de Janio Quadros, un amigo de la revolución cubana que hasta había visitado la isla, alentaba la esperanza de que fuera el Brasil el país llamado a desempeñar un papel decisivo en la liberación latinoamericana.

Las conversaciones sobre la Argentina se hicieron frecuentes a partir de un hecho totalmente inesperado por mí, pero que introdujo en las discusiones nuevos e interesantes protagonistas.

Una noche, cuando me disponía a salir del hotel para comer con unos amigos en el restaurant *Potin,* del Vedado, recibí un llamado telefónico de alguien que había advertido al telefonista que no me conocía, pero que necesitaba hablarme.

El desconocido resultó ser Ángel Borlenghi, el hombre más poderoso del gobierno de Perón, en cuyo gabinete ocupó el Ministerio de Interior durante más de ocho años. Borlenghi no me conocía a mí, pero yo no solamente lo conocía sino que durante varios años le había dedicado muchos de mis pensamientos, sobre todo cuando él puso precio a mi cabeza, a raíz de mi fuga de una seccional policial de Buenos Aires.

Borlenghi quería verme de inmediato. Le expliqué que me resultaba imposible, puesto que me esperaban a comer. El insistía, y yo volvía a negarme. Hasta que por fin dijo con una voz muy tenue:

—Lo que sucede es que estoy preso en este momento. Estoy en la estación de policía del Malecón, en los fondos de la embajada norteamericana.

El destino había querido, evidentemente, que el otrora ministro todopoderoso, que dispuso mi encarcelamiento cuando yo defendía a los presos políticos y sindicales, se encontrara ahora en la misma situación de mis clientes.

El teniente de policía me explicó que el delito de Borlenghi era no haber denunciado su condición de propietario de dos unidades de vivienda, lo que estaba expresamente castigado por las disposiciones de la nueva ley de reforma urbana. Borlenghi aclaraba una y otra vez que esta situación no surgía de un espíritu especulativo sino de una antigua realidad familiar, que lo obligaba a mantener dos casas simultáneamente.

Cuando comprendí que no había manera de sacar de la cárcel al ex ministro peronista, pedí un teléfono y llamé a Guevara. Le relaté los detalles del caso y Guevara quiso que pasara el aparato al teniente de policía. Mantuvo con él una negociación respetuosa e instructiva, porque comenzó felicitando al policía por el celo con que vigilaba el cumplimiento de las leyes revolucionarias. Al final, le pidió que por excepción continuara la causa judicial contra Borlenghi dejando a éste libre. El teniente aceptó la propuesta, de este modo el ex ministro argentino salió a la calle pocos minutos después.

Algunos días más tarde, quiso agradecerle personalmente al Che su intervención. Guevara estuvo de acuerdo, y una noche los tres nos sentamos a tomar mate y a hablar de política en los sillones de cuero del despacho de Guevara.

—Perón fue, sin ninguna duda, la expresión más avanzada del reformismo político y económico en la Argentina —afirmó Guevara—, pero fíjese que si hubiera afectado profundamente a las fuerzas económicas tradicionales, éstas no se habrían encontrado en tan buena posición para acabar con su gobierno, como lo hicieron.

Borlenghi replicaba que el desarrollo relativo de la Argentina dejaba creer en la posibilidad de un crecimiento continuado sin necesidad de trastornar por completo la estructura de la sociedad. Para él, la justicia distributiva que Perón había implantado era más que suficiente para justificar su gobierno ante la historia. Sinceramente, confesaba que la velocidad de la revolución cubana le daba vértigo. Varias veces a lo largo de la conversación Borlenghi repitió un argumento que prefería:

—Está bien, está bien, pero cuando yo dirigía el sindicato de empleados mercantiles sólo teníamos una pieza para reunirnos, y durante el gobierno peronista llegó a ser el más poderoso gremio organizado de Latinoamérica, con servicios sociales gigantescos y millares de empleados y técnicos a su servicio.

Guevara nunca pudo convencer a Borlenghi, que en su juventud había sido socialdemócrata a la manera alemana, de la diferencia que existe entre un sindicalismo reformista y distributivo y un sindicalismo compenetrado de que el papel de la clase trabajadora es dirigir a toda la nación.

Fue en las mismas oficinas de Guevara donde conocí a otro colaborador cercano de Perón, el ex canciller Jerónimo Remorino. Éste se encontraba en Cuba tratando de convencer al gobierno de que pagara a Francia una planta industrial de fertilizantes. La empresa francesa había encomendado a Remorino obtener un arreglo. Con Remorino, Guevara discutía sobre la política de América Latina y los Estados Unidos por espacio de horas. El interrogante de Remorino era conocer el grado de lealtad que podía razonablemente esperarse de la Unión Soviética, en la hipótesis de que el entredicho cubano-norteamericano fuera demasiado lejos y demasiado rápido.

—Podrían cambiar Cuba por Berlín, o Taiwán, por cualquiera de los problemas pendientes que algún día deberán arreglar. Los rusos tienen una política nacional, tienen intereses permanentes. Ahora parece que temen más que nada a los litigios, tal vez porque vaticinan que la situación interna de los Estados Unidos puede dar paso a una política agresiva, un "fascismo" a la norteamericana, y que de allí a una guerra generalizada sólo mediaría un paso —argumentaba Remorino.

—No podría ser —respondió Guevara—, porque es suponer que una nación comunista tiene la misma moral que una nación capitalista, y esto equivale a rechazar los mismos fundamentos del comunismo. Antes que un método de desarrollo económico, de distribución de ingresos y de conquistas materiales, el comunismo es una moral, una moral internacional. En Cuba estamos convencidos de que los soviéticos harán honor a la solidaridad socialista.

Eran discusiones en la boca del león. Si uno quería confirmarlo, bastaba asomarse a alguna de las ventanas, desde donde podía divisarse, recortada en el horizonte marino, la silueta negra de un crucero norteamericano, amenazador y silencioso, testigo armado del disgusto que la potencia más grande del mundo sentía por la revolución socialista de una pequeña isla del mar Caribe.

Remorino tenía una experiencia personal y política completamente diferente a la de Borlenghi, y la presencia de ambos en el gobierno de Perón terminaba de documentar el carácter pluriclasista de aquél. Borlenghi era un sindicalista, un laborista a la manera alemana o inglesa. Remorino era, ante todo, un nacionalista, en el estilo de los grandes jefes europeos: De Gaulle fue su modelo predilecto.

Pero tanto uno como otro se conmovían de igual modo ante la honradez de la revolución cubana y la honestidad de Guevara. Se impresionaban con episodios de distinta envergadura. A Remorino le causaba admiración el desdén de Guevara por el dinero, un desprecio que estaba contenido en normas morales y éticas, y que alcanzó su manifestación mayor el día que firmó los billetes cubanos con su nombre de guerra, Che. Al hacerlo, Guevara sabía que aplicaba un golpe de muerte a una concepción de la vida que ponía al dinero arriba de todo, rodeándolo de un respeto sacramental. Demitificar el dinero, devolverle el carácter de medio para simplificar el intercambio de riqueza realmente producida por lo hombres, ésa fue la intención de Guevara. Los ricos de Cuba dejaron de atesorarlo; lo volcaban por millones en las mesas de juego de los casinos, cuando descubrieron que el dinero era papel impreso y que ya no podían emplearlo para consumir por encima de sus necesidades ni más allá de su contribución a la comunidad. Guevara había literalmente desfondado la certeza corriente de que el dinero era un valor sagrado el día que firmó Che en los billetes. Y uno podía ver junto a las mesas de juego del *Capri,* que George Raft había instalado unos años antes, a hombres y mujeres devorados por una fiebre secreta, mientras arrojaban sobre el paño verde los billetes de banco que la revolución había herido para siempre.

A Borlenghi, en cambio, la moral jacobina de Guevara lo seducía especialmente en los aspectos más directos. Hasta cambiaba la voz, cuando recordaba que Guevara había intentado introducir una fórmula jurídica excepcional, la de corrupción de la moral pública, para juzgar a cierto empresario de obscenidades en gran escala, un tal Schwarzmann, para colmo ciudadano argentino por adopción. El personaje había entrado en la literatura mundial de la mano de Graham Greene, porque no era otro que el empresario del célebre teatrillo Shangai, del barrio chino de La Habana. Greene registró en *Our man in Havana* el espectáculo aberrante y nefando del Shangai, donde un gigante de color realizaba la primera parte de un programa de excitación de las peores pasiones, que continuaba luego en escenarios más reducidos, con violaciones de animales domésticos y perversidades y sadismos indescriptibles. Guevara había amonestado al rufián que organizaba los espectáculos, pero éste creyó encontrarse ante un funcionario común, tal vez algo más severo. Lo que no esperaba fue que un día, al insistir en sus perversas funciones, Guevara lo llamara a su cuartel general de la fortaleza de la Cabaña y le comunicara que sería procesado por corrupción de la moral pública y seguramente sentenciado a muerte. Durante varias semanas el embajador argentino luchó para disuadir a Guevara de su idea de fusilar al tal Schwarzmann, y aunque no consiguió que renunciara a la calificación de sus delitos, terminó convenciéndolo de que no podía aplicar la pena a un extranjero.

Donde la intransigencia de Guevara resultaba completa era con la codicia, con la pasión desenfrenada por acumular riquezas, con la avaricia. Siempre había anhelado una sociedad donde cada uno se ganara el pan con su propio trabajo, dando lo mejor de sí mismo. Había caminado por América Latina nada más que con la ropa puesta, trabajando de lo que en cada ocasión pudo conseguir, y recibiendo a cambio de ese trabajo lo indispensable para vivir. Parecía increíble, pero no aspiraba a más. Y tenía un espíritu comunista primitivo y cristiano, que le hacía tomar naturalmente la idea de repartir con sus hermanos lo que ganaba con el trabajo

—Debes ir a ver eso —me dijo un día—, tú debes ver el grado de enajenación al que llegan los ricos.

Acababa de descubrirse una fabulosa cantidad de joyas, piedras preciosas, obras de arte, marfiles y barras de oro, en la fastuosa residencia de una condesa española. Guevara me extendió un sencillo permiso de paso libre, con su firma. El espectáculo era, realmente, de "las mil y una noches". La mansión de dos pisos de la condesa de Revilla de Camargo había sido el albergue del rey Leopoldo de Bélgica y de don Juan, pretendiente al trono de España. Ahora había una cuadrilla de obreros que demolía lentamente un muro espeso, detrás del cuàl se encontraba el depósito de riquezas más grande que vi en mi vida, fuera de los museos. Salían cajas de porcelanas, candelabros y platerías, junto con pinturas de Goya y de Murillo, convenientemente embaladas. La condesa tenía una renta de trescientos millones de dólares, producidos por sus fábricas de azúcar y aserraderos. A la edad de ochenta años, resolvió emigrar de Cuba, y el día que supo que sus propiedades habían sido confiscadas, enfermó y más tarde murió, en una clínica para millonarios de New York.

La acaudalada condesa, que no pudo sobrevivir a la pérdida de una riqueza amasada sin esfuerzo, tenía su contrafigura en el ideal del hombre que Guevara quería forjar en Cuba —y en América Latina, por cierto. Este hombre nuevo debía encarnar las cualidades del hombre del siglo veintiuno, para lo cual Guevara asignaba un papel primordial a la juventud y a la organización partidaria.

—La juventud es la más importante, es como arcilla, maleable, con ella se podrá construir al hombre nuevo, sin ninguna de las taras y residuos culturales y sociales anteriores —explicaba Guevara. Su preocupación era encontrar una manera clara y seductora de formular su tesis del hombre nuevo.

—El trabajo, y la integración de los jóvenes en él, es básico. El trabajo es un premio en ciertos casos, un instrumento de educación en otros, pero jamás un castigo. Con la nueva generación nace también la revisión global del concepto del trabajo.

Guevara practicaba con el ejemplo su filosofía del trabajo. Tuve oportunidad de comprobarlo personalmente, durante la temporada que viví en Cuba, en 1961.

Una noche me previno, muy divertido:

—Esta noche, a dormir temprano. Mañana sabrás lo que es trabajar en serio.

Pasó a buscarme por el hotel y en seguida marchamos a una concentración que estaba formándose frente a la Plaza de la Revolución. Había allí, a las cinco de la mañana, no menos de tres mil personas que buscaban lugar en ómnibus y camiones. Había banderas cubanas y muchos sombreros de yarey, y las mujeres vestían uniformes militares o ropas frescas y coloridas. Se trataba del personal de varias dependencias del gobierno, incluido el del Banco Nacional y de las oficinas de planificación que más tarde se agruparían en el Ministerio de Industrias, bajo la dirección de Guevara.

La sorpresa que Guevara había preparado era que esta vez su trabajo voluntario en la zafra sería acompañado por dos amigos del "tiempo viejo": el médico Granados y yo, junto con su propia esposa, Aleida.

Confieso que mientras recorríamos los cuarenta kilómetros que nos separaban del campo de azúcar elegido para el trabajo, pensé que la tarea iba a desarrollarse a la manera de los modelos latinoamericanos: un ministro o un presidente que trabajan al sol, unos fotógrafos que hacen su trabajo, y un telón de fondo de verdaderos hombres y mujeres trabajando, mientras el hombre de gobierno bebe refrescos a la sombra y comenta las novedades rodeado de funcionarios y periodistas. No era una desconfianza personal hacia Guevara, lejos de eso, era mi propia incapacidad para imaginar una situación distinta del modelo conocido.

Echamos pie a tierra finalmente, los camiones se agruparon a un costado, y repartieron las cuchillas para cortar caña, las famosas "mochas" que los campesinos enarbolan jovialmente los días de asambleas populares. Yo también recibí la mía, y en un esfuerzo por ponerme a tono con el ambiente, anuncié que trabajaría sin guantes ni camisa, a torso descubierto.

—Se ve que nunca trabajaste en esto —comentó Guevara con sorna.

Estaba divertido como un niño que espera el papelón del amigo presumido de fuerte. Y así fue: yo ignoraba que la caña de azúcar despide un polvillo impalpable que se introduce en los poros, irrita la piel y la agrieta, sumiendo en la desesperación al ingenuo que pretende trabajar sin cubrirse. Al rato, yo también reclamé una camisa de mangas largas y abotonadas, y guantes de media manga. Trabajamos desde las seis y media de la mañana, sin interrupción, hasta las once y media. El sol volvía insoportable la tarea a esa hora, y se hizo una pausa para almorzar, bajo un cobertizo de bohío. Reinaba una verdadera camaradería, a pesar de que se mezclaron en las mesas jefes de departamentos y directores ministeriales con modestas secretarias y servidores de ínfima categoría. Guevara estaba radiante, y su ideal parecía encontrarse realizado. Una comunidad de hombres y mujeres ligados por el trabajo, capaces de realizarlo responsablemente y ahora congregados con alegría, sin respetabilidades falsas ni diferencias postizas.

El trabajo continuó al mismo ritmo desde las tres

de la tarde hasta las siete y media. Guevara poseía una real maestría para cortar la caña por la base, y desbrozarla con golpes secos del machete. Cuando la tarea del día concluyó, Guevara trepó a un carretón de grandes ruedas, de los usados para transportar la caña a la fábrica, y dirigió a todos una charla didáctica. Rápidamente la situación pasó al diálogo, donde podía medirse el grado de politización a través del contenido y la dirección de las preguntas. Guevara me dijo más tarde que los diálogos de esta clase, espontáneos en la elección del tema y sin ninguna inhibición por parte de los que preguntaban, habían sido siempre el mejor barómetro para conocer las esperanzas fervientes, o los temores profundos, del pueblo cubano. Esa tarde, las preguntas giraban fatalmente alrededor de la amenaza de invasión. De modo que nadie se sorprendió cuando Guevara cortó el diálogo, diciendo:

—Y ahora, compañeros, a ver cómo estamos todos de la vista.

Hubo risas, y varios se prepararon, al lado de Guevara, para probar puntería con sus pistolas 46 sobre una hilera de botellas.

Al finalizar febrero de 1961, Guevara fue designado ministro de Industrias, con motivo de la reorganización general del gabinete de gobierno dispuesta por Castro. En la práctica, el nuevo cargo recogía anteriores funciones de Guevara, aunque las encuadraba más correctamente en el rango ministerial. Se esperaba que Guevara podría unificar, orientar, dirigir y ejecutar los planes de desarrollo industrial, para lo cual se le acordaron plenos poderes sobre todas las industrias. También fueron colocados bajo su dirección el petróleo, los yacimientos minerales y la sección de desarrollo industrial del ente encargado de llevar adelante la reforma agraria.

Las completas atribuciones que Guevara recibió reconocían, por un lado, la urgencia de concentrar en una sola mano un proceso de expansión industrial donde la falta de planificación estaba dañando los resultados. Y el hecho de que Guevara fuera el elegido para el cargo confirmaba la conveniencia de que para realizar el reordenamiento de las empresas industriales de Cuba actuara un jefe como él, indiferente a la demagogia.

Uno de los mayores problemas que Guevara tuvo que encarar fue el de integrar a la estructura industrial de la isla más de sesenta fábricas compradas en Japón, mediante operaciones de trueque por azúcar. Cuba necesitaba "digerir" la maquinaria industrial que había acumulado en dos años de revolución, antes de hacer realidad la promesa de Castro de independizar al país de la agricultura, especialmente del monocultivo de azúcar.

Guevara estaba convencido de que los estímulos morales a la productividad eran inseparables de cualquier programa de racionalización del trabajo industrial. Por esta causa su primera aparición pública como ministro fue para entregar por primera vez los premios a los "Héroes del Trabajo". Simultáneamente anunció un plan de cuatro años, para cuya conclusión reclamó centenares y millares de nuevos "Héroes del Trabajo".

La prensa norteamericana entendió que la designación de Guevara como ministro significaba que el poder se deslizaba rápidamente hacia sus manos. Como su ascenso a ministro coincidía con la realización de gestiones cubanas ante los gobiernos latinoamericanos para impedir una ruptura de relaciones colectivas con La Habana, la prensa norteamericana presentó las cosas de tal modo que la negociación diplomática se viera perjudicada. En Guevara, naturalmente, se ejemplificaba la radicalización de la revolución, y sus enemigos creyeron conveniente magnificar su importancia para echar a perder todas las tratativas.

Aparentemente, otros pensaron más útil echar a perder al propio Guevara. El mismo día que debía jurar su cargo de ministro, en un episodio confuso al que Guevara no dio importancia, se libró un intenso tiroteo en el cruce de la Séptima Avenida con la calle 18, en el Reparto Miramar. La casa de Guevara estaba a menos de cien metros de esa esquina. La noticia no se difundió dentro de Cuba, aunque algunos ayudantes de Guevara comentaron animadamente el episodio. Guevara dijo a sus íntimos que no se trataba de un atentado en contra suya, pero teniendo en cuenta lo cerca de su casa que había ocurrido no pude dejar de pensar durante algunos días en la caja de granadas que llevaba siempre en el auto.

De hecho, todo el mes de marzo de 1961 fue un *crescendo* interminable de violencias. Había ráfagas de ametralladoras de día y de noche, y explotaban bombas de dinamita en los grandes hoteles. No era un secreto que los planes de invasión continuaban en vigor, y que las agencias de espionaje de los Estados Unidos multiplicaban los esfuerzos para entrenar saboteadores e introducirlos por el extenso litoral marítimo de la isla.

Fue en ese momento cuando dos presidentes reformistas, Arturo Frondizi, de Argentina, y Janio Quadros, de Brasil, ensayaron la mediación de sus gobiernos entre los Estados Unidos y Cuba. Encubierta en el lenguaje diplomático, la tesis de los mediadores era que una guerra por Cuba resultaba inaceptable en vista de la coexistencia pactada entre Estados Unidos y la Unión Soviética. En consecuencia, la negociación terminaría por imponerse y, en este caso, era preferible que quedara a cargo de los dos hermanos mayores de América Latina. Frondizi, que elaboró la idea central del proyecto y la consultó a Quadros, insinuaba a Washington que debería preferir la mediación de dos naciones del hemisferio, antes que llevar las cosas hasta la mediación soviética. Pero Frondizi se equivocó en ésta y otras cosas, y el resultado de su iniciativa fue una feroz campaña en contra suya, desatada no solamente por los exiliados cubanos, sino por la derecha argentina y de todos los países latinoamericanos. El día que pretendió intervenir en la cuestión cubana, Frondizi serruchó la mitad de la rama sobre la que estaba sentado.

—No tendrá éxito, ya verás —me dijo esa noche

Guevara—. No sólo no tendrá éxito sino que habrá dado el motivo para que los reaccionarios de Buenos Aires acaben con su gobierno.

Los problemas diplomáticos ocuparon la atención de Guevara tanto tiempo como los de su Ministerio de Industrias, y tuve la ocasión de elaborar, para su información, un extenso memorándum sobre las relaciones de Cuba con Alemania Occidental. El hecho es que yo volvía de la Embajada argentina en Bonn, donde me había desempeñado durante dos años. Y las relaciones de Cuba con los alemanes se emponzoñaron a partir de un episodio casi doméstico. El agregado comercial de la Embajada alemana en La Habana había arrendado una propiedad confiscada por el gobierno, cuyo propietario antidató la fecha del contrato de arriendo para simularlo anterior a la medida gubernamental. El diplomático alemán tal vez ayudaba de este modo al antiguo propietario, ahora exiliado, o tal vez se beneficiaba pagándole un alquiler muy bajo, que aquél recibía en dólares. Lo cierto fue que el diplomático quebró los sellos fiscales que confirmaban la expropiación, y horas más tarde los milicianos del barrio invadieron la casa.

El embajador alemán en La Habana era un conde, Karl von Spreti, que sentía verdadera devoción por la propiedad privada y se enfermaba cuando alguien hablaba de reforma agraria. Es explicable que el conde Von Spreti estuviera muy enfermo en Cuba. Los cubanos sospechaban que, cediendo a la presión de Washington, el gobierno alemán rompería las relaciones con Cuba. En este caso, ellos preferían tener, por lo menos, la iniciativa de romper con Bonn, antes. Para pulsar a los alemanes, resolvieron expulsar al agregado comercial, y situarse desde ese momento a la ofensiva.

A Guevara le referí un curioso incidente que había protagonizado pocos meses antes, cuando por iniciativa de la Embajada de Colombia se organizó la concurrencia de los diplomáticos latinoamericanos a un homenaje al canciller Konrad Adenauer. Un colombiano vino a la Embajada argentina y, junto con la invitación, comunicó discretamente que sólo los cubanos estaban excluidos de la ceremonia. Le anuncié que en este caso no contaran conmigo. Para mi sorpresa, dos días más tarde el director del área latinoamericana del Ministerio de Relaciones Exteriores alemán me hizo saber que estaban al tanto del episodio y, además, compartían mi posición. No solamente ellos, sino también el propio Adenauer, que no aceptaría el homenaje si faltaba una sola representación diplomática latinoamericana. El acto se llevó a cabo, y el viejo estadista dio a todos una gran lección, al dirigirse, en primer término, y violando el protocolo dispuesto, al embajador de Cuba.

Sin embargo, las relaciones con Alemania Occidental iban ya por una pendiente sin regreso. Cuba recibió a una delegación comercial de la otra Alemania, antes de finalizar marzo, y le acordó categoría de misión diplomática, lo que motivó una nueva protesta del conde de Bonn. Las relaciones se interrumpirían definitivamente poco tiempo después.

La primera visita importante que Guevara realizó como ministro de Industrias fue, también, la última gira que hicimos juntos por la isla. Quería conocer sobre el terreno las tareas de prospección petrolera en Jatibonico, provincia de Camagüey, adonde fuimos en una columna de automóviles. El sentido de encolumnar tres o cuatro vehículos, preferentemente similares, era correr menores riesgos en caso de atentados terroristas. Ésta era la realidad. Los fusilamientos respondían con la misma dureza a la tenacidad de los saboteadores, generando nuevas réplicas de éstos que, a su vez, eran correspondidas con la misma violencia.

—Hasta ahora —explicaba Guevara mientras recorríamos la carretera—, la Shell y la Esso, y su pariente la Texaco de nuestro amigo Rockefeller, sólo habían instalado en Cuba refinerías. Traían el petróleo de Venezuela, lo refinaban, y lo vendían en todo el Caribe. Cuando nos hicimos cargo del gobierno el petróleo propio no llegaba ni al uno por ciento del consumo. Por eso ahora trabajamos intensamente en su búsqueda. No quiero profetizar, pero el petróleo ocupará un lugar más importante en el conjunto de la economía cubana.

—¿Y no les convendría más —aventuré— comprarlo a otro productor, en vez de encarar la costosa explotación propia?

—¿Tú no sabes acaso lo que nos pasó? Cuando las compañías yanquis nos chantajearon y suspendieron las entregas de combustible, lo pedimos a Venezuela, a la Argentina. ¿Y sabes qué nos respondió Frondizi, qué nos propuso Betancourt? Casi nada: que formáramos comisiones mixtas de estudio para ver cómo se concretaban las ventas. Una cuestión de meses, en el momento que carecíamos de petróleo para dentro de unos días. Una puñalada por la espalda, que nos dejó obligatoriamente en manos de los soviéticos.

Unos días después Guevara me llevó en su auto al aeropuerto. Había puestos de ametralladoras en el camino, y antiaéreas en los depósitos del aeródromo.

—Vendrán —me dijo—, pero les vamos a dar un buen recibimiento. Es una pena que te vayas justamente ahora, cuando la fiesta está por comenzar.

5. EL DESAFÍO CUBANO

Entre el 2 y el 20 de agosto de 1961, Guevara vivió tres semanas cargadas de emociones políticas y personales. En una existencia tan pródiga como la suya, sin embargo, el propio Guevara recordaría algún tiempo después esta etapa como una de las más excitantes que le tocara vivir.

Fue cuando el presidente John Kennedy lanzó el ambicioso proyecto de la Alianza para el Progreso, en el balneario de Punta del Este, Uruguay.

Aunque Guevara y yo nos habíamos separado apenas cuatro meses antes, en La Habana, durante el intervalo había ocurrido un episodio de inmensa importancia histórica, y yo ardía de deseos de encontrarme con él. En abril los Estados Unidos lanzaron por fin la invasión a Cuba, mediante el empleo de una fuerza expedicionaria compuesta por exiliados cubanos, que fue derrotada a poco de desembarcar.

Este episodio había recalentado peligrosamente las tensiones del hemisferio, el sentimiento antinorteamericano de las masas al sur del Río Bravo creció, y los Estados Unidos registraban en todas partes una grave disminución de su influencia. El programa de la Alianza para el Progreso había nacido del reconocimiento de esta realidad y, como buena parte de las iniciativas del presidente Kennedy, parecía un producto de sus buenas intenciones antes bien que el reflejo de la verdadera política exterior de los Estados Unidos.

Sin embargo, no podía desecharse de plano que el proyecto improvisado por las asesores de Kennedy para llenar el abismo abierto por la fracasada invasión llegara a ponerse en movimiento. De manera especial, debía atenderse el hecho nuevo de que los dos mayores países de América Latina, la Argentina y Brasil, participaban de las ideas generales del proyecto de Kennedy, y sus presidentes parecían haber tendido vínculos invisibles con el mandatario norteamericano. El fracaso del ataque contra Cuba había debilitado a Kennedy, que entonces buscó una alianza duradera con los dos mayores países del sur. A su vez, éstos estaban gobernados por hombres discutidos, reformistas de la nueva generación que encontraron numerosos obstáculos en su labor; para ellos, naturalmente, apoyar a Kennedy y en retribución ser apoyados por Kennedy, representaba una importante posibilidad de concluir sus períodos presidenciales, seriamente amenazados.

Con este cuadro por delante partió Guevara de La Habana, la medianoche del 2 de agosto de 1961, en un aparato comercial de la Compañía Cubana de Aviación. Días antes había enviado una carta a su madre, haciéndole saber que deseaba encontrar a toda su familia en Punta del Este; le pedía que me avisara también a mí, lo que su madre hizo de inmediato.

Había por entonces cierto número de países con los cuales Cuba ya no mantenía relaciones, o bien éstas se encontraban en un punto muy bajo. De manera que el *Britannia* de Guevara, con 44 acompañantes, entre consejeros económicos, funcionarios de la cancillería cubana, periodistas y escoltas, no podía contar con amables bienvenidas en su ruta a Uruguay. Por esta causa hizo escala en el exótico Surinam, el aeropuerto de Paramaribo, en la Guayana Holandesa, un país selvático, de apenas un cuarto de millón de habitantes, divididos por el color de la piel y por diversos idiomas y dialectos. Sin embargo, también allí hubo una delegación de nacionalistas que se acercó al avión para entregar a Guevara un simbólico remo labrado, como los que utilizan los nativos de la colonia en sus piraguas.

Contra el plan de vuelo, y a causa de una clausura transitoria del aeropuerto de Carrasco, en Montevideo, el *Britannia* hizo una escala en Río de Janeiro, antes de terminar el viaje.

Sin duda, la delegación de Cuba se había constituido en el único centro de interés que la conferencia podía ofrecer, y esto se reflejaba a lo largo de la carretera que une Montevideo con Punta del Este. Yo la recorrí apenas unas horas antes que Guevara y su comitiva, y de un extremo al otro estaba flanqueada por multitudes de obreros fabriles y estudiantes, que enarbolaban banderas de Cuba y letreros alusivos. El gobierno advirtió que flotaba en todas partes un espeso clima de violencia, y casi de inmediato ordenó a la policía que bloqueara los accesos a la carretera, asegurándose de este modo el control sobre vehículos y peatones.

Encontré a Guevara en el recinto de las sesiones, un salón amplio aunque insuficiente para la masa de delegados y funcionarios que se agitaba y hablaba ante un foro embanderado con los pabellones del hemisferio.

Guevara estaba ya, desde el mismo momento de su llegada, seriamente afectado por su crónica dolencia asmática. La estación de invierno, junto al mar, es rigurosa en el Atlántico Sur, y Guevara volvía a comprobarlo en carne propia.

La noche del día de nuestro encuentro, Guevara se vio forzado a descansar varias horas a causa de un ataque de asma. Subí a su cuarto, en el segundo piso del Hotel Playa, un *château* deteriorado cuya única ventaja visible era su aislamiento, pues está separado de la masa de edificación del balneario. La delegación cubana ocupaba un piso completo del hotel, y sus miembros habían reproducido fielmente la organización corriente de las oficinas del Che en La Habana. Mezcla de *vivac* y de organismo de gobierno, los mecanógrafos se cruzan con los guardias de ametralladora al brazo. Unos preparan comida, otros hablan por teléfono, y todos se mueven con una sincronización inesperada por el número de personas y el espacio donde se encuentran.

Guevara estaba postrado, esa noche, y su buen humor habitual procuraba abrirse paso en el cerco angustioso de ataque asmático. Me refirió que, en ocasión de una visita a Pekín, el asma lo atacó mientras conferenciaba con Mao-Tsé-Tung. El acceso fue tan violento que sufrió un paro cardíaco, y se desplomó como muerto delante del jefe chino. Mao se había alarmado realmente con el episodio, e insistió que podría curarse con un tratamiento de acupuntura, el remedio universal de los chinos antiguos y modernos, que estimulan los centros nerviosos con alfileres. Pero el asma de Guevara había resistido también a los médicos de Mao.

—¿Te das cuenta —comentó Guevara, mientras el rostro se contraía en una sonrisa con residuos de dolor—, esta maldita asma ha resistido también a los chinos, que son lo que se dice unos tipos imposibles de resistir?

A pesar de la precariedad de su estado físico, a Guevara lo esperaba un trabajo sobrehumano en Punta del Este. Todas las intrigas, las pasiones, los rencores y las esperanzas del mundo oficial del hemisferio estaban acumuladas en la caldera diabólica del Edificio de Las Américas, donde sesionaba la asamblea, y en dos docenas de residencias privadas que fueron la sede de conciliábulos y conspiraciones a cualquier hora del día.

A poco de llegar, fui interceptado en un pasillo por un antiguo conocido que todavía pertenecía al partido Radical Intransigente del presidente Frondizi, y que después de desempeñarse como diputado colaboraba con el gobierno en negociaciones especiales. Me pidió que lo presentara a Guevara, rogándome que lo hiciera fuera del edificio de la asamblea, pues deseaba hablar privadamente con él.

Cuando transmití a Guevara este pedido, quiso que le anticipara el interés real que podía encontrar en una entrevista como ésta. Eran muchos los argentinos que se tropezaban en las antesalas para estrecharle la mano al Che. Le expliqué al solicitante que debería suministrar mayor información si quería ser atendido, y entonces me contestó:

—Realizo una misión confidencial por cuenta de Frondizi.

La entrevista tuvo lugar al día siguiente, en la

habitación de Guevara, con la asistencia de Jorge Carretoni, el gestor del presidente Frondizi, y yo. Fue durante largo rato una cordial conversación de amigos, con el mate en la mano, y una pava con agua caliente para llenarlo cuando terminaba la rueda. Hasta que propuse retirarme para que hablaran a solas, insinuación mía que fue rechazada por los dos.

De modo que asistí al primer contacto indirecto de Frondizi con Guevara, que culminaría días más tarde en un verdadero encuentro de ambos, en Buenos Aires.

La invitación del presidente Frondizi no tenía carácter oficial y se supeditaba a dos condiciones previas: que Guevara recibiera una invitación oficial de Brasil antes de trasladarse a Buenos Aires, y que su viaje a la Argentina se realizara dentro de la mayor discreción tanto a la entrada como a la salida.

Guevara ya había sido verbalmente invitado a visitar al presidente Quadros, en Brasilia, por el jefe de la delegación brasileña, el ministro de Economía, Clemente Mariani. Y al día siguiente los brasileños le confirmaron oficialmente la invitación, de manera que Guevara estuvo en condiciones de plantear, a su turno, sus propias exigencias para la reunión con Frondizi. Pidió que se lo trasladara directamente de Punta del Este a Buenos Aires, y de allí se lo condujera de regreso a Montevideo, pues no quería perder la oportunidad de utilizar su entrevista con Frondizi en las relaciones de Cuba con el Uruguay. También quiso viajar acompañado por el director del área latinoamericana de la cancillería de Cuba, el eficiente y miope Ramón Aja Castro.

Desde el momento en que se anudó la entrevista con Frondizi, los pocos que estábamos en conocimiento de ella, y de la que iba a tener lugar con Quadros, seguimos varias historias desdobladas, todas paralelas entre sí, y a su vez simultáneas de la principal, que para el mundo siguió siendo la presentación de la Alianza para el Progreso.

Guevara hizo un minucioso análisis del proyecto norteamericano después que lo expuso el jefe de la delegación de ese país, Douglas Dillon. Comparó los progresos de Cuba en dos años de revolución con los progresos prometidos a Latinoamérica, se mostró escéptico sobre la posibilidad de que los fondos de ayuda mencionados llegaran alguna vez a entregarse, y esbozó las bases sobre las cuales Cuba podría volver a considerar su participación en los planes interamericanos. Su intervención produjo un fuerte impacto, y el más poderoso de los economistas de ese momento, Raúl Prebisch, secretario general de la Comisión Económica para América Latina de las Naciones Unidas, unas horas después me pidió que concertara una entrevista personal con Guevara, que efectivamente se llevó a cabo.

Sin perder cierta cadencia cubana que había adquirido definitivamente, Guevara construyó una pieza oratoria concisa que resaltaba por la economía de adjetivos y el tono elevado de la diatriba. Podía leerse entre líneas que Cuba abría un compás de espera a las consultas personales que los presidentes Frondizi y Quadros querían hacer por medio de Guevara y que, en principio, la idea de un sistema panamericano reconstruido por el espíritu kennediano no repugnaba totalmente a La Habana. Con la condición, naturalmente, de que se respetara su forma socialista de gobierno.

Por las dudas que la sobria oratoria de Guevara fuera interpretada como una inusitada debilidad de Cuba se encargó de aplicar un golpe a la mandíbula de los delegados norteamericanos. Guevara leyó un documento secreto relativo al desarrollo económico de Venezuela. Este documento había sido redactado por dos funcionarios norteamericanos, y en conclusión revelaba un gran pesimismo sobre el éxito de las medidas adoptadas en Venezuela. Cuando Guevara lo leyó, los delegados norteamericanos palidecieron. Robert Woodward, el secretario de Estado Adjunto para Asuntos Latinoamericanos, afirmó que el documento no era tal, y que Guevara había leído el resumen de un artículo publicado por *The New York Times*. El propio Dillon se refirió al asunto, negándo que, en caso de tratarse de un legítimo documento oficial norteamericano, representara algo más que la opinión de un funcionario de rango secundario. El desconcierto de la delegación norteamericana duró hasta casi el final de la conferencia, cuando pudo establecerse que se trataba de un informe efectivo, cursado al embajador Teodoro Moscoso, y sustraído del auto de éste, poco antes de que los estudiantes venezolanos lo incendiaran, a las puertas de la Ciudad Universitaria de Caracas. Un mes más tarde, la polémica que este incidente desató continuaba viva en Venezuela, y causó trastornos que comparados con los que ocurrieron en la Argentina y Brasil, parecieron poco significativos.

El hecho es que, en momentos que el emisario del presidente Frondizi se trasladaba a Buenos Aires para confirmar los detalles de la entrevista, se anunció un levantamiento militar en la Argentina. Cerca de la medianoche del 11 de agosto, cuando una parte de la delegación cubana se disponía a comer, alguien avisó que las radios estatales de Buenos Aires irradiaban marchas militares y el texto de una proclama rebelde. Yo comía junto a Guevara esa noche, y después de cruzarnos una mirada, salimos disparados del salón. En la gran concentración de diplomáticos y economistas de la pequeña Punta del Este, la noticia cayó como una bomba. Pocos durmieron esa noche, hasta que las radioemisoras de Buenos Aires recobraron, a la madrugada, su ritmo corriente, y se supo que el *putsch* había fracasado por completo.

Entre los problemas que planteaba la visita de Guevara a Buenos Aires, también existían algunos minúsculos asuntos de detalle, como el relativo al documento de identidad con el que ingresaría al país. Él utilizaba un pasaporte diplomático cubano, y por lo tanto debería visarlo en la Embajada argentina de Montevideo. El reglamento lo prescribía, pero sin duda al hacerlo se liquidaba el riguroso secreto que el presidente Frondizi había impreso a todo el trámite. El atribulado Carretoni resolvió tomar en sus manos el pasaporte del Che y viajar hasta Montevideo, donde se apersonó al embajador argentino y le solicitó con sumo secreto que registrara su visa en el documento. El embajador, un anciano que pertenecía a la vieja guardia del partido radical, quedó literalmente sin aire cuando vio de qué pasajero se trataba. Entonces pidió tiempo para meditar, y de inmediato cursó un cable cifrado al canciller argentino, solicitando su autorización para extender la visa "al jefe de la delegación cubana". De hecho, esta consulta quebró la incógnita, pues en la Cancillería argentina el servicio de cifrados está en las manos de oficiales de las Fuerzas Armadas, pertenecientes a los servicios de inteligencia. Puede creerse que, desde ese momento, los servicios secretos argentinos —y por cierto también la delegación de la CIA— conocieron que Guevara viajaría a Buenos Aires. Si el escándalo no estalló entonces fue porque los jefes militares calcularon que podrían explotarlo mejor en contra de Frondizi, dejando que la reunión llegara a consumarse.

Mientras la trabajosa conversación de los estadistas se cocinaba a fuego lento, en Punta del Este el trabajo de las comisiones decaía visiblemente. La vida mundana ocupaba cada vez más tiempo a los delegados, y se sucedían los almuerzos, los asados a la criolla y las veladas nocturnas.

El presidente de Uruguay, un político divertido que en el pasado había sido nacionalista, organizó una recepción en su magnífica residencia del balneario. A Guevara le hizo gracia el carácter y la figura de Eduardo Haedo, porque le recordó la de los viejos políticos argentinos, que había conocido en su juventud en la provincia de Córdoba. De manera que rápidamente entró en una agradable confianza con él, y los dos se estimularon recíprocamente para poner a prueba la mordacidad de sus retruécanos.

Guevara explicó que se proponían hacer de Cuba un gran productor de níquel, al terminar el primer plan quinquenal.

—Los yacimientos ¿quedan al sur? —preguntó Haedo.

—Bueno, Cuba no tiene sur —respondió Guevara, mientras trazaba en el aire la línea imaginaria de la isla.

—Pero tiene Norte —agregó el presidente uruguayo maliciosamente.

—Y también Oriente... —rubricó con no menos ironía el Che.

A su regreso a La Habana, Guevara hizo mención de aquella reunión con Haedo, a quien recordó por televisión como a uno que "gusta mucho de las pullas, con quien estuvimos en un ambiente jovial, intercambiando nuestras agudezas y tomando mate".

Menos gracia le hizo al canciller uruguayo, cuando, respondiendo a una cifra sobre la población de Cuba que Guevara acababa de citar, expresó con cierta agresividad:

—¿Se toma en cuenta acaso a los que se fueron?

—No —continuó Guevara serenamente—. No, ésos no. Sólo tomamos en cuenta a los que vuelven.

Todos entendieron que Guevara aludía a los centenares de prisioneros que pocos meses atrás habían capitulado al fracasar la invasión.

Durante las interminables reuniones de la conferencia, un grupo de periodistas, mezclado con jóvenes izquierdistas y curiosos lo rodeó en un pasillo. Todos querían preguntar algo, pero la conversación no conseguía ordenarse.

—Comandante Guevara —dijo uno, casi gritando—, ¿qué es lo que hace falta para que pueda triunfar en América Latina una revolución como la de Cuba?

—¡...Huevos! —alcanzó otro a vociferar, como remate de la frase.

Guevara se dio vuelta con rapidez, y con su acostumbrada ironía respondió a los dos:

—Huevos no. Huevitos. Así de chiquitos —indicando con el índice y el pulgar de la mano izquierda una medida realmente modesta.

Más discreta y menos punzante fue la conversación que Guevara sostuvo en la casa de cierto financista brasileño llamado Silva, con el asesor especial del presidente Kennedy para los asuntos latinoamericanos, Richard N. Goodwin. A pesar de los esfuerzos que se hicieron más tarde, tanto en Cuba como en los Estados Unidos, para disminuir la importancia de este encuentro, lo cierto es que Goodwin era nada menos que la persona encargada por Kennedy para representarlo en las sesiones plenarias del Consejo Revolucionario Cubano, formado en el exilio, y organizador de la fracasa invasión. Se lo podía considerar el hombre más competente en los problemas de Cuba, de manera que, a pesar de que su conversación con Guevara fue idiomáticamente imperfecta y diplomáticamente irregular, adquirió de repente un insólito significado. En realidad, terminaba de confirmar la hipótesis de Guevara de que las entrevistas con Frondizi y con Quadros contaban también con el beneplácito de Kennedy.

El juego estaba organizado de manera que todos los participantes se sostenían entre sí. La invitación de Quadros y la conversación con Goodwin protegían a Frondizi. La audiencia con Frondizi y la reunión con Goodwin cubrían las espaldas de Quadros. Y Kennedy podía descansar en que Guevara había sido recibido por los presidentes de Argentina y Brasil, cuando el Senado norteamericano quisiera saber los motivos del contacto entre Goodwin y el Che.

La cuestión era que todo este delicado aparato de equilibrios y contrapesos se pusiera en movimiento a la velocidad conveniente, porque corría el peligro de desarmarse en cualquier momento. Si esto sucedía, todos los protagonistas corrían un grave peligro, con exclusión de Guevara, naturalmente.

El 18 de agosto de 1961, Guevara se trasladó a Buenos Aires, en un pequeño avión contratado por el gobierno argentino. Lo acompañaban el cubano Aja Castro y el negociador argentino Carretoni, además del piloto.

En Buenos Aires lo esperaba una corta escolta bajo las órdenes del jefe de la casa militar del presidente

Frondizi, un marino del servicio activo. Este oficial había sido encomendado de la misión reservada de recoger a un viajero importante en el pequeño aeródromo de Don Torcuato, a unos treinta kilómetros de la capital, pero ignoraba por completo su identidad. Su sorpresa fue mayúscula al ver que por la portezuela abierta del avión saltaba a tierra un hombre de uniforme verde, con barba, un gabán abierto y una boina donde lucía la estrella de comandante. Su perplejidad aumentó cuando reconoció al Che y, aquejado de súbita mudez, se quitó su propia gorra militar por dos veces, mientras extendía sus guantes al visitante, en un movimiento involuntario. Guevara captó en seguida la enojosa situación, y con naturalidad le tendió la mano.

—Soy el comandante Guevara. ¿Ése es su auto, verdad?

El presidente Frondizi aguardaba impaciente la llegada del Che, en su residencia oficial de Olivos, una pequeña finca de campo a pocos minutos del centro de Buenos Aires. Mientras Guevara estuvo en territorio argentino, Frondizi no descartó en ningún momento un atentado en su contra, maquinado por los servicios de inteligencia militar. Pero no le participó a nadie este temor, ni aún a sus colaboradores más íntimos, ni siquiera a los miembros de su familia.

Guevara y Frondizi conferenciaron a puertas cerradas por espacio de una hora y veinte minutos. Los antiguos y siempre actuales temas del desarrollo latinoamericano fueron los primeros que aparecieron en la conversación.

—Argentina ha elegido un camino de independencia gradual —dijo Frondizi—, ahora nos proponemos tapar la brecha de la importación de petróleo, por donde se nos escapan cada año doscientos millones de dólares.

—Cuba está en lo mismo —le respondió Guevara—, pero con una experiencia anterior suficientemente instructiva para no insistir en el camino de la inversión de capital norteamericano. Nuestra experiencia es muy negativa en esta materia, y tal vez le interese conocerla, ya que fue Cuba uno de los países con más alta cifra de capital norteamericano invertido. Los capitales eran siempre inferiores a los que aparecían en su contabilidad, en consecuencia las transferencias de utilidades se hacían sobre un capital abultado. Utilizaban el crédito interno, exigían condiciones monopolistas sobre el mercado, y se llevaban más de lo que trajeron.

Los temas económicos apasionaban a los dos hombres, pero el tema de la entrevista era otro. Frondizi lo expuso con claridad.

—Para América —dijo— sería inaceptable que Cuba o cualquier otro país ingresara a una organización militar extracontinental. En el caso de Cuba, existe el temor de que se disponga a incorporarse al Pacto de Varsovia. Si Cuba da este paso, su retorno a la familia interamericana se volverá imposible.

—Es una hipótesis que nosotros no hemos alentado —respondió Guevara—, pero que ha surgido de los propios agresores de nuestro país. Es un hecho que Cuba cuenta con la asistencia militar soviética y de los demás países socialistas. Pero una asociación militar estricta, regulada por un tratado, ni ellos la piden ni Cuba la ofrece. Seguramente a Estados Unidos le resulta inconcebible que un país ayude militarmente a otro, sin comprometerlo por todos los medios posibles.

Hubo también sondeos del presidente argentino sobre una paulatina reconstrucción del sistema representativo a la manera norteamericana dentro de Cuba, con constitución de cuerpos electorales y de cámaras parlamentarias. Guevara negó la posibilidad de que este camino llegara a tomarse en el futuro, porque las bases de la representatividad política estaban ahora fundadas en Cuba sobre principios diferentes.

—En Cuba se teme que una vacilación en este sentido vuelva a sumir al país en la destructora discusión de las divisas partidistas. Cuba estaba plagada de partidos y grupos de presión que esterilizaron los mejores esfuerzos de sus hijos. Hace dos años que luchamos desde el poder para desterrar esta imagen de la política. Y no retrocederemos en este punto por ningún motivo.

Los dos hombres discutieron con pasión los temas latinoamericanos, el presente y el futuro de la Argentina y Cuba. Mientras hablaban, una tormenta comenzaba a recorrer las oficinas de los ministros, los despachos de los jefes militares, las agencias informativas y las embajadas.

—¡El Che está aquí!

Cuando salieron del salón de reuniones, la esposa y la única hija del presidente Frondizi saludaron amablemente a Guevara. Era mediodía.

—¿No comería un buen bife, de inmediato? —preguntó la esposa del presidente.

—¡Cómo no! —respondió alegremente Guevara. Y recordando la modalidad argentina de acompañar la carne asada con papas y huevos fritos, agregó—: ¿Un buen bife, a caballo? Excelente idea.

Fue, históricamente, la última vez que el Che comió en Buenos Aires. Junto a la familia de un presidente reformista.

Todavía le pidió algo más a Frondizi: quería visitar a una tía enferma, que con seguridad iba a morir poco después. Aunque el acuerdo estipulaba que Guevara abandonaría de inmediato la capital, Frondizi accedió al pedido, y el Che atravesó en auto las calles de la ciudad que había abandonado ocho años antes.

—¡El Che está aquí!

La ola crecía, entre tanto. Al mediodía, el canciller argentino, Adolfo Mugica, admitió que Guevara se había entrevistado con el presidente. Él mismo estaba tan confundido como todo el país, y renunció horas más tarde, antes que en señal de repudio por el episodio, como medio de salvar su persona, ya que el canciller resultó uno de los últimos en enterarse de la reunión.

Pero ya Guevara volaba de regreso a Montevideo, de donde partió poco después con destino a Brasilia.

Allí se desarrolló un acto más breve que en Buenos Aires, pero que resultó a la postre mucho más dramático. El 19 de agosto, el presidente Janio Quadros entregó a Guevara la Orden Nacional do Cruzeiro do Sul, en una ceremonia improvisada en el Palacio de Planalto, de Brasilia. Guevara desconoció el protocolo de su encuentro con Quadros hasta que la reunión se realizó. Quadros acababa de formular una declaración dirigida a la Unión Soviética, solicitando su apoyo al desarrollo del Brasil, y alegaba la insuficiente cooperación occidental. Esa misma mañana debía inaugurar una planta siderúrgica. Guevara no tenía ninguna forma de retribuir la condecoración, como es usual, y el discurso de Quadros fue extremadamente breve. El Che optó por responder con la misma brevedad, aceptando la distinción como entregada al gobierno revolucionario y al pueblo cubano, y restándole significado personal.

La conversación de Guevara con Quadros giró en torno a los temas del encuentro con Frondizi: conveniencia de no adherir al Pacto de Varsovia, insinuación sobre democracia representativa, puerta abierta para Cuba en la organización interamericana.

En Río de Janeiro y en San Pablo, las masas se lanzaron a las calles. Llevaban grandes retratos del Che y banderas cubanas. El escándalo fue tan grande como el que estalló en la Argentina, con la diferencia de que Quadros, una semana después, abandonó el gobierno bajo las amenazas de la derecha, en un inexplicable arrebato de amargura y derrota.

En Washington, el tercer socio invisible de la gira del Che, John Kennedy, soportó también una embestida de parte de sus enemigos. Los exiliados cubanos, resentidos por la negativa de Kennedy a bombardear su propio país desde el aire, encabezaron la agitación. Y en el Senado se tejieron conspiraciones para poner al presidente en un aprieto.

Un presidente, Quadros, no pudo soportar la visita del Che, y renunció una semana más tarde. Otro presidente, Frondizi, recibió por ese motivo tal ataque que antes de siete meses también fue derrocado. Un tercer presidente, Kennedy, a quien correspondió jugar el equívoco papel de invasor armado y rehabilitador diplomático, fue asesinado dos años después, en una oscura confabulación donde las relaciones con Cuba desempeñaron un papel de suma trascendencia.

—Lo que es yo, no moriré en la cama —me dijo una vez.

Fue en Montevideo, cuando unos pistoleros atentaron contra los asistentes a un acto multitudinario, realizado en la Universidad, al terminar la conferencia de Punta del Este. No pudo establecerse jamás si los atacantes quisieron matar al Che. Asesinaron a un profesor e hirieron a otras personas.

Pero Guevara tenía ya en esa época tantas balas dentro del cuerpo y tantas cicatrices de combates que los disparos sonaban alrededor suyo y él no perdía la calma.

Del desembarco del *Granma* conservaba dos recuerdos: una bala que lo golpeó en el peñasco de la oreja izquierda, junto a la nuca, y se desplazó hacia abajo, atravesándole el cuerpo, de donde salió por la región del omóplato. Y otra que se aplastó contra su pecho, sin duda con poca fuerza.

—He leído no sé dónde —me dijo a propósito de esta herida— que la bala fue detenida por una medalla religiosa que yo llevaba colgando del cuello. Jamás he usado medalla de ninguna clase. Realmente, aquella bala se aplastó contra el carnet de identidad de ciudadano argentino que yo llevaba en el bolsillo de la camisa. Un carnet, que la policía de la provincia de Córdoba me había extendido cuando era estudiante del colegio secundario, y que tenía dos gruesas tapas de cartón prensado. Realmente, viejo —había concluido—, ese día me salvó ser argentino.

También tenía una herida de bala en un pie, que recibió en una batalla cerca de la Sierra Maestra, en diciembre de 1957.

Y por fin una herida nueva, que recibió incidentalmente durante la invasión de Bahía de los Cochinos.

—Estaba en una cabaña, junto a la costa, esperando que estos carajos llegaran. De pronto, un disparo y siento que la sangre me moja la boca. Grité: "¡Cójanlo!", pensando que era un ataque desde el exterior. Pero no: mi propia pistola, amartillada, había caído al suelo junto con el doble cinturón que siempre llevé flojo. En el suelo, se disparó. La bala dio en la mejilla, pero si se desvía un centímetro me arranca la base del cerebro.

Este hombre curtido por la guerra fue también el encargado de llevar a cabo una de las operaciones diplomáticas más escabrosas y difíciles de los últimos tiempos. La inteligencia y la violencia se repartieron todo el tiempo la vida de Ernesto Guevara.

6. UN SOCIALISMO LATINOAMERICANO

El año 1963 se presentó extremadamente agitado en toda América Latina. Los campesinos luchaban en el Valle de la Convención, en el antiguo Cuzco de los Incas, bajo la dirección de un líder que había organizado los primeros sindicatos agrarios del Perú. Éste, un estudiante de agronomía que había cursado la universidad en la Argentina, de nombre Hugo Blanco, estaba aprovechando al máximo un conjunto de condiciones que guardaban cierta analogía con las de Cuba durante la revolución castrista. También había un gobierno militar rechazado por la burguesía, también los estudiantes luchaban contra él en las calles, también había una masa campesina ávida de organización y dirección política. En Brasil crecía la organización de las ligas campesinas, con la tolerancia del presidente João Goulart, un nacionalista que se recostaba cada día más sobre los izquierdistas de los sindicatos y los intelectuales. En Venezuela, el aparato del poderoso Partido Comunista estaba lanzado de cabeza en la lucha contra el gobierno del presidente Rómulo Betancourt, y recogía en esta actividad la cooperación de descontentos de todas las procedencias, en apariencia dispuestos a fundirse a través de la guerra en un solo cuerpo ideológico y militar.

También la Argentina parecía hallarse al borde de la guerra civil. El derrocado presidente Frondizi estaba prisionero de las Fuerzas Armadas, en la solitaria isla Martín García, en el Río de la Plata. Cientos de fábricas estaban clausuradas por falta de trabajo, millares de industrias funcionaban parcialmente, y no menos de seiscientos mil desocupados recorrían las ciudades y los pueblos argentinos buscando empleo en vano. Un panorama totalmente desconocido antes se había presentado también en los cuadros de las Fuerzas Armadas. Se constituyeron comités de sargentos en la Fuerza Aérea, y células de marineros en la flota de mar. Uno de los numerosos complots organizados por los oficiales de la aviación resultó aplastado por la resistencia de los sargentos, que a punta de pistola arrestaron a sus oficiales. Y en las naves de la escuadra circulaban hojas impresas donde se incitaba a deponer a los oficiales, en el caso de que se pretendiera hacer proa rumbo al Caribe, donde la crisis de octubre de 1962 había actualizado la posibilidad de una intervención armada multilateral contra Cuba. El cuadro terminaba de configurarse con el detalle de que asambleas de desocupados que se celebraban diariamente en distintos lugares del país, habían comenzado a reclamar la entrega de armas. En resumen, no menos de cuatro conspiraciones militares estaban gestándose, y el gobierno que había sucedido al de Frondizi daba tumbos sin encontrar su rumbo.

Fue en ese momento cuando recibí un aviso: Guevara necesitaba verme de inmediato, para lo cual el mensajero me hizo entrega de un pasaje de avión a La Habana. Debía partir cuanto antes, y así lo hice.

La marginación de Cuba, más allá de la propia realidad geográfica, surgía con toda evidencia para quien quisiera trasladarse a La Habana desde otro país latinoamericano en aquella época. Mi ruta era por Praga, Checoslovaquia, pasando por Shannon, Irlanda, y por Oxford, Canadá. Pero las duras condiciones del bloqueo norteamericano contra la isla podían advertirse todavía mejor si, como sucedió, el avión de la compañía cubana sufría algún inconveniente mecánico y necesitaba reparar o cambiar una pieza. Nuestro aparato quedó privado del sistema que deshacía el hielo acumulado sobre las alas al volar debajo de la línea del Ártico y se vio obligado a una escala imprevista en Gander, Terranova. Había allí una gigantesca base norteamericana parcialmente inutilizada, que había servido durante la Segunda Guerra Mundial para el cruce de las fortalezas volantes que bombardearon el continente europeo. Los depósitos de materiales estaban atestados de repuestos como el que necesitaba nuestro avión, pero las autoridades se negaron a suministrarlos. De manera que el avión cubano debió permanecer una semana en la inhospitalaria escala de Terranova, a veinticinco grados por debajo de cero, hasta que otro avión canadiense regresó con la pieza necesaria.

La imagen de bloqueo se completaba al llegar al aeropuerto de La Habana. Allí uno podía agregar la visión de la guerra. Un inmenso cartel proclamaba "Patria o Muerte". En otro, se leía: "A las armas". Eran los testimonios de la dramática crisis de los cohetes, cuando Kennedy y Jruschov discutieron no solamente la suerte de Cuba sino la de todo el mundo, que caminó varios días por el borde afilado de la guerra nuclear. En el momento de mi llegada habían transcurrido algo más de dos meses, y aunque la tensión se encontraba en un punto mucho más bajo, no era difícil imaginar a qué altura habría llegado en octubre.

Un funcionario del gobierno que me recibió por orden de Guevara me hizo saber que mi residencia sería en el barrio Cubanacán, nuevo nombre del otrora aristocrático Country, donde los ricos de la isla construyeron grandes mansiones. Aunque en el momento no comprendí muy bien el sentido de esta invitación, el propio Guevara me lo explicó horas después.

—Estás secuestrado, Gordo —me dijo riendo—, estás a mis órdenes pero no te asustes: te he hecho venir nada más que para conversar.

Así fue, efectivamente. Una conversación extensa y detallada sobre la situación de América Latina en general y de la Argentina en particular, que se prolongó entre el 2 de febrero y el 10 de abril de 1963, y durante la cual examiné con Guevara los problemas de la revolución latinoamericana, el presente y el futuro de Cuba, y su misma suerte personal.

Guevara daba por seguro que el mundo capitalista no volvería a someterse dócilmente a la tutela de los

Estados Unidos, y que Cuba debería utilizar a su favor este nuevo hecho. Aunque en los Estados Unidos muchos incitaban al presidente Kennedy para que tomara represalias contra Francia, Guevara las creía, sencillamente, imposibles. Igualmente imposibles le parecían las posibles sanciones que la URSS intentara tomar contra China, con la diferencia que este conflicto entre naciones socialistas cuestionaba algo que para él tenía una importancia mucho mayor: la vigencia del internacionalismo proletario. De manera que, al agrietarse las alianzas de la posguerra, Cuba encontraba por un lado nuevas ocasiones de afirmar su independencia, pero también nuevos motivos para temer su aislamiento. Formar parte de una familia malavenida, repleta de reyertas imposibles de disimular, donde hubieran reaparecido los motivos de fricción y enojo de los países capitalistas, era algo que a Guevara lo sumía en la más oscura consternación.

Una consecuencia derivaba de este análisis era la urgente necesidad para Cuba de reconstruir sus lazos con Latinoamérica, pero estos lazos ya no podrían establecerse sobre la base de relaciones entre países de régimen político diferente, sino únicamente a partir de revoluciones socialistas en dichos países.

En 1963, Guevara enfrentó resueltamente la realidad americana, con la intención de obtener resultados en esa línea. Si la América Latina capitalista rechazaba la coexistencia con la Cuba socialista, ya Cuba se encargaría de ayudar a todos los revolucionarios para que sus países dejaran de ser capitalistas.

La primera discusión larga que tuve esta vez con Guevara giró en torno al tema de la retirada de los cohetes rusos, dispuesta por Jruschov en octubre de 1962, de acuerdo con una oferta que los mismos soviéticos habían formulado para preservar la seguridad militar de Cuba. En una zona boscosa, cerca de la ciudad de San Cristóbal, se construyeron las rampas de lanzamiento, que poco después estaban en condiciones de disparar cohetes de distancia media sobre Washington. Pero el 28 de octubre, Jruschov aceptó retirarlos, ante una amenazante nota de protesta norteamericana, y en las setenta y dos horas siguientes los 42 cohetes rusos estaban en el interior de las bodegas de los mismos barcos que los habían transportado hasta ese lugar. Ésta era la historia que había suspendido al mundo entero junto al abismo de la guerra atómica.

"Cuando Fidel conoció la noticia", me dijo el Che, "no quiso creerla. La recibió de un periodista extranjero, que le pidió confirmación. En realidad, el periodista había recibido un adelanto de la propia declaración oficial soviética que anunciaba el retiro de los cohetes. Unos minutos después, el mismo periodista leyó por teléfono a Fidel el texto completo del cable. No quedaba ninguna duda. Los rusos habían decidido un problema de Cuba sin consultarnos. Fidel echó un carajo y yo otro y, para descargar la tensión que se había acumulado en sus músculos, dio una vuelta brusca de 180 grados y lanzó un puntapié contra la pared. Justamente en ese lugar había un enorme espejo, que se deshizo por el golpe y dejó caer una estrepitosa lluvia de vidrios. Entonces nos quedamos un instante en silencio y luego, ya más tranquilos, empezamos a estudiar la situación."

Mi propia hipótesis sobre la actitud soviética se parecía bastante a la de los soviéticos, aunque no era ése mi propósito. Para mi modo de ver, el problema de los cohetes había sido creado artificialmente por los rusos para poder trasladar a ese asunto la discusión con Kennedy del futuro de Cuba. Si no hubieran creado el incidente de los cohetes, la discusión habría caído, forzosamente, en la cuestión de fondo, o sea, la supervivencia misma del régimen castrista. De esta manera, en cambio, los soviéticos proporcionaban una victoria diplomática a Kennedy, sin que esta victoria fuera, al mismo tiempo, la desaparición del socialismo cubano.

—Puede ser, puede ser —murmuraba Guevara—, pero la cuestión es otra. Es ésta: ¿debe Cuba ceder ahora su soberanía a los rusos? ¿Es posible que no entiendan que este país estuvo sometido al paternalismo de las grandes potencias, como para tolerar en silencio uno nuevo? ¿Cómo te lo puedo explicar? Ésta es una cuestión filosófica, de fondo. Si no se comprenden las peculiaridades nacionales dentro del internacionalismo socialista, no hay nada que hacerle, nuestros países sentirán que siguen siendo tratados como pequeños países por unas grandes potencias para las cuales es más importante ser grandes que ser socialistas.

Guevara seguía pensando, sin duda, que los soviéticos no negociarían a Cuba a cambio de cualquier situación en el resto del mundo, tal como me lo había afirmado dos años antes. Pero temía que la protección soviética se convirtiera en una pesada lápida para el desarrollo de la personalidad nacional autónoma de Cuba, y en este sentido debía interpretarse aquella conversación, y los pasos posteriores que los cubanos dieron ese mismo año, primero al negarse a suscribir el pacto antiatómico, promovido por los rusos, y luego al discutir enfadosamente las condiciones de la ayuda soviética para reparar los daños causados por un arrasador ciclón.

La lucha por el mantenimiento de la identidad nacional uno podía descubrirla también en sus formas más primarias, tal el caso de los cigarrillos, cuyas antiguas marcas, en general norteamericanas, habían sido sustituidas por otras inconfundiblemente cubanas. Los Armoas, los Dorados y los Criollos reemplazaban a los cigarrillos norteamericanos; las películas con gangsters y cowboys dormían en los archivos de las estaciones de televisión, y el torrente de publicidad comercial que antes equiparaba las carteleras de neón de Nueva York o de Miami con las de La Habana también había dejado de derramarse sobre el público cubano. Las apelaciones de la propaganda y los nombres de los comercios habían cedido un lugar predominante al idioma español, después del prolongado reinado del inglés como lengua universal de los negocios y la economía consumidora.

Era, en cierto modo, un bloqueo desde adentro, la réplica cubana al bloqueo desde afuera que en 1963 alcanzó una alta eficacia contra la isla, aunque nunca llegó a ser total. Por las calles de La Habana transitaban autos con abolladuras, a medio pintar, con soldaduras y remiendos. En los vehículos de transporte de pasajeros las puertas cerraban mal y con ruido, los motores soportaban dificultosamente el trajín y la carencia de repuestos. Centenares de tractores estaban inmovilizados en el campo por la rotura de alguna de sus piezas, y servían de solitarios almacenes de reposición a los mecánicos que tomaban de ellos las que le faltaban en otros vehículos.

Las causas de esta situación no eran exclusivas, más bien se combinaban entre sí. El bloqueo era la principal, con su secuela habitual, el temor de los mejores técnicos, que entonces buscaban la manera de emigrar.

Pero un lugar importante en la crisis de producción y de organización del trabajo estaba sin duda en la propia inexperiencia de los administradores nombrados por la revolución.

—Para impulsar industrialmente a Cuba —cavilaba Guevara en voz alta— debemos producir materiales de construcción: cemento, ladrillos, cerámicas. Tenemos ahora dos grandes hornos paralizados porque no hemos podido traer a tiempo los ladrillos refractarios. Tenemos que improvisar hasta los tornillos. Algunas fábricas de tejidos pararon por la desigual calidad del abastecimiento de hilado. Y en la industria del calzado estamos deshaciendo la madeja que se formó el día que un funcionario ordenó el cierre de los pequeños talleres, antes de que funcionaran los grandes.

Guevara desarrollaba toda su imaginación y su energía para resolver como ministro de Industrias la constelación de problemas que trababan el aparato industrial de Cuba. Era de una implacable exigencia con todos, que todos aceptaban sin protestar porque comenzaba consigo mismo. Pero si debiera sacar una conclusión sobre el estado de ánimo de Guevara, durante esos meses que vivimos viéndonos casi a diario, me atrevería a afirmar que esta lucha minaba su optimismo, oscurecía su ingenio, lo sepultaba en la necesaria aunque irritante polémica de las estadísticas y los métodos productivos. La idea de que todavía Cuba podía esperar un ataque armado de los Estados Unidos, exaltada hasta el límite extremo durante la crisis de los cohetes, mantenía un sólido vínculo entre el Guevara combatiente y el ministro de Industria. Pero en 1963 comenzó a advertir que la estabilidad del régimen cubano estaba fundada en un alto grado sobre una correlación mundial de fuerzas en la que Cuba no podría alterar ni una coma, sin riesgo de suicidarse.

Otros que también lo advirtieron fueron los derrotados y vengativos exiliados cubanos, una masa cuya defectuosa formación política hacía de ellos una verdadera excepción entre las comunidades desterradas de todos los tiempos. La nobleza rusa se había adaptado, después de 1917, a la vida de las grandes ciudades europeas; los republicanos españoles, en el otro extremo social, alimentaron con su trabajo el aparato industrial de Europa y de América. Unos con la burguesía, otros con el pueblo, todos encontraron su lugar. Pero el heterogéneo contingente de los cubanos en Estados Unidos parecía destinado a servir los intereses de algunos políticos norteamericanos, que los agitaban contra lo que ya comenzaba a llamarse "apaciguamiento con Castro".

Guevara me anunció una noche que se precipitaba una ruptura escandalosa entre Kennedy y el consejo coordinador de los exiliados, un organismo de atribuciones imprecisas donde se representaban con la misma imprecisión no menos de doscientas organizaciones anticastristas, muchas de ellas de existencia meramente nominal.

—Lo mejor del caso es que este Miró Cardona, que los dirige a todos los gusanos juntos —reía Guevara con el tabaco entre los labios—, es el mismo que firmó el decreto por el cual se me concedió la ciudadanía cubana nativa. ¿Te das cuenta? Y el otro, bueno, el otro fue Urrutia. Fíjate.

La presión de los enemigos de Kennedy hacía palanca en la espalda de los exiliados cubanos para crear dificultades al presidente. En febrero, escuchamos un día la transmisión directa de un discurso de Kennedy, donde procuraba tranquilizar a la oposición interna, que creía o simulaba creer que podía esperar un ataque armado desde Cuba. El hombre de la calle había sido inducido por la prensa a temer cada noche por su vida, a causa de que en la pequeña Cuba había cien cazas Mig, quinientos cohetes aeroterrestres y mil quinientos cohetes de defensa costera. Estas cifras modestas se agigantaban en la cabeza de los norteamericanos, que por un momento olvidaban la colosal maquinaria militar de su propio país. A ellos se dirigió Kennedy cuando les dijo que no se asustaran, que cinco mil soldados rusos habían abandonado la isla, y que otros millares sólo entrenaban a los soldados cubanos, sin formar unidades de combate.

Ésta era una de las paradojas que podía vivirse en Cuba, el pequeño país que hacía perder la calma a su poderoso vecino.

Más comprensible era que perdiera la calma nuestro viejo amigo Betancourt.

—Mira, mira —me alcanzó Guevara un cable y los ojos le brillaban—, esto acaban de hacer los revolucionarios venezolanos. Rómulo se enferma hoy.

La noticia era espectacular: un puñado de hombres había capturado en plena navegación un barco de cinco mil toneladas, en viaje a Houston. Ahora el barco navegaba con rumbo incierto, pero el mundo entero seguía en los mapas su estela sobre el océano Atlántico. Betancourt había anunciado su viaje a los Estados Unidos para conferenciar con Kennedy, y este episodio sin duda lesionaría su prestigio. En Caracas, las bombas estallaban por centenares.

Guevara conservaba hacia Betancourt la misma antipatía de nuestro primer conocimiento, en la ahora lejana Costa Rica.

—Entonces desconfiaba de él, ¿recuerdas? Ahora no. Ahora estoy seguro de que es nuestro peor enemigo, el enemigo de todas las revoluciones antiimperialistas de

América Latina. Tiene una soberbia que le ciega y le impide ver claro, cuando está en juego su persona. No miente cuando sostiene que defiende al individuo en contra del socialismo. Pero el individuo al que defiende es él mismo. Un individualista hasta sus últimas consecuencias, ¿eh?

Otro de nuestros amigos del pasado fue elegido presidente de su país. Juan Bosch, el mulato que hablaba de literatura con Guevara, inició en marzo de 1963 un escabroso período de gobierno, que dejó inconcluso, en la República Dominicana.

Fue entonces cuando el Che me pidió que discutiéramos sistemáticamente los problemas de la Argentina. Tenían un interés superior al que hasta entonces había sentido por su patria de nacimiento. ¿Por qué? No podía saberlo, como no fuera por el hecho evidente de que la Argentina revelaba un caos interno en continuo ascenso. Pero Guevara quería saber todo con particular claridad y rodeado de sus detalles. De vez en cuando, mientras duró este período, tomaba algunas notas. El movimiento obrero y universitario eran su principal tema. Le interesaba sobremanera también la ubicación de las personas que intervenían en la vida política. Muchas de ellas, si no la mayoría, no existían en términos políticos cuando él había dejado la Argentina. Y otros, cuyos nombres recordaba, sólo eran eso, nombres para recordar, personalidades olvidadas.

Guevara se negaba a aceptar que un requisito excepcional con el que contaron los revolucionarios castristas fue el carácter del Ejército de Cuba. Era un ejército muy bien armado, sin duda, y también bastante numeroso. Pero sus similitudes con otros ejércitos, y en primer lugar con el argentino, terminaban en seguida. No podía hablarse seriamente del espíritu de cuerpo de los militares cubanos, porque el favoritismo estaba por encima de los reglamentos. No podía hablarse de una tradición histórica, porque el Ejército cubano se había organizado no menos de tres veces, en la corta historia de la isla, y las tres veces sobre bases discutidas por los propios militares. Y aunque el Ejército había producido algunos de los más grandes reaccionarios de la Argentina, también era cierto que el presidente Juan Perón, un ídolo de las masas, ostentaba el grado de general. Perón era todavía un escollo para una hipótesis de lucha contra el Ejército

—Pero supongamos que Perón deja su destierro en España —agregaba Guevara—, y se establece aquí, en La Habana. ¿Tú crees que esto cambiaría la disposición de las masas argentinas?

Yo pensaba que no, y se lo dije. Primero, no creía posible que Perón dejara España por Cuba, aunque fuera sincera la admiración que Perón profesaba a Castro y a los revolucionarios cubanos, expuesta en una carta en poder del Che. Luego, no creía al Ejército argentino una institución tan carcomida para sucumbir sin ensayar antes todos los recursos políticos, mientras tuviera la fuerza de las armas en su mano.

En medio de estas discusiones, el 2 de abril de 1963 la Marina de Guerra y un grupo de jefes superiores del Ejército y la Aviación intentaron apoderarse del gobierno de Buenos Aires. Hubo lucha, y las máquinas de la Marina bombardearon desde el aire los cuarteles del Ejército. En seguida, columnas de tanques atacaron las bases de la Marina, y las destruyeron. La guerra civil sobrevolaba la Argentina. A las puertas de los cuarteles, las madres de los soldados manifestaban tumultuosamente contra las luchas fratricidas, y un sordo sentimiento de protesta se filtraba en todos los sectores de la sociedad.

Guevara estaba convencido de que en la Argentina la situación maduraba para un pronunciamiento popular.

—Las condiciones objetivas para la lucha empiezan a presentarse en la Argentina —reflexionaba el Che—, hay desocupación y por lo tanto hambre, ante el cual también comienza a reaccionar la clase trabajadora. Esta reacción desencadena la represión, para aplacar la protesta mediante el temor, y la represión desata el odio.

Ése es el punto exacto en el que las condiciones objetivas requieren también las subjetivas, o sea la conciencia de la posibilidad de la victoria por la vía violenta, frente a los imperialistas y a sus aliados internos.

Era uno de los temas centrales del pensamiento revolucionario de Guevara, y el eje de todas la polémicas que agitaron a los latinoamericanos descontentos en los últimos años: ¿puede un foco de rebeldes armados terminar de madurar, mediante una decisión subjetiva, las condiciones revolucionarias objetivas que, en mayor o en menor grado, existen en todos los países de América Latina?

El caso de la Argentina planteaba la cuestión con un interés multiplicado no sólo por el muy evidente conocimiento que Guevara y yo teníamos de él, sino además porque desde un punto de vista —el mío— el modelo reunía un conjunto de componentes como para convertirse en algo más que una excepción del esquema de Guevara, sino en la antítesis del ejemplo cubano.

Guevara rechazó la idea de la excepción en todas las discusiones. La rechazó siempre, tanto para Cuba como para cualquier otro país. Sin embargo, parecía sobre todo una negativa a reconocer el carácter excepcional por temor a que, reconociéndolo, se convirtiera en una justificación para la inactividad revolucionaria de los partidos y los grupos izquierdistas de Latinoamérica. Porque en última instancia, Guevara terminaba admitiendo que en el caso de Cuba los Estados Unidos habían sido tomados por sorpresa, distraídos, y desde entonces nadie podía pensar que dicha perplejidad norteamericana volvería a repetirse.

En el caso argentino, Guevara razonaba que, en tanto el principal sector económico es el campo, la lucha armada debe basarse en él. Imaginaba un ejército campesino apoderándose de las ciudades. Se negaba a admitir que la estructura de la propiedad agraria en buena parte del suelo argentino está formada por propietarios pequeños y medianos, y por arrendatarios de la tierra que se benefician de bajos alquileres. Esta masa ha modelado la fisonomía de las regiones más importantes del país, tanto por su riqueza como por la densidad de su población. Éste era otro factor que Guevara subestimaba, posiblemente por un mecánico traslado involuntario de las condiciones del campo en Cuba al resto de Latinoamérica, incluyendo la diferente naturaleza agraria de la Argentina. Las áreas donde puede reconocerse cierta concentración proletaria en tareas agrícolas son los campos de algodón y de yerba, las plantaciones de caña de azúcar y los bosques de quebracho. Pero la misma extensión geográfica convierte a estos centros en islotes fáciles de rodear y de aplastar si un movimiento que responda a la teoría del foco intenta hacer pie en cualquiera de ellos. Solamente una organización superior, con influencia nacional, puede poner en marcha, sincronizadamente, los diversos sectores que poseen una energía revolucionaria en potencia.

La población del campo argentino reproduce, en general, las características sociales de la población de las ciudades. Predomina una clase propietaria mediana y pequeña, o no propietaria pero igualmente acomodada, a favor de ajustes parciales del régimen de contratación civil o de la participación del país en el comercio mundial. Una masa, sin duda, también problematizada seriamente, pero dispuesta para su movilización sólo a través de determinados intermediarios.

Llegué a pensar que Guevara no podía aceptar la necesidad de una organización nacional revolucionaria, en el caso argentino, porque si la reconocía como indispensable estaba a un paso de transar con la formación del partido como paso previo a la iniciación de la lucha armada. Si desarrollaba su propia hipótesis sobre la imposibilidad de establecer un partido que representara una alianza de clases con objetivos nacionalistas y antiimperialistas, llegaba a una conclusión que, por cierto, le desagradaba: el partido revolucionario iba a superponerse peligrosamente con el Partido Comunista, y Guevara no tenía ninguna esperanza en la capacidad revolucionaria de éste.

Había otra conclusión que seguramente rondaba la cabeza del Che, aunque rehuyera formularla y menos aún discutirla. Era que Cuba había "abusado" de las excepcionales condiciones en que pudo desarrollar su revolución y, por lo tanto, no podía servir de ejemplo para los otros países latinoamericanos, pero en cambio servía de ejemplo para los Estados Unidos.

—Eso es verdad —admitía Guevara—, el imperialismo ha aprendido mucho más con la experiencia cubana, de lo que han aprendido los revolucionarios de todo el continente.

Una muestra de esta capacidad para aprender la proporcionó el gobierno de Kennedy, cuando al comenzar abril de 1963 anunció las medidas que había adoptado para suprimir las incursiones piratas de los exiliados cubanos contra el territorio de su patria. Fue una manera visible de confirmar la existencia de un pacto de no agresión a Cuba. Washington sólo confiaba ahora en el paso del tiempo.

—... Y el tiempo trabaja a favor del socialismo —agregaba Guevara, para quien el tiempo era una categoría dinámica y de ningún modo estática.

—Los rusos nos proponen dejar que el tiempo pase, cruzados de brazos, y nosotros insistimos en ayudar a que el tiempo pase más rápido, impulsando la revolución. Ésas son nuestras diferencias, en pocas palabras.

El tiempo también había pasado para mí, y desde Buenos Aires me reclamaban. Le dije a Guevara que debería regresar. Antes quiso que asistiera a unos ejercicios de tiro de cañón y de mortero que se llevaban a cabo en la costa, cerca de La Habana.

Fuimos una madrugada, cuando el sol adelanta su rojo estallido en el cielo tropical. Había un centenar de hombres, disparando sobre la línea del horizonte, en ejercicios de tiro rápido, con munición de guerra. Al rato, un mortero se trabó. Se necesitaban voluntarios para extraer del conducto el obús. Y decenas de manos se levantaron para avisar que estaban dispuestos a correr de inmediato el riesgo de muerte que significa destapar un mortero. Fue una escena inolvidable. ¿Acaso era éste el modelo del hombre nuevo que Guevara quería edificar en Cuba y, mediante el socialismo, en toda América Latina?

Un hombre valiente y responsable, trabajador y de abierta franqueza, con sentido del humor y de la dignidad, desprendido, pronto para los mayores sacrificios, inteligente. ¿Era una utopía? ¿La respuesta dialéctica al otro hombre latinoamericano que Guevara había visto, temeroso del poder, subalimentado, con la inteligencia oscurecida por la ignorancia o el hambre?

Guevara encarnaba una buena porción de estas virtudes del hombre futurista. Se obligaba consigo mismo hasta extremos que podían parecer inexplicables, o poco prácticos.

Recuerdo que la víspera de mi partida de Cuba, su esposa lo llamó por teléfono, en mi presencia, para pedirle el automóvil oficial, a fin de hacer compras en la ciudad.

—No, Aleida, no —respondió el Che—, tú sabes que el auto es del gobierno, no mío, y por lo tanto tú no puedes aprovecharte de él. Tú viajas en ómnibus como todo el mundo.

Este incidente doméstico motivó más tarde una conversación en familia, durante la cual tanto Aleida como la madre del Che, Celia, revelaron la minuciosa preocupación de éste por extraer de su posición en el gobierno nada más que lo indispensable para vivir. La casa en la que habitaba, una mansión confiscada a un rico emigrante, estaba desnuda por dentro, a pesar de los innumerables regalos que Guevara recibía todo el tiempo en sus giras por el mundo. Los regalos, desde piezas de adorno hasta artesanías e instrumental eléctrico, el Che los destinaba a los centros de formación de jóvenes de toda la isla; allá iban a parar, tal como él los recibía, sin quitarles, siquiera, el embalaje. Viendo su casa de cuartos ascéticos no pude olvidar la pieza de La Paz donde lo conocí, y donde un clavo en la pared constituía todo el mobiliario.

Por excepción, Guevara había conservado un hermoso reloj pulsera, que ahora usaba. Formaba parte de un regalo, justamente, y había recibido quince iguales. Los otros los distribuyó a sus mejores camaradas, y se convirtió, con el paso del tiempo, en una contraseña, una identificación muda entre quienes lo llevaban. Volvería a ver otros relojes como ése, en otras latitudes, tiempo después.

Una mañana fresca, el Che pasó a buscarme con su auto para llevarme al aeropuerto. Conmigo viajaría su madre, Celia, que había pasado una temporada viviendo con su hijo y sus nietos. Al llegar al aeródromo, Guevara se encogió de hombros, como si hubiera sentido frío. Yo llevaba un poncho argentino, de los que tejen las mujeres en rústicos telares, en los contrafuertes de la cordillera. Me lo saqué y se lo extendí.

—Toma —le dije—, es un poncho argentino. Me lo regalaron en una gira política, hace tiempo. Te lo dejo, así tienes en tu poder un pedazo de nuestra tierra.

—Me vendrá bien —comentó Guevara alegremente—, porque las noches son frías, aun en los países cálidos, cuando uno las pasa en el monte. La niebla se pega a las laderas y se mete en los huesos.

Hubo abrazos, encargos de último momento, despedidas. Antes de subir la escalerilla, Guevara alcanzó a decirme:

—Ya verás, la clase dirigente de la Argentina no aprenderá nada. Sólo la guerra revolucionaria cambiará las cosas.

Esta frase fue la última que escuché de sus labios. Podía haberla olvidado, pero cuando llegué a Buenos Aires fui encarcelado, y pasé una larga temporada en el presidio. Los militares argentinos pensaban que venía a organizar una guerrilla, y yo volvía de discutir dos meses con Guevara sobre la inoportunidad de hacerlo.

No habían aprendido nada. Guevara tenía razón.

Tercera parte

Alzando pueblos

7. GUERRILLAS EN LA ARGENTINA

En 1958, cuando los guerrilleros castristas se batían en los campos de Cuba, un periodista argentino realizó la primera tentativa para establecer un nuevo vínculo entre la Argentina y Guevara. El sentido de este esfuerzo de comprensión era fijar los límites de la acción revolucionaria en el continente, establecer la legitimidad de la lucha de un revolucionario latinoamericano en cualquier lugar donde la lucha estallara. La fragmentación cultural y política a que fue sometida América Latina durante un largo siglo, había llevado a los pueblos a dudar sobre el derecho que asiste a un revolucionario a participar en dichas luchas. La consecuencia de esta confusión fue que cuando los argentinos supieron que el argentino Guevara combatía en la lejana Cuba, reaccionaron en un primer momento negativamente. No hicieron otra cosa que reconocer el impacto que sobre todos ellos ejerce la presión secular contra la formación de una sola nación latinoamericana, que fue uno de los propósitos fundamentales del Libertador Simón Bolívar.

Este periodista se llamaba Jorge Masetti y, por la importancia que posteriormente tuvo en la vida del Che, y también en su muerte, su personalidad está ligada en diferentes planos con la de aquél. En todos los casos, de un modo indisoluble.

Conocí a Masetti una noche de 1957, cuando la Argentina ignoraba si iba a precipitarse por el abismo de la guerra civil. Yo era todavía un antiperonista, y Masetti lo sabía. Podía mirarme como a un enemigo, porque él había pertenecido a la Alianza Nacionalista, una fuerza de choque peronista a la que el Ejército sitió y rindió a cañonazos, en septiembre de 1955.

En aquella época nos reuníamos en el café *La Paz,* un punto de reunión de periodistas, escritores y artistas de teatro, enclavado en un tramo de la calle Corrientes, donde Buenos Aires se parece mucho a Broadway.

Pero en agosto de 1957 establecí por orden de Frondizi el primer contacto estable entre nuestro partido radical y el general Perón, desterrado de la Argentina. Este contacto fructificaría algo después en la elección presidencial del mismo Frondizi, con el millonario apoyo de los votos peronistas. Pero por el momento favoreció la aproximación de Masetti conmigo.

Recién entonces se atrevió a preguntarme cómo podía hacer para entrevistar a Castro y a Guevara en la Sierra Maestra. Era una pregunta que ya me habían formulado más de una vez periodistas que luego retrocedían ante las dificultades del proyecto. Pero Masetti, que pertenecía a la redacción del diario *El Mundo* y operaba como free-lance en la radioemisora del mismo nombre, parecía realmente resuelto. No tenía ningún antecedente profesional importante y, por esa misma razón, deseaba cimentar su carrera futura con un gran reportaje. En febrero de 1957, Herbert Matthews había sacudido a Cuba y al mundo entero con un reportaje publicado en tres ediciones sucesivas de *The New York Times,* en el que revelaba que Castro y sus compañeros estaban vivos. Aquel reportaje, sin duda, fascinó a todos los periodistas, especialmente a los latinoamericanos. Masetti fue uno de ellos.

Pero el objetivo de Masetti tenía, sobre todo, suma validez política. La rebeldía castrista contaba con el apoyo incondicional de la burguesía argentina, y este apoyo había engendrado una réplica dialéctica entre la clase obrera, que entonces comenzó a preferir a Batista. Por una simplificación extrema los "gorilas" de la Argentina asociaban a Perón y a Batista, tomando en cuenta el común aunque desigual estado militar de ambos. En consecuencia los nombres del general Aramburu y del almirante Rojas, de la Argentina, quedaban públicamente vinculados con el de Fidel Castro, y como los dos primeros habían dispersado los sindicatos, encarcelado a sus líderes y fusilado a los peronistas rebeldes, la clase obrera terminó englobando al guerrillero cubano con sus enemigos nacionales.

Masetti, un peronista, tenía interés en comprobar si esta interpretación de sus camaradas de ideas era o no correcta.

Un día llegó al café *La Paz* con el pasaporte en una mano y el billete del avión en la otra. No pude menos que sonreír: por fin, uno que iba.

La represión en las ciudades cubanas había alcanzado en 1958 una virulencia salvaje. Le expliqué que me limitaría a entregarle una dirección donde lo conectarían a la organización universitaria clandestina, y que entonces debería solicitar que lo llevaran a las montañas. Allí lo presentaría con una carta dirigida a Guevara, al que no veía desde fines de 1955, cuando nos despedimos en México. Pensé primero en una larga carta, contándole cuestiones particulares y observaciones políticas. Pero en seguida escribí una corta esquela, reflexionando en que, por la misma seguridad de Masetti, debía ser clara solamente para el destinatario e indiferente para un policía. Los policías leían con mucha atención las cartas de los extranjeros en Cuba, en aquellos meses terribles.

Escribí:

"Querido Chancho: El portador es un periodista amigo, que quiere realizar un reportaje para la Radio El Mundo de Buenos Aires. Te ruego que lo atiendas bien, se lo merece. Firmado: El Francotirador".

Masetti leyó las pocas líneas y enarcó las cejas. La presentación era, ciertamente, lacónica.

Así y todo, la dirección y la esquelita le abrieron la puerta de la Sierra Maestra. En marzo de 1958, Masetti llegó al refugio de Fidel Castro y del Che, convivió varias semanas con los guerrilleros, descubrió la rústica fraternidad de los hombres y la ferocidad de la lucha.

"Confieso que salí de Buenos Aires lleno de dudas", escribiría a su regreso. "Mi opinión sobre Batista estaba formada, por supuesto. Pero había que averiguar quiénes eran los que trataban de voltearlo y a qué intereses respondían. Los argentinos queríamos saber quién era el hombre que encabezaba la revolución en Cuba, qué era el movimiento '26 de Julio', qué aspiraciones tenía y quién lo financiaba. Queríamos saber si las balas que se disparaban contra Batista eran pagadas en dólares o en rublos o en libras esterlinas. O si se daba en América Latina la desconcertante excepción de que una revolución en marcha hacia el triunfo fuese financiada por el propio pueblo".

Su primer contacto con Castro, en un claro de la selva, lo terminó de convencer de la íntima relación de todo el proceso político latinoamericano.

—Buenas noches —le dijo.

—Hola, qué tal... ¿Cómo anda Frondizi?, ¿está contento? —fue la respuesta del jefe guerrillero.

Para ese entonces, ya Masetti había conocido al Che. Escribió su relato con estas palabras:

"Venía montado en un mulo, con las piernas colgando y la espalda encorvada prolongada en los caños de una *Veretta* y de un fusil con mira telescópica como dos palos que sostuviesen el armazón de un cuerpo aparentemente grande. Cuando el mulo se fue acercando pude ver que le colgaba de la cintura una canana de cuero colmada de cargadores y una pistola. De los bolsillos de la camisa asomaban dos magazines, del cuello colgaba una cámara de fotos y del mentón anguloso algunos pelos que querían ser barba. Bajó del mulo con toda calma, asentándose en la tierra con unas botas enormes y embarradas y, mientras se acercaba a mí, calculé que mediría un metro setenta y ocho y que el asma que padecía no debía crearle ninguna inhibición. El famoso Che Guevara me parecía un muchacho argentino típico de clase media. Y también me parecía una caricatura rejuvenecida de Cantinflas. Me invitó a desayunar con él y comenzamos a comer casi sin hablar".

Este frío encuentro, sin embargo, pronto comenzó a caldearse.

"Las primeras preguntas", prosigue Masetti, "fueron lógicamente de él. Y, lógicamente también, se refirieron a la política argentina. Mis respuestas parecieron satisfacerlo y, a poco de hablar, nos dimos cuenta de que coincidíamos en muchas cosas y que no éramos dos sujetos peligrosos. Pronto hablamos sin muchas reservas —algunas manteníamos, como buenos argentinos de la misma generación— y comenzamos a tutearnos".

Masetti y Guevara tenían la misma edad, aproximadamente, en ese encuentro: 29 años, cumplidos con diferencia de meses.

Fue una experiencia definitiva en la vida de Masetti, porque le permitió vislumbrar su verdadera vocación de revolucionario, por debajo del atractivo oficio de periodista que lo había llevado hasta Cuba. En el alma de Masetti latía un conductor de hombres, un caudillo. Había permanecido soterrado hasta los 29 años, pero desde entonces sólo buscaría la mejor forma de salir a la superficie.

Cuando dejó la isla, ya Masetti participaba de las tareas de la revolución. Hizo un viaje a Caracas, cuando se gestaba el pacto de partidos que suministró a Castro la fuerza para el empujón definitivo contra la dictadura. Y en apenas tres semanas escribió un reportaje de cincuenta mil palabras sobre los guerrilleros cubanos, que editó en Buenos Aires en octubre de 1958, cuando la lucha entraba en la isla en su fase final.

En 1959, Guevara lo mandó a llamar y le confió la organización de la agencia de noticias *Prensa Latina*, cuyo papel era garantizar la difusión de noticias sobre Cuba en todo el mundo, especialmente en América Latina. Masetti demostró también grandes dotes de organizador, y en junio de ese año la empresa periodística contaba con un staff de ciento cincuenta personas, de las cuales cerca de sesenta formaban el personal de la agencia central, en La Habana. Numerosas sucursales se abrieron en corto tiempo en casi todas las capitales del hemisferio, incluyendo los Estados Unidos.

Esta empresa periodística debía encontrar en su camino tantos obstáculos como situaciones consolidadas amenazaba, pero además quedó, desde el primer momento, atada a la suerte del gobierno cubano. Por lo tanto, a medida que el régimen castrista fue aislado en el hemisferio, la empresa periodística vio clausurada sus oficinas y prohibida la distribución de sus noticias.

A fines de 1960, todavía *Prensa Latina* parecía en condiciones de soportar el asedio político. Masetti vino a visitarme, en la Embajada argentina en Bonn, donde yo aún desempeñaba el cargo de consejero político. No nos habíamos vuelto a ver desde su regreso de Cuba, en julio de 1958, cuando fue portador de un disco que Guevara le envió a su madre para confirmar de una vez por todas que estaba vivo. En aquellos tiempos de guerra la noticia de su muerte en combate se difundió más de una vez, aunque en general la familia del Che conocía su suerte por un informante muy bien situado en La Habana, que transmitía de vez en cuando novedades sobre el guerrillero. Este informante no era otro que el embajador de la Argentina en Cuba, almirante Lynch, primo hermano del padre del Che, cuyo apellido materno es también Lynch.

En diciembre de 1960, Masetti estaba realizando una gira con escala en Argelia y probable fin en Moscú. Pero en Bonn recibió instrucciones de no seguir a la URSS, y regresó poco tiempo más tarde a La Habana. Cuando lo encontré, en sus oficinas bien refrigeradas de un alto edificio del Vedado, el barrio residencial de la capital de Cuba, Masetti estaba sumamente agitado, hasta el extremo que fue, sin proponérselo, descortés conmigo, de lo que inmediatamente se disculpó. Su excusa era sincera, fuera de toda duda, porque poco tiempo más tarde, en abril de 1961, debió dimitir de su cargo de director de *Prensa Latina*. Había tenido problemas de distinta clase, desde rivalidades profesionales con periodistas cubanos que veían con malos ojos la dirección de un argentino, hasta divergencias políticas, en especial con los viejos comunistas, que siempre trabajaron con

176

éxito entre los periodistas de Cuba. Guevara lo respaldó mientras pudo, pero la posición de Masetti se tornó insostenible. De común acuerdo con Guevara, Masetti renunció. Algunas semanas más tarde, a causa de la invasión de Bahía de los Cochinos, Masetti participó en un espectacular panel de televisión, durante el cual fueron interrogados los principales invasores capturados. Masetti fue uno de los periodistas del panel.

Después pasó a un discreto segundo plano, pero en 1963, durante mi permanencia en La Habana, lo encontré junto al Che. Más aún, él asistió a muchas de las largas discusiones que Guevara mantuvo conmigo y parecía bien compenetrado de una tesis estratégica que Guevara estaba perfeccionando y retocando con nuevos datos y aportes. Parecía asimismo, muy ocupado con su instrucción militar.

La tesis no era otra que la factibilidad de implantar un foco guerrillero en territorio argentino, a partir de un campamento original establecido en suelo de Bolivia.

Guevara repetía con frecuencia una cita de José Martí, para quien "es criminal quien promueve en un país la guerra que se puede evitar y quien deja de promover la guerra inevitable".

Para el Che y para Masetti la guerra en la Argentina, la revolución social, era inevitable. Se trataba de encarar su promoción con la mayor eficacia posible.

—No debemos temer a la violencia —explicaba Guevara—, porque ella es la partera de las sociedades nuevas. Sólo que esa violencia debe desatarse exactamente en el momento preciso en que los conductores del pueblo hayan encontrado las circunstancias más favorables.

Para él, había dos elementos subjetivos de enorme importancia. Uno era la conciencia de la necesidad del cambio, y el otro la certeza de la posibilidad de este cambio revolucionario. Ambos elementos buscaban entonces su reunión con las condiciones objetivas de cada país, que en el caso argentino parecían propicias, como se ha relatado en el capítulo anterior. Añadía la firmeza en la voluntad de lograr el cambio, y aun todavía la nueva correlación de fuerzas en el mundo, y su conclusión era positiva sobre las posibilidades revolucionarias en la Argentina.

Sinceramente jamás Masetti ni el Che mencionaron en mi presencia la inminencia de una tentativa guerrillera en la Argentina. Mostraban un gran interés por las condiciones del país, y la última vez que estuve con ellos, en abril de 1963, el levantamiento de la Marina de Guerra de esos mismos días los confirmó en que apreciaban correctamente la situación.

—La presencia de un foco guerrillero —profetizaba Guevara—, en una montaña cualquiera, en un país con ciudades populosas, mantiene perenne el foco de rebelión, pues es muy difícil que los poderes represivos puedan rápidamente, y aun en el curso de años, liquidar guerrillas con bases sociales asentadas en un territorio favorable a la lucha guerrillera, donde existe gente que emplee consecuentemente la táctica y la estrategia de este tipo de guerra.

El esquema teórico abarcaba también a un país como la Argentina, naturalmente. Sólo restaba hacer la prueba de desarrollar, a partir del esquema, una situación política donde las guerrillas cumplieron el papel reservado para ellas.

Para comprobarlo, Masetti viajó secretamente a América del Sur poco después que yo partiera de La Habana.

En junio de 1963, ya estaba Masetti en Bolivia, adonde había llegado con tres acompañantes: los oficiales cubanos Hermes Peña Torres, Raúl Dávila y *Papi*. Los tres pertenecían a la guardia de hierro del Che.

Masetti llegó a Bolivia con dos contratiempos serios dentro del cuadro en el que debía actuar. En mayo de 1963, el líder de los campesinos del valle del Cuzco, en el Perú, el estudiante Hugo Blanco, fue encarcelado y su movimiento comenzó a declinar. Este episodio contrariaba el proyecto de establecer una cadena de guerrillas desde el Perú hasta el norte de la Argentina, que era una de las más ambiciosas extensiones de la guerra revolucionaria concebidas por Guevara.

La otra novedad inesperada fue que los militares argentinos, fatigados de chocar entre ellos, resolvieron entregar el poder a un gobierno civil, elegido en elecciones reguladas pero con algunos atisbos de respeto constitucional. Estas elecciones iban a celebrarse el 7 de julio de 1963.

Es decir que, por el norte, Masetti no debería alimentar exageradas esperanzas, tal como se lo hicieron saber algunos emisarios de Hugo Blanco que llegaron a entrevistarlo en La Paz. Y por el sur, corría el riesgo de que se abriera un paréntesis constitucional, durante el cual dejaran de funcionar los prerrequisitos ideales para el apoyo popular a la guerrilla.

—Los poderes económicos —había afirmado Guevara— transcurren dentro de ciertos marcos de legalidad, una legalidad que se adjudican a sí mismos para trabajar mejor. Pero cuando las presiones populares aumentan, esta legalidad burguesa es violada por sus propios autores para detener el impulso de las masas.

Sin embargo, ahora parecía que la Argentina recorrería el camino a la inversa, que los violadores de la legalidad burguesa preferirían volver a ella, para resguardar sus intereses de mejor modo.

Fue, en pocas palabras, un momento de transición. Seguramente uno de los peores para escoger el mejor camino.

Masetti ya había elegido el suyo. Comenzaban a llegar hasta la finca Embororazá, en territorio boliviano, cerca de la frontera con la Argentina, los primeros hombres que mediante un complicado sistema de reclutamiento marchaban a incorporarse al Ejército Guerrillero del Pueblo, EGP, como lo llamarían con el correr de los días.

Masetti aparentemente rechazó cualquier vínculo o comunicación seria con las organizaciones políticas existentes en la Argentina, lo que transgredía francamente el modelo cubano, pues Fidel Castro había pactado y negociado con todos los partidos políticos y organizaciones de cualquier clase que se mostraron dispuestas a entenderse con él. Violaba, además, una regla de oro del movimiento guerrillero porque, de hecho, aislaba a su foco de la colaboración de los movimientos de masas, y el propio Guevara había pronosticado que sin el apoyo de éstas el desastre de la guerrilla era inevitable.

En resumidas cuentas, Masetti prefirió recurrir a dos semilleros de potenciales combatientes: las filas universitarias y los disidentes del Partido Comunista.

Tanto uno como otro sector podían proporcionarle hombres dispuestos a jugar su vida detrás de los ideales revolucionarios. Así fue en la práctica. Lo que en cambio no estaban en condiciones de ofrecerle fue una organización en las ciudades, aunque fuera mínima, ya sea para el sabotaje como para la agitación política. La fuerza guerrillera, entonces, resultó una reunión de individualidades, a menudo de extraordinaria calidad, pero completamente separadas de los cuerpos sociales del país. Si a esto se agrega que la proximidad de un gobierno constitucional determinaba un pronunciado reflujo político en la Argentina, terminará de comprenderse el sino fatídico que acompañó a Masetti desde el principio.

A Embororazá llegó un día Federico Méndez, un mecánico, soltero, de 24 años. No había más de cuatro personas con el jefe de la guerrilla, pero éste ya tenía su emblema, un sol con los colores rojo y negro como fondo.

—El rojo —explicaba Masetti— significa la sangre de la revolución, y el negro es luto por los sufrimientos del pueblo.

También pensaba en la sangre y los padecimientos el estudiante Héctor Jouvé, de 23 años, soltero, que trabajaba en una escuela comercial administrada por religiosos, de la provincia de Córdoba, y que dejó su empleo el 23 de agosto de 1963. De allí se trasladó a Tarija, en Bolivia, donde pasó a buscarlo el cubano Hermes Peña. Jouvé tenía un hermano menor, Emilio, que poco después también se sumaría a la guerrilla.

Masetti recibió con sorpresa la noticia de que el 7

de julio se habían realizado elecciones nacionales en la Argentina, y que en ellas había triunfado un pacífico médico provinciano, Arturo Illia, candidato del partido radical. El nuevo presidente ocuparía el gobierno en octubre de ese mismo año, y por algún tiempo Masetti alimentó la esperanza de que los militares no lo dejarían. Si eso ocurría, el número de organizaciones políticas y sindicales, y de personas, que habrían perdido toda esperanza de democratizar la vida pública en la Argentina formarían una verdadera fuerza. Esta fuerza debería chocar a corto plazo con los militares usurpadores, y entonces comenzaría la represión, con la secuela de reacción popular y más represión para acallarla. Entre julio y octubre, en el pequeño campamento guerrillero se siguió con pasión el curso de los acontecimientos de Buenos Aires. Pero ya a principios de octubre estuvo claro que los militares iban a entregar el gobierno al médico Illia. Masetti comprendió que no iba a reproducirse el esquema de Cuba, y que en vez de luchar contra otro dictador como Batista debería vérselas con un modesto presidente civil, dispuesto a transar con todos los grupos de presión de la Argentina, para quien la violencia no figuraba entre ninguno de sus posibles recursos de gobierno.

En septiembre, entre el 20 y el 25, la pequeña expedición atravesó la frontera y penetró en territorio argentino. Divididos en dos grupos, cruzaron la zona desértica y vadearon a pie el río Bermejo, a unos quince kilómetros de una pequeña localidad llamada Aguas Blancas. Junto al río Pescado levantaron el primer campamento, y poco después Masetti preparó una carta política donde requería al nuevo presidente que renunciara, aceptando que su elección había sido el producto de un compromiso espurio, y, en su esencia, antidemocrático, ya que la fuerza mayoritaria, el peronismo, no había podido votar por sus candidatos propios.

La "carta" de Masetti se publicó en Buenos Aires en un semanario de la izquierda peronista, llamado "Compañero". Produjo una limitada emoción en los círculos políticos de la izquierda, y divulgó la presencia de un "Comandante Segundo" que se levantaba en armas contra el fraude electoral. Sin embargo, el portavoz elegido no podía compararse con los que Castro había puesto a su disposición al rebelarse contra Batista, y sin duda estaba lejos de parecerse, por ejemplo, a la revista "Bohemia", la de más alta circulación en Cuba en aquellos años. La voz de Masetti resonó dramáticamente afónica.

La "carta", empero, alertó a los servicios de inteligencia militar y policial, que decidieron establecer una vigilancia en regla para averiguar la magnitud de la fuerza guerrillera. Y también, naturalmente, la "carta" encendió la imaginación de algunas docenas de jóvenes, que emprendieron entonces el camino del Norte.

Masetti había escrito un código disciplinario, para castigar las faltas y los delitos. Las penas iban desde el recargo en los servicios del campamento hasta la disminución de la ración, y en el caso límite llegaban a la condena a muerte. Los compañeros de aventura lo llamaban Segundo, una simplificación de su rango, Comandante Segundo, que a su vez, más que un seudónimo, significaba la existencia de un Comandante Primero, ausente. Éste no era otro que el Che.

El estado de ánimo de los guerrilleros era desigual, pero sin duda quien peor se sentía era Masetti. Este sentimiento surgía de una valoración política del momento. Cuando creía haber llegado para actuar como detonante de la larga crisis política y social de la Argentina, una maniobra colocó en la cima del poder a un hombre inofensivo, al que no podía acusar de dictador bajo ningún aspecto. De hecho, Masetti estaba atrapado en una ratonera, pero lo peor, sin duda, fue que no deseaba considerarse liberado de su promesa a Guevara, aunque razonablemente pudo invocar el giro desfavorable de la situación política.

La vida en la selva, primero en Bolivia, más tarde en Salta, era mucho más dura de lo que habían esperado. Sus compañeros cubanos, veteranos de la guerra, registraron la diferencia con una fruta silvestre, semejante a la malanga, que en el campo de Cuba proporcionaba alimentación silvestre y abundante. En la selva argentina, un fruto parecido resultó semitóxico, y cuando lo comieron padecieron espantosas convulsiones; algunos quedaron enfermos para siempre, desde ese día.

La contrariedad política y la dificultad material de mantenerse neurotizaron a la pequeña expedición, que entre tanto no había tenido ocasión de combatir. Alejados de sus hogares, a muchos miles de kilómetros de distancia varios de ellos, la fuerza guerrillera se hundió en la desesperación. El más afectado parecía un bisoño de apenas 20 años, Adolfo Rotblat, llamado "Pupi" al que aquejaban continuos ataques de asma. El caso de "Pupi" se convirtió en una penuria adicional de los expedicionarios, porque todos sus ejercicios, trabajos y marchas se vieron obstaculizados por su precariedad física. Por fin, propuso desertar.

Este hecho pasó a ser un catalizador de la crisis moral de los guerrilleros. No había enemigos a la vista, pero en cambio uno de ellos, que había jurado acatar el código revolucionario, pretendía abandonarlos. Se constituyó un tribunal, que juzgó a "Pupi" y, cosa excepcional, lo condenó a muerte. Una anotación en el diario del capitán Hermes registra el episodio, y las causas, someramente.

El primer cruce de frontera se había llamado "Operación Dorado". Eso fue en septiembre. En diciembre, Masetti ordenó a sus hombres para llevar a cabo la segunda parte, que llamó "Operación Trampolín", y consistía en internar las armas que antes habían sido almacenadas en suelo boliviano.

Seis hombres fueron a buscar el resto de las armas, que encontraron distribuidas en mochilas, sobre la ruta entre Bermejo y Tarija, en territorio de Bolivia.

Siguieron llegando algunos voluntarios más. Un albañil al que le falta un ojo, de 23 años, que por su defecto físico es excluido como combatiente aunque se lo admite para tareas de cocina. Un estudiante de Filosofía, de 27 años, con buena posición económica familiar, y cuyo abuelo materno, un almirante, fue jefe de policía en Buenos Aires treinta y tres años antes. Otro estudiante, de 25 años, recién casado. Dos hermanos, mecánicos sin trabajo, que llegan juntos al campamento. Dos empleados del Banco Israelita de la ciudad de Córdoba, que habían sido militantes comunistas pero prefirieron la lucha armada, y llegaron llenos de entusiasmo, al extremo que, uno, Groswald, se hizo extirpar la uñas de los pies para evitar que se le encarnaran con las marchas en la selva. Un perforador petrolero sin trabajo, de 29 años. Un vendedor de flores, de 20 años. Un estudiante de medicina, que tiene 22 años y es buscado por el Ejército, del que ha desertado. Un gallego de 19 años, nacido en Vigo, y un marinero mercante, que acaba de cumplir los 25.

Esta tropa heterogénea recibe instrucción militar del capitán Hermes, el ayudante de Masetti. Éste, entre tanto, cavila. Su suerte está echada, antes que por los hechos producidos hasta ese momento, porque su conciencia se niega a reconocer el fracaso político. No puede dispersar a sus hombres sin combatir, pero tampoco encuentra con quién combatir. Su neurosis sube a niveles peligrosos, se torna cada día más reconcentrado.

El 19 de febrero de 1964, la sorda crisis moral de la expedición vuelve a expresarse contra los mismos guerrilleros. Groswald, a quien llaman familiarmente "Nardo", es juzgado por una serie de faltas: insubordinación, pérdida de la moral revolucionaria y descuido de las armas y del material militar. El capitán Hermes preside un tribunal que durante tres horas seguidas delibera en el medio de la selva sobre la pena que corresponde a "Nardo". El tribunal es indeciso, pero Masetti vuelca su opinión y Groswald es también, inexplicablemente, condenado a muerte.

Este muchacho de nada más que 19 años pide que lo fusilen con su uniforme de guerrillero, la boina negra, los botines bulldog, el cinturón de cuero y los anteojos opacos de color verde claro. Cuando oye la sentencia la transpiración le moja la frente; se la seca con un pañuelo blanco, con guarda marrón, que había comprado pocos días antes de subir a las montañas. Enfrenta a sus compañeros con decisión y promete morir dignamente. Tres guerrilleros disparan sobre él, y dos balas le entran en el cuerpo, en la zona de la cuarta y quinta costilla. El capitán Hermes le dispara el tiro de gracia con su pistola *Luger*. La bala le penetra por el pómulo derecho y sale por la nuca.

¿Era ésta la guerrilla con la que Masetti y Guevara habían soñado conmover a la Argentina? Evidentemente el "Comandante Segundo" sabía que no. Pero buscaba, sin encontrarla, la vía de comunicación con las masas, el instrumento indispensable para quebrar el aislamiento en el que se encontraba. Este aislamiento se había vuelto amenazante, y en el orden psicológico se agregó la imposibilidad de establecer contacto radial con el exterior. Un transmisor con el que proyectaban comunicarse hasta con La Habana demostró su impotencia a los pocos días.

Los servicios de inteligencia, entretanto, habían introducido dos de sus hombres entre los jóvenes que se reclutaban para la guerrilla. Uno pasaba por peronista, de profesión pedicuro, dispuesto a cualquier cosa con tal de derrocar al gobierno. Hizo relación con algunos jóvenes que se preparaban para viajar a Salta, y les presentó a un amigo, tan decidido como él. El 2 de marzo de 1964, cuando llegaron al primer campamento guerrillero, el cubano Dávila los recibe y les da la bienvenida al Ejército Guerrillero del Pueblo. Pero apenas reciben las armas, y se alejan en dirección al campamento principal, los dos policías infiltrados promueven un incidente, y uno dispara contra el guerrillero que encabeza la marcha, hiriéndolo en una pierna.

Desde ese momento, la guerrilla puede considerarse descubierta y perseguida de cerca. En los días sucesivos, varios guerrilleros son capturados por la gendarmería, una fuerza de policía militarizada que vigila las fronteras, y que es la encargada de acabar con el EGP. Se cortan los abastecimientos cuando el cerco se cierra sobre los guerrilleros, y el hambre los derrota, uno a uno. Tres mueren por falta total de alimentación, después de intentar mantenerse con una dieta de vegetales salvajes. Y uno es sorprendido por los gendarmes en la copa de un árbol, adonde ha debido refugiarse para escapar a las garras de dos tigres del monte. La naturaleza vence la fe del hombre en el corazón de América del Sur.

A mediados de abril, el capitán Hermes y un compañero sorprenden a una avanzada de la gendarmería, y matan a uno de los soldados. Es la única escaramuza verdadera de la guerrilla argentina, cuyo segundo acto se desarrolla casi en seguida. La gendarmería localiza a Hermes y lo sitia; éste alcanza a disparar 28 balas de su carabina automática y su compañero cuatro de las seis de su revólver Smith Wesson 38. Los dos caen muertos.

Catorce hombres están ya en las manos de los gendarmes, que los torturan y humillan sanguinariamente. Cinco de ellos son sumergidos entre las vísceras de los muertos, arrastrados por los pelos, en medio de las risas y amenazas de fusilamiento. Una venganza siniestra.

Masetti, entre tanto, se adentra en la espesa selva de Yuto, un infierno de malezas y alimañas, donde se puede caminar durante días sin ver el sol, tan alta y cerrada es la vegetación. Nadie vuelve a saber de él. La selva se lo traga.

Ésta es la historia de la guerrilla argentina, como el propio Guevara la conoce, a fines de 1964. Otro gran amigo del Che, el abogado Gustavo Roca, junto con otros abogados provincianos asumieron en Salta la defensa de los guerrilleros presos. Por sus declaraciones y por sus confidencias, de la suma de las dolorosas experiencias que han realizado, surge un cuadro completo de las razones de esta trágica y catastrófica guerrilla.

¿Cuáles fueron las conclusiones del Che? Es difícil saberlo. Roca, que lo encontró en París a principio de 1965, registró sobre todo el tremendo pesar y luto que embargaba a Guevara por la muerte de sus dos grandes amigos, Masetti y Hermes. Habían muerto como valientes, estaban a la altura del Che, y de su exigente rasero, nivelador de los hombres por los más altos de todos, no por los más bajos. Esta suerte de aristocracia del valor les había cobrado la apuesta en su ley. Pero, ¿qué conclusión política, qué respuesta a la teoría del foco, qué análisis del fracaso?

La contestación tardaría dos años en conocerse. Y sería el Che, en persona, quien iba a darla al mundo entero.

8. EL ARDIENTE MISTERIO

La tragedia del "Comandante Segundo" en las montañas y las selvas del norte argentino fue la más silenciosa derrota de la guerrilla en América Latina. Mereció poca publicidad de la prensa, y hasta la publicaciones de izquierda temieron comprometerse con una aventura en la que muchos creyeron ver rastros de provocaciones organizadas por los servicios de inteligencia. Este temor era infundado, excepto en cuanto fue verdad que en el otro grupo guerrillero pudieron infiltrarse sin mayores dificultades dos agentes del espionaje. Las grandes masas de los suburbios industriales de las ciudades argentinas prácticamente no llegaron a enterarse de que en el norte se gestaba un ejército guerrillero. Los campesinos, que eran los destinatarios un poco genéricos del mensaje rebelde, mucho menos: ellos tal vez no llegarán a saberlo nunca.

"Haciendo pie en el campo", había escrito Guevara, "un grupo guerrillero que se ligue a las masas campesinas crecerá de menor a mayor, destruirá al Ejército en lucha frontal y terminará apoderándose de las ciudades desde el campo".

Masetti había sido fiel al modelo, pero, al cabo de diez meses de sacrificios en la tierra más inhospitalaria que se pueda imaginar, su fuerza no llegaba a los treinta hombres y el aislamiento los castigaba con la neurosis y la desesperación. La más impresionante conclusión que Masetti extrajo de su situación fue que las masas campesinas no podían ligarse con él, ni él con ellas, porque en esa zona del norte argentino, sencillamente, tales masas son inexistentes. La densidad de la población es baja en la Argentina y particularmente escasa en los campos del norte. Existen concentraciones de alguna importancia en las zonas de cultivo del azúcar y del algodón y de la explotación de maderas, pero son islas en el medio; de verdaderos desiertos, áridos o cubiertos de vegetación salvaje, pero en todos los casos poco habitados. A las masas políticamente atractivas, Masetti debía buscarlas en los arrabales industriales, pero allí él era un desconocido. Su mensaje habría provocado desconfianza, y ésta hubiera desatado en torno suyo el más impenetrable vacío.

El modelo cubano se mostraba superior a la experiencia argentina también en este aspecto, ya que Fidel Castro era un personaje muy conocido en la isla antes de la expedición del *Granma*. Había sido precandidato a diputado en el partido de Prío Socarrás, su actividad como agitador universitario era sobresaliente, había pertenecido a un colegio aristocrático donde, de hecho, trabó amistad con los jóvenes que, cuando él se rebeló, estaban comenzando a dirigir las empresas y los bufetes jurídicos de más prestigio e influencia en Cuba. Masetti era no solamente desconocido en general, sino también apenas conocido entre la reducida colectividad de los periodistas. Su carrera se desarrolló fuera de la Argentina y dentro de ella carecía de amigos significativos o de sólidos enlaces políticos. No podía, en una palabra, esperar que en las ciudades se pusieran detrás suyo, como ocurrió con el "26 de Julio" desde el primer momento.

Pero desde otro ángulo, también podía sacarse una conclusión interesante. Masetti había recorrido el sur de Bolivia y el norte argentino por espacio de unos diez meses sin encontrar grandes dificultades. El y sus fieles llegaron desde Cuba, en un viaje complicado pero por los medios normales, y pudieron atravesar las fronteras sin despertar sospechas. La guerrilla debió enviar una carta pública al gobierno argentino, para que los servicios de seguridad interna tomaran nota de su existencia y comenzaran a vigilarla.

Ésta fue, sin duda, una de las enseñanzas positivas

que Guevara arrancó de la tragedia de Masetti. En las grandes líneas de su plan estratégico, sin embargo, no introdujo modificaciones sensibles, como podría verse poco después.

¿Por qué?

Es difícil explicarlo por un solo motivo, y trataré de reunir el conjunto de razones que terminaron configurando el cuadro que llevó al Che a repetir el camino de Masetti casi mecánicamente, con un resultado sorprendentemente parecido.

Un punto que se plantea de inmediato en cualquier análisis de las razones que llevaron a Guevara a ensayar la guerrilla en América del Sur es el de su posición personal en Cuba y su relación particular con Fidel Castro.

Con un criterio técnico de país desarrollado, la industrialización de Cuba, promovida por el plan cuatrienal de Guevara en 1961, podía considerarse un fracaso al comenzar 1964. Todos los defectos de organización y de especialización que cada país industrializado debió padecer en algún momento de su desarrollo, se presentaron inexorablemente en Cuba. Algunas fábricas se levantaron en regiones donde el agua, la electricidad o los caminos eran insuficientes. A veces, la que faltaba era la mano de obra, y en general los técnicos debieron improvisarse. Se produjeron apreciables deslizamientos de población, ya que la ocupación industrial posee un atractivo fascinante en los países agrícolas. De modo que mientras se estudiaba la manera de organizar las industrias, se desorganizó el campo, que en algunos sectores perdió la mano de obra, y en otro disminuyó la producción a causa del reajuste del régimen de trabajo implicado en el paso al socialismo. El movimiento para poner en un pie industrial a Cuba ocasionó tantos inconvenientes a corto plazo como los que conoció cualquier habitante de la Argentina o el Brasil en los años cuarenta y cincuenta. El hecho sorprendente fue que en Cuba los industrializadores recibieron de la Unión Soviética la misma recomendación que la Argentina y el Brasil habían recibido de los Estados Unidos, en su oportunidad: que los países agrícolas deben renunciar por razones económicas a industrializarse, y que les conviene aprovechar la excelente producción manufacturera de las naciones industriales. En el caso de Cuba, los razonamientos soviéticos se justificaban, además, en la reducida dimensión del mercado interno cubano, y en el hecho por demás visible de que Cuba no podía pensar en exportar su producción a ninguno de sus vecinos. Consecuentemente, su aislamiento político y económico la encadenaba a la demanda de su único mercado posible que, fuera la Unión Soviética y los países socialistas europeos, o bien los países capitalistas de Europa, solamente podían comprar en Cuba productos agrícolas.

El plan de Guevara, por lo tanto, debía contar en primer término con la tolerancia soviética por un período mayor del que se calculó al principio. Pero como la industrialización de Cuba debía disponer de un mercado de exportación, para que éste fuera una realidad, otras naciones de América Central y del Sur deberían adoptar un régimen semejante al de Cuba. En este caso, se producía un choque entre los Estados Unidos y la URSS, de hecho garantía de que Cuba no intentaría la propagación de su régimen político, y por consiguiente terminaba la tolerancia de Moscú, también con el programa de industrialización y su pesado costo.

A fines de 1964, Castro admite encasillar a Cuba en la gran división del trabajo del mundo socialista. Pero Guevara no estaba de acuerdo.

"Una Cuba agrícola, una Cuba otra vez azucarera del mundo", me había dicho un día, en 1963, "pondría en duda la supervivencia del socialismo y sería, por añadidura, tan débil internacionalmente como para vivir pendiente de la protección soviética. Y la revolución no se hizo para eso".

El hecho es que no podía haber revolución sin industrialización pero tampoco podía haber industrias sin mercados, y para obtener los mercados la revolución debía proseguir en América Latina, en cuyo caso los Estados

Unidos pedirían cuentas a la URSS, y si ésta no era escuchada, terminaba su compromiso con el régimen socialista cubano. De hecho, entonces tampoco había revolución. Todos sabían que sólo la inmensa fuerza militar soviética compensaba la de los Estados Unidos, e impedía un ataque devastador de su parte. Un inflexible círculo vicioso.

En marzo de 1964, el Che viajó a Ginebra, presidiendo la delegación cubana a la Conferencia Mundial sobre Comercio y Desarrollo. Puso de relieve el peligro que significaban para el comercio mundial y para la paz las inversiones de capital extranjero, que llegan a dominar desde adentro la economía de los países. También propuso que, mientras los países subdesarrollados no obtuvieran compensaciones en los precios de sus productos, continuamente rebajados por los compradores desarrollados, se suspendiera de común acuerdo el pago de dividendos, intereses y amortizaciones.

Al terminar la conferencia, pasa dos días en París y sigue viaje a Argel, donde su relación con Ben-Bella atraviesa una etapa de florecimiento. Una secuela de este viaje fue el pedido que el presidente argelino formuló unos meses más tarde a los Estados Unidos en el sentido de que era indispensable una normalización de las relaciones entre Washington y La Habana.

—No puedo comprender —dijo Ben-Bella— que los Estados Unidos acepten mantener comunicación telefónica directa con el Kremlin y se opongan a que el pueblo cubano escoja la forma de gobierno que más le convenga.

En noviembre de 1964, Guevara volvió a partir, con destino a Moscú. Era la tercera visita que hacía a la URSS. Pero esta gira iba a convertirse en un verdadero peregrinaje por el mundo, de más de cuatro meses de duración.

Esta visita a la Unión Soviética fue, sin duda, la clave de profundos desacuerdos que se manifestaron posteriormente. Para Guevara, tomó cuerpo, definitivamente, la idea de que los rusos se proponían una coexistencia con los norteamericanos que, en primer lugar, representaba la división del mundo en dos áreas recíprocamente respetables, y en segundo lugar, hacía indispensable la división del trabajo entre las naciones de cada área. Para Cuba, esto significaba un destino agrícola, y una débil posición como nación.

Sus discusiones con los soviéticos salieron a la superficie en el discurso del 11 de diciembre de 1964, ante la asamblea general de la ONU. Había llegado a Nueva York imprevistamente, con la representación de Cuba y algunos pensaron que también se expresaba por su boca el presidente argelino Ben Bella.

—El imperialismo norteamericano —dijo entonces— ha pretendido hacer creer que la coexistencia pacífica es de uso exclusivo de las grandes potencias de la tierra. Pero —agregó— no puede haber coexistencia pacífica entre poderosos solamente, si se pretende asegurar la paz del mundo. La coexistencia pacífica debe ejercitarse entre todos los Estados, independientemente de su tamaño, de las anteriores relaciones históricas que los ligaran y de los problemas que se suscitaron entre algunos de ellos, en un momento dado.

Esa misma semana, Guevara fue reporteado por la televisión de Nueva York, en el programa "Ante la Nación", de la CBS.

"Cuba sólo desea que los Estados Unidos se olviden de ella", exclamó, "para bien o para mal".

Pero su declaración al público norteamericano mostró que también sobre él pesaban las discusiones de Moscú. Admitió los errores de los planes de industrialización prometiendo enmendarlos, y aseguró que unas relaciones armónicas con Estados Unidos serían "muy buenas" para Cuba. En la calle, un piquete de anticastristas lo abucheaba ante su mirada indiferente.

El 17 de diciembre partió rumbo a Argelia, desde Nueva York, vía Canadá. En Argel reanudó sus conversaciones con Ben-Bella, robusteciendo la impresión de que se gestaba un eje socialista pero independiente, entre

Cuba y Argelia. El día de Navidad voló a Bamako, en Mali, y su tono volvió a encenderse.

—La lucha revolucionaria contra la intervención de los Estados Unidos —dijo— toma más y más carácter continental en el hemisferio.

Esta gira lo convirtió en el agente viajero de la revolución del Tercer Mundo, porque enseguida agregó otros países a su ruta. Implícitamente, la gira del Che contaba con el respaldo de Ben-Bella, que en África quería decir de la revolución argelina, la más sacrificada y esperanzada revolución del gran continente negro.

En Brazzaville, Congo, fue recibido al comenzar enero de 1965 por el presidente Alphonse Massemba Debat, con quien discutió las condiciones de la lucha antiimperialista en África. Poco después pasó a Conakry, Guinea, y a Accra, Ghana.

Esta gira no podía tener otro sentido que sondear a los gobiernos africanos para la realización de una política conjunta, de la que Argelia iba a llevar la conducción.

En Ghana, Guevara dejó por un momento el paso a sus antiguas curiosidades: un día viajó a treinta kilómetros de la capital, hasta el Jardín Botánico de Aburi, y se entretuvo observando las variedades de la flora africana allí coleccionadas. Un sueño de niño, realizado. También viajó hasta el río Volta, donde se construía una gigantesca represa. Y dijo, refiriéndose a las guerras de liberación:

—Hay muchas experiencias de la lucha armada en Colombia, Venezuela y Guatemala. Existe una historia de fracasos aquí y allá, y esa historia debe conocerse para extraer experiencias en la lucha futura.

Al terminar ese mes, se anunció su visita a Dahomey. Pero antes de abandonar Ghana visita un campamento de las brigadas obreras, donde le regalan un *kenk*, el traje tradicional de las ocasiones solemnes, que el Che recibe alegremente.

De Dahomey saltó a Argel, donde cambió impresiones con los dirigentes de la revolución, y de allí a París.

En París estaba esperándolo uno de sus más leales

y antiguos amigos, el abogado argentino Gustavo Roca. Roca había sido compañero del Che desde el colegio secundario, en la provinciana ciudad de Córdoba, Argentina, y varias veces lo había visitado en Cuba.

Esta vez, el encuentro fue más triste: Roca llevaba a Guevara el informe completo de la guerrilla de Masetti, el resumen de las declaraciones de los prisioneros, cuya defensa ejercía ante los tribunales de justicia, y la confirmación de que Masetti y Hermes Peña estaban muertos. Es una derrota de la revolución latinoamericana pero Guevara la siente como una derrota personal.

En febrero se traslada a Dar Es Salaam, Tanzania, y en un discurso descubre el verdadero sentido de su vertiginosa gira africana:

"Después de completar mi gira por siete países africanos", dice, "estoy convencido de que es posible un frente común de lucha contra el colonialismo, el imperialismo y el neocolonialismo."

El 19 de febrero, el Che toma el avión para dirigirse a El Cairo. Allí vuelve a encontrar a uno de los jefes de la rebelión del Congo, Gastón Soumialot, al que ha conocido dos años antes en un avión que atravesaba el África. Soumialot es un campesino de cuarenta y cinco años que lleva catorce luchando junto a los nacionalistas congoleños. Tiene una leyenda, se dice que pertenece a la misma tribu que Lumumba, pero no es verdad. En cambio es verdad que ha acompañado a Lumumba en sus campañas políticas, que es uno de los agitadores más eficaces en su tierra y que últimamente pasó varios años en distintos presidios. En septiembre de 1964, Soumialot ha proclamado una República Popular del Congo, con capital en Stanleyville. En ese gobierno ocupa el cargo de ministro de Defensa.

Soumialot va y viene a El Cairo, donde el gobierno revolucionario del Congo tiene una sede en el barrio de Zamalek, el distrito diplomático de la capital egipcia. En esa mansión se reúne el Consejo Superior de la Revolución bajo la dirección de un *buró* cuyo presidente es Soumialot, y sus dos vicepresidentes son Pierre Mulele y Laurent Kabila. Justamente, Mulele es quien dirige la lucha armada en la zona de Leopoldville y Kasai, mientras Kabila es el jefe de la insurrección en Katanga y Kivu. Tienen un concepto de la guerrilla muy similar al de Guevara: como carecen de cuadros políticos en las ciudades, su plan es crear un verdadero ejército en los campos. Las ciudades caerán a su debido tiempo, sin apuro.

Guevara experimenta verdadera simpatía por la revolución africana y en enero de 1961 sintió, sin duda, como una pérdida no sólo política el asesinato de Patrice Lumumba. Los revolucionarios cubanos han llevado el nombre de Lumumba a la categoría de símbolo, y es una figura cuyo rostro sufrido y su trayectoria se conocen en toda la isla.

Guevara y Soumialot se intercambian invitaciones recíprocas. A conocer Cuba, donde la revolución está en el poder. A luchar en el Congo, donde la revolución es una quimera y donde la división política se complica con el fraccionamiento y la oposición tribal.

El 24 de febrero de 1965, Guevara interviene en las sesiones del Segundo Seminario Económico Afro-Asiático, que se reúne en Argel. Reivindica el derecho de Cuba para hablar en una reunión de pueblos africanos y asiáticos, y afirma que "al ataque del imperialismo norteamericano contra Vietnam o el Congo debe responderse suministrando a esos países hermanos todos los instrumentos de defensa que necesiten y dándoles toda nuestra solidaridad sin condición alguna".

¿Pensó, acaso, en que él mismo podría combatir junto a los guerrilleros del Congo? Es dudoso, aunque no imposible.

Vuelve a El Cairo, al comenzar marzo de 1965, y reanuda sus conversaciones con los rebeldes del Congo. Advierte que hay entre ellos desacuerdos que, en el fondo, revelan las discrepancias subterráneas entre chinos y soviéticos sobre la táctica a aplicar en el África. Nasser lo invita a visitar las obras de la represa de Asuán, un prodigio de la ingeniería soviética asociada con el trabajo árabe. Es la última escala de la gira que comenzó en

Moscú, continuó en Nueva York y se prolongó en seguida por buena parte de África.

Llega el 14 de marzo a La Habana, donde la bienvenida es sencilla, aunque lo recibe la plana mayor del gobierno. Fidel Castro, el presidente Osvaldo Dorticós, los dirigentes políticos Carlos Rafael Rodríguez y Emilio Aragonés, y varios ministros. Está también su esposa, que espera el nacimiento de un niño, su amigo Roca, que apenas alcanza a saludarlo, porque Guevara sale disparado en el auto de Castro.

Roca recién puede reunirse con él dos días después. Ha estado conversando, le explica el Che, durante cerca de cuarenta horas con Castro. Ha rendido un largo informe verbal. ¿Han reñido? Guevara no lo dice. En cambio le pide a Roca que tome a su cargo notificar al padre de Hermes Peña, un viejo campesino, la muerte de su hijo, en la lejana Argentina. Roca acepta, pero en seguida se retracta: le falta valor, confiesa. Guevara le contesta que lo hará él mismo.

Roca debe partir, y el Che le anuncia que escribirá una carta para su madre, en Buenos Aires. En dos carillas, redacta unas líneas que son la información más completa sobre la conferencia a puerta cerrada con Castro, que les ha tomado tantas horas.

Guevara anuncia a su madre que se dispone a abandonar la conducción revolucionaria de Cuba, que se propone trabajar durante treinta días en el corte de caña que, después, irá a una fábrica por cinco años, para estudiar desde adentro el funcionamiento de una de las tantas industrias que ha dirigido desde la cima.

¿Realmente, lo creyó posible en ese momento?

Puede ser, porque el Che siempre tuvo con su madre una relación nada convencional, llena de complicidades. Fue Celia una buena camarada, físicamente disminuida, como él, por el asma, y formada, como él, en la rebeldía y la frecuentación de la literatura política de izquierda.

Pero la carta contiene además otro elemento de

sugestiva importancia para analizar el período oscuro y decisivo de la existencia del Che.

También le indica que ella no deberá viajar a Cuba por ningún motivo.

¿Teme algo? ¿O se propone abandonar el país a pesar de que unos renglones antes ha dicho que se quedará cortando caña y dirigiendo fábricas?

La carta del Che, escrita el 16 de marzo de 1965 fue entregada por el portador al cabo de un viaje por Europa, el 13 de abril.

Celia me llamó a su casa cuando la recibió, y me pidió que la leyera. Era nuestra costumbre con la cartas del Che, desde hacía muchos años. Quedé tan perplejo como ella, pero en seguida se sobrepuso y me preguntó si podíamos contar con un correo de confianza que llevara su respuesta personalmente a La Habana. Esos días debía partir, precisamente, un líder sindical que había ido invitado a la celebración del Primero de Mayo en Cuba. Le dije que iba a dársela a él y le pareció bien. Entonces se puso a escribir una carta cuyo texto es el que sigue, y que se publica ahora por primera vez:

Buenos Aires, abril 15, 1965

Mi querido:

¿Mis cartas te suenan extrañas? No sé si hemos perdido la naturalidad con que nos hablábamos o si nunca la hemos tenido y nos hemos hablado siempre en ese tono levemente irónico que practicamos los que vivimos a las dos orillas del Plata, agravado todavía por nuestro propio código familiar aún más cerrado.

El caso es que siempre una gran inquietud me ha hecho abandonar el tono irónico y ser directa. Parece que es entonces cuando mis cartas no se entienden y se vuelven extrañas y enigmáticas.

En este tono diplomático adoptado en nuestra correspondencia tengo yo también que leer entre líneas el significado oculto e interpretar. He leído tu última carta como leo las noticia publicadas en *La Prensa* o *La Nación* de Buenos Aires, desentrañando o tratando de hacerlo, el verdadero significado de cada frase y el alcance de cada una.

El resultado ha sido un mar de confusiones y una intranquilidad y una alarma aún mayor.

No voy a usar lenguaje diplomático. Voy a ser muy directa. Me parece una verdadera locura que habiendo pocas cabezas con capacidad de organización en Cuba, todas éstas se vayan a cortar caña durante un mes, como ocupación principal, habiendo tantos y tan buenos "mocheros" entre el pueblo. Hacerlo como trabajo voluntario, en tiempos normalmente dedicados al descanso o a la distracción, un sábado o un domingo, tiene otro sentido. También lo tiene hacerlo como trabajo principal cuando se trata de demostrar de una manera concluyente la ventaja y la necesidad del uso de las máquinas para el corte, cuando de la cosecha y del monto de toneladas de azúcar conseguidas saldrán las divisas con que contará Cuba.

Un mes es un largo período. Habrá para ello razones que ignoro. Hablando ahora de tu caso personal, si después de ese mes te vas a dedicar a la dirección de una empresa, trabajo desempeñado con cierto éxito por Castellanos y Villegas, me parece que la locura alcanza el absurdo, sobre todo si este trabajo va a ser desempeñado durante 5 años para conseguir entonces un cuadro de verdad.

Como yo conocía tu empeño en no faltar ni un día de tu Ministerio, cuando vi que tu viaje por el extranjero se prolongaba demasiado, mi pregunta era ésta: ¿seguirá siendo Ernesto ministro de Industrias cuando llegue a Cuba? ¿A quién se le ha dado la razón, o la primacía, en la disputa por los motivos que deben de ser causales de la incentivación?

Las preguntas están contestadas a medias. Si te vas a dirigir una empresa es que has dejado de ser ministro. Depende de quién sea nombrado en tu lugar para saber si la disputa ha sido zanjada de un modo salomónico. De todas maneras que te quedes cinco años dirigiendo una fábrica es un desperdicio demasiado grande para tu capacidad. Y no es la mamá la que está hablando. Es una vieja señora que aspira a ver el mundo entero convertido al socialismo. Creo que si hacés lo que has dicho no vas a ser un buen servidor del socialismo mundial.

Si por cualquier razón los caminos se te han cerrado en Cuba, hay en Argelia un señor Ben Bella que te agradecería que le organizaras la economía allí o que le asesoraras en ella, o un señor Nkruma en Ghana a quien le pasaría lo mismo. Sí, siempre serías un extranjero. Parece ser tu destino permanente.

¡Qué carta! ¡Es un plomo! Tengo ganas de romperla, pero irá así. Me encantó recibir tus fotografías familiares. Están todos deliciosos, aunque ninguno de tus hijos me recuerda tu cara o tu expresión. Me alegra saber que se haya cerrado la producción, pues estuve todo el tiempo muy inquieta por Aleida durante su embarazo de este último niño.

Tanto G. como J. se hacen lenguas publicando la belleza de tu amor oculto. Habría querido verla también en fotografía. Tiene un tipo tan exótico y una gracia y una suavidad tan oriental que podría competir en belleza con Florencia, la hija mayor de Roberto, lo que te aseguro es mucho decir.

Me contó J. que quisiste darle una noticia mía y te quedaste con tres palmos de narices porque él ya la sabía por mí. 15 a 0.

Tanto él como G. están muy bien impresionados por el gran tramo recorrido por Cuba hacia la organización.

Pasando a otro tema, creo que ya te conté que Luis y Celia se han separado. Luis quería ir a Cuba para trabajar allí. Es un tipo talentoso. Pero ahora duda porque no sabe bien cómo andarán las cosas en lo futuro. Juan Martín tiene otro varón nuevecito que no ha cumplido el mes.

Sí, siento mucho no poder viajar a Cuba por ahora, y estar a tu lado aunque no fuera más que para decirte todas las mañanas "buen día viejo" y "chau viejo". Esto repetido un día tras de otro, adquiere cierto valor. Habría querido conocer también a Celia y Ernesto chico y escuchar el parloteo de Aliucha. Otra vez será.

Yo no creo en el payaso cósmico. Aunque con lo que hacen los bestias de los americanos, no tengo lugar para un alfiler allí donde sabés. Pero creo que los payasos que queden serán varios y que de algún modo volverán a construir una sociedad más justa, aunque tengan que partir del garrote nudoso y las agrupaciones tribales.

Un abrazo, un abrazo grandote para vos y para los tuyos.

CELIA.

Nunca olvidarse de abrazar a Eliseo de mi parte. Con la Geología Cubana que me mandaste para el doctor Catalano tengo un problema de conciencia, porque es el caso que el Dr. Catalano está con un cargo importante en Minas en el Gobierno de Illia y una sobrina demócrata cristiana que lo maneja de las narices.

Tal vez correspondería ponerle como le puso Beethoven a Napoleón a quien había dedicado su Tercera Sinfonía y luego como no se la podía dedicar, le puso: "Al grande hombre que Ud. ha sido".

La carta de Celia a su hijo corrió un destino extraño, casi mágico. Escrita el 14 de abril con una honda preocupación, marcó también la declinación física definitiva de Celia. Esa medianoche, cuando bajó a abrirme la puerta de la vieja casa donde vivía, apenas pudo subir la escalera, a pesar de que se apoyó en mi brazo; prácticamente terminé llevándola en vilo. Le reproché que no se hiciera atender por un médico, pero ella dijo que se trataba nada más que de fatiga. En realidad, Celia había vivido con la obsesión del cáncer desde casi veinte años antes, cuando debieron operarle un seno, minado por un tumor maligno. Aquella operación había afectado profundamente a Guevara, que comenzaba a estudiar medicina y con una mezcla de ingenuo amor filial y espíritu de investigación levantó un pequeño laboratorio en su casa, donde experimentó durante semanas con cobayos y soluciones de petróleo.

El cáncer libraba ahora su batalla final contra la madre del Che. Y también el destino. Porque el sindicalista que debía partir con su carta quedó eliminado sorpresivamente de la lista de invitados del gobierno cubano. Era peronista, y estas invitaciones, en una instancia última, las consultaba el Partido Comunista argentino, que en muchos casos las vetaba. Éste fue uno de esos casos.

El 30 de abril, Fidel Castro fue a cortar caña, como los demás jefes revolucionarios, y aceptó una entrevista informal con algunos periodistas extranjeros. Todos querían saber dónde estaba el Che, cuya desaparición de los actos públicos y de su despacho ministerial era la comidilla de toda Cuba, y comenzaba a filtrarse al exterior.

"Lo único que puedo decirles", manifestó Castro, "es que siempre el comandante Guevara estará donde sea más útil a la revolución. Creo que su gira por África fue muy provechosa. Estuvo también en China con motivo de la visita de una delegación nuestra. Es polifacético. De una comprensión extraordinaria. Uno de los dirigentes más completos".

Esta declaración, al cabo de un mes de silencio, aumentó la curiosidad por conocer el paradero del Che. Una versión periodística, que afirmaba que Guevara iba a reaparecer el Primero de Mayo en el acto de masas tradicional, no se confirmó.

Pero el 10 de mayo la salud de Celia se agravó seriamente, y fue internada en el Sanatorio Stapler, del aristocrático Barrio Norte de Buenos Aires, donde pocos días después su familia fue cortésmente invitada a que la retirara de allí. Los dueños del sanatorio arguyeron que la presencia de la madre de un jefe comunista podía arruinar la reputación de su negocio.

Fue en esos mismos días cuando el sindicalista que debía llevar la carta a La Habana me la devolvió, en vista de que su viaje no tendría lugar. Avisé a Celia de la contrariedad, y me pidió que la retuviera conmigo, hasta encontrar un nuevo mensajero.

El 16 de mayo, los médicos consideraron inminente la muerte de Celia. Entonces llamé por teléfono a La Habana, y me respondió la esposa del Che, la cubana Aleida, que pareció bastante confundida. Guevara no se encontraba en La Habana, pero estaba dentro de Cuba. Le expliqué que su madre tenía pocas horas de vida, y que buscara el modo de hacérselo saber. Le pareció difícil y le manifesté mi seguridad de que, cualquiera fuera el lugar donde estuviera Guevara, podría llegarse a él por teléfono o radio.

El día 18, Aleida llamó desde La Habana, directamente al sanatorio. Celia estaba casi en coma, pero se incorporó en su lecho como si la hubiera recorrido una corriente eléctrica. Fue una conversación frustrada, a gritos y sin esperanzas. Al mediodía, dirigí un cable:

"Comandante Ernesto Guevara. Ministerio de Industrias. Habana. Tu madre gravísima quiere verte. Te abraza tu amigo. Ricardo Rojo".

Este cable tampoco tuvo respuesta, y el 19 de mayo Celia de la Serna de Guevara murió en Buenos Aires.

Fui uno de los tres oradores fúnebres que despidieron el entierro de Celia. Puedo asegurar que los tres, y muchos amigos comunes, y familiares, nos interrogábamos con los ojos:

¿Dónde diablos está el Che?

Para que Guevara no hubiera respondido al último llamado de su madre tenía, simplemente, que ignorar por completo lo que estaba sucediendo. Aleida decía que estaba en Cuba, y no había derecho a suponer que mentía. Pero, ¿dónde? En un lugar en el que no había teléfono. Pero el 21 de mayo los diarios de La Habana publicaron la noticia de la muerte de la madre del Che. Éste siguió ignorándola. Por lo visto, además de no haber teléfono, tampoco podían leerse diarios.

Creo que Guevara estaba recluido, aunque no preso. Esta reclusión era un acto de disciplina política, porque suponía una larga sesión de autocrítica, perfectamente consentida. De hecho, también respondía a la pregunta de la última carta de su madre: "¿A quién se le ha dado la razón, o la primacía, en la disputa por los motivos que deben ser causales de la incentivación?". Su desaparición contenía la respuesta.

Las reglas de esta reclusión parecen también haber sido fijadas por el propio Guevara, o en todo caso convenidas con Castro de un modo rígido, al extremo de que no fueron vulneradas por un motivo tan digno de atención como la muerte de la madre.

En abril de 1959, al cabo del viaje que Castro realizó por los Estados Unidos, el Che vivió una situación parecida. Consideró que Castro iba a comprometer la marcha de la revolución fiándose de los Estados Unidos, se lo dijo francamente, y se fue con su guardia de hierro personal a la residencia donde vivía. Mientras Castro elaboró esta crisis, Guevara y sus amigos permanecieron encerrados, y sólo salieron cuando el jefe del gobierno revolucionario abandonó esa tentación.

Aquel episodio, ¿cómo calificarlo? ¿Estuvo preso o fue una obstinación que trasplantada al campo político le dio la victoria? ¿Fue, la de 1965, una decisión semejante?

Por los datos que poseo, el enclaustramiento del Che se prolongó entre el 20 de marzo y el fin de julio de 1965, cuando salió de Cuba hacia el Congo, vía El Cairo.

En junio, mientras Guevara continuaba su aislamiento autocrítico, el jefe de la revolución argelina fue derrocado. La caída de Ben-Bella sacudió al régimen cubano, y puso en urgente revisión toda la diplomacia de alianzas africanas que Guevara había construido en su recorrida fulminante de comienzos del año. La revolución africana, según entendieron los cubanos, se iba a pique, con el casco atravesado por el neocolonialismo. Y Guevara tomó la grave responsabilidad de marchar al centro del continente negro para colaborar personalmente en la rebelión y mantener la revolución a flote.

Este episodio argelino tuvo una importancia básica en los pasos que Guevara dio desde el momento que inició su análisis político separado de todo el mundo. Debe juzgárselo juntamente con las cartas que Fidel Castro dio a conocer el 3 de octubre de ese año, en las que Guevara renuncia a la ciudadanía cubana, al cargo de ministro y al grado de comandante.

Dichas cartas, según la versión del propio Castro, le fueron entregadas por Guevara el 1º de abril, si bien no tienen fecha escrita.

"No fue puesta la fecha", declaró Castro, el 3 de octubre, "puesto que esta carta era para ser leída en el momento en que lo considerásemos más conveniente, pero ajustándonos a la estricta realidad, fue entregada el primero de abril de este año, hace, exactamente seis meses y dos días".

Aunque muchos dudaron de esta afirmación del jefe de la Revolución Cubana, sin duda era exacta, como puede deducirse de otra de las cartas, la dirigida a sus padres. Ésta tampoco fue fechada al escribirse, pero el hecho de que Guevara la dirigiera, en plural, a sus padres, revela que la escribió antes del 20 de mayo, cuando murió su madre.

En cierto modo, las tres cartas pusieron término al período más riguroso de la autocrítica del Che, comprendido entre el 17 de marzo y el 30 de abril de 1965.

¿Cuál es el balance de este período de revisión de las posiciones políticas, en el que Fidel Castro discute con él cada punto en litigio?

La lectura de las cartas revela que Guevara cambia la idea con la que retornó a Cuba, en cuanto a volver a las bases y trabajar en el corte de caña y en la dirección de fábricas, porque Castro lo persuadió de que este comportamiento no podría disimular el conflicto que había estallado entre los dos. Enfrentado con su propio criterio sobre la dirección revolucionaria, el Che, como los viejos bolcheviques, prefirió renunciar antes que convertirse voluntariamente en un antagonista del gobierno socialista. Estuvo a un paso de convertirse en otro Trotsky, pero para algo había leído detenidamente las reflexiones de otros bolcheviques contemporáneos de aquél: cuando está en juego la suerte del gobierno revolucionario, los puntos de vista de los individuos pasan a segundo lugar.

Guevara comprendió que no podía ni debía perjudicar la estatura de Fidel Castro como gobernante, y que en el instante en que sus divergencias con él habían llegado al choque abierto, era cuando más debía fortalecerlo. También entendió que no podía permanecer en la isla, despojado de sus cargos, porque esto resultaría de enorme perjuicio para el prestigio internacional de la revolución. Su destino era partir, sólo se trataba de elegir el mejor momento.

La carta del Che a Fidel Castro es la que sigue:

Habana,

Año de la agricultura.

Fidel:

Me acuerdo en esta hora de muchas cosas, de cuando te conocí en la casa de María Antonia, de cuando me propusiste venir, de toda la tensión de los preparativos.

Un día pasaron preguntando a quién se debía avisar en caso de muerte y la posibilidad real del hecho nos golpeó a todos. Después supimos que era cierto que en una revolución se triunfa o se muere (si es verdadera). Muchos compañeros quedaron a lo largo del camino hacia la victoria.

Hoy todo tiene un tono menos dramático porque somos más maduros, pero el hecho se repite. Siento que he cumplido la parte de mi deber que me ataba: la revolución cubana en su territorio y me despido de ti, de los compañeros, de tu pueblo, que ya es mío.

Hago formal renuncia de mis cargos en la dirección del partido, de mi puesto de ministro, de mi grado de comandante, de mi condición de cubano. Nada legal me ata a Cuba, sólo lazos de otra clase que no se pueden romper como los nombramientos.

Haciendo un recuento de mi vida pasada creo haber trabajado con suficiente honradez y dedicación para consolidar el triunfo revolucionario. Mi única falta de alguna gravedad es no haber confiado más en ti desde los primeros momentos de la Sierra Maestra, no haber comprendido con suficiente celeridad tus cualidades de conductor y de revolucionario. He vivido días magníficos y sentí a tu lado el orgullo de pertenecer a nuestro pueblo en los días luminosos y tristes de la crisis del Caribe. Pocas veces brilló más alto un estadista que en esos días; me enorgullezco también de haberte seguido sin vacilaciones, identificado con tu

206

manera de pensar y de ver y apreciar los peligros y los principios).

Otras tierras del mundo reclaman el concurso de mis modestos esfuerzos. Yo puedo hacer lo que te está vedado por tu responsabilidad al frente de Cuba y llegó la hora de separarnos.

Sépase que lo hago con una mezcla de alegría y dolor; aquí dejo lo más puro de mis esperanzas de constructor y lo más querido entre mis seres queridos... y dejo un pueblo que me admitió como un hijo; eso lacera una parte de mi espíritu. En los nuevos campos de batalla llevaré la fe que me inculcaste, el espíritu revolucionario de mi pueblo, la sensación de cumplir con el más sagrado de los deberes; luchar contra el imperialismo dondequiera que esté. Esto reconforta y cura con creces cualquier desgarradura.

Digo una vez más que libero a Cuba de cualquier responsabilidad, salvo la que emane de mi ejemplo. Que si me llega la hora definitiva bajo otros cielos mi último pensamiento sea para este pueblo y especialmente para ti. Que te doy las gracias por tus enseñanzas y tu ejemplo, y que trataré de ser fiel hasta las últimas consecuencias de mis actos. Que he estado identificado siempre con la política exterior de la revolución y lo sigo estando. Que en donde quiera que me pare sentiré la responsabilidad de ser revolucionario cubano y como tal actuaré. Que no dejo a mis hijos y mi mujer nada material y no me apena; me alegra que así sea. Que no pido nada para ellos, pues el Estado les dará lo suficiente para vivir y educarse.

Tendría muchas cosas que decirte a ti y a nuestro pueblo, pero siento que son innecesarias. Las palabras no pueden expresar lo que yo quisiera y no vale la pena borronear cuartillas. Hasta la victoria siempre. Patria o Muerte.

Te abraza con todo fervor revolucionario.

CHE

Las otras dos cartas, una para sus padres, y otra para sus hijos, muestran la compleja personalidad del Che, el cariño insuficientemente expresado hacia los padres, y la ternura por los hijos, perjudicada por su trabajo político y por sus giras fuera de Cuba.

Los textos de dichas cartas se publican a continuación:

A mis padres.

Queridos viejos:

Otra vez siento bajo mis talones el costillar de Rocinante; vuelvo al camino con mi adarga al brazo.

Hace de esto casi diez años, les escribí otra carta de despedida. Según recuerdo, me lamentaba de no ser mejor soldado y mejor médico; lo segundo ya no me interesa, soldado no soy tan malo.

Nada ha cambiado en esencia, salvo que soy mucho más consciente, mi marxismo está enraizado y depurado. Creo en la lucha armada como única solución para los pueblos que luchan por liberarse y soy consecuente con mis creencias. Muchos me dirán aventurero, y lo soy; sólo que de un tipo diferente y de los que ponen el pellejo para demostrar su verdades. Puede ser que ésta sea la definitiva. No lo busco pero está dentro del cálculo lógico de probabilidades. Si es así, va mi último abrazo.

Los he querido mucho, sólo que no he sabido expresar mi cariño; soy extremadamente rígido en mis acciones y creo que a veces no me entendieron. No era fácil entenderme, por otra parte, créanme, solamente, hoy.

Ahora, una voluntad que he pulido con delectación de artista, sostendrá unas piernas flácidas y unos pulmones cansados. Lo haré.

Acuérdense de vez en cuando de este pequeño condottiere del siglo XX. Un beso a Celia, a Roberto, Ana María y Pototín, a Beatriz, a todos. Un gran abrazo de hijo pródigo y recalcitrante para ustedes.

ERNESTO

A mis hijos.

Queridos Hildita, Aleidita, Camilo, Celia y Ernesto:

Si alguna vez tienen que leer esta carta será porque yo no esté entre ustedes.

Casi no se acordarán de mí y los más chiquititos no recordarán nada.

Su padre ha sido un hombre que actúa como piensa y, seguro, ha sido leal a sus convicciones.

Crezcan como buenos revolucionarios. Estudien mucho para poder dominar la técnica que permite dominar la naturaleza. Acuérdense que la revolución es lo importante y que cada uno de nosotros, solo, no vale nada.

Sobre todo, sean siempre capaces de sentir en lo más hondo cualquier injusticia cometida contra cualquiera en cualquier parte del mundo. Es la cualidad más linda de un revolucionario.

Hasta siempre hijitos, espero verlos todavía. Un beso grandote y un abrazo de

PAPÁ

La salida del Che hacia el África fue una maniobra cuidadosamente preparada por la G2, el organismo de seguridad política cubana, bajo la dirección del comandante Manuel Piñeyro, popularmente conocido como "Barbarroja". En julio de 1965, cuando Guevara se disponía a viajar a El Cairo, los cubanos encontraron la forma de introducir un "informe secreto" en la oficina del presidente de la junta militar de la República Dominicana, general Antonio Imbert Barrera. Según este "informe", el Che había llegado a Santo Domingo el mismo día que estalló el movimiento militar, en abril de ese año, anotándose en el Hotel Embajador con el nombre falso de Oscar Ortiz. Posteriormente, se había trasladado al Hotel Comercial, en el sector del coronel Francisco Caamaño, y en esos días perdió la vida durante un encuentro callejero. A pesar de que la versión no resistía el menor análisis, y de que ningún huésped con ese nombre se había inscripto en ninguno de los hoteles mencionados, el general Imbert pasó varias semanas convencido de que el Che había muerto en su país, y distrajo así el interés mundial.

En ese mismo momento, sin embargo, Guevara completaba su traslado al Congo.

En el Congo luchaban los contingentes armados de Mulele y Soumialot contra los mercenarios blancos de Moise Chombe, en cuya fuerza figuraba una constelación de nacionalidades, incluyendo un bien entrenado equipo de aviadores cubanos anticastristas.

Soumialot había dicho poco antes:

—No tenemos ninguna condición que formular, para cesar nuestros combates, porque ellos son nuestra lucha revolucionaria. Y esta lucha no cesará jamás, a pesar de los bombarderos norteamericanos, de los carros de asalto y de las bombas de napalm.

Guevara llegó a Brazzaville, donde se encontró con el presidente Masemba-Debat, el mismo que lo había recibido oficialmente al comenzar el año. Había ya cierto número de cubanos contribuyendo a organizar una fuerza militar suficientemente preparada para resistir con éxito las embestidas de las columnas de criminales europeos y norteamericanos conocidos como "mercenarios". Durante las semanas siguientes, otros cubanos se sumaron a su equipo, aunque jamás su número alcanzó a los miles que fantasiosamente describieron algunos periodistas. En el momento más importante de la colaboración cubana, sus hombres no llegaron a dos centenares, en su mayoría instructores de batallones paramilitares.

La presencia del Che en el Congo parece explicarse por la posición intermedia adoptada por Cuba en el diferendo soviético-chino, por lo menos en la interpretación de los métodos revolucionarios. En 1965, los cubanos comenzaron a desarrollar la teoría de que se situaban junto a la Unión Soviética en cuanto a las relaciones entre Estados, y junto a China en todo lo relativo a la guerra popular. Esta intermediación era, de suyo, sumamente dificultosa de llevar a cabo, y en la práctica se convirtió en un peligroso ejercicio de tirar y aflojar. La posición espectacular de Cuba dentro del mundo socialista era, naturalmente, un gran instrumento de presión sobre los rusos, pero éstos podían devolver dicha presión multiplicada por la silenciosa vía de sus contribuciones económicas.

El Che vivió algo menos de nueve meses en el Congo, y participó en varios combates, especialmente cuando se trató de enfrentar a los bien pertrechados mercenarios blancos. Sin embargo, lo perturbó hondamente un rito tribal, según el cual los triunfadores devoran el corazón de los guerreros enemigos muertos, al finalizar el combate. El sentido de este rito es que el vencedor trasvasa a su propio espíritu el temple del guerrero muerto, y eleva entonces su capacidad de lucha. Pero el espectáculo fue, sin duda, sumamente violento para hombres que, como Guevara, proceden de sociedades mucho más adelantadas.

En febrero de 1966, Guevara envía desde Brazzaville una carta a su hija mayor, Hilda, que cumple diez años. Éste es su texto:

Febrero 5.

Hildita querida:

Hoy te escribo, aunque la carta te llegará bastante después; pero quiero que sepas que me acuerdo de ti y espero que estés pasando tu cumpleaños muy feliz. Ya eres casi una mujer y no se te puede escribir como a los niños, contándoles boberías y mentiritas.

Has de saber que sigo lejos y estaré mucho tiempo alejado de ti, haciendo lo que pueda para luchar contra nuestros enemigos. No es que sea gran cosa, pero algo hago y creo que podrás siempre estar orgullosa de tu padre como yo lo estoy de ti.

Acuérdate que todavía faltan muchos años de lucha y aún cuando seas mujer tendrás que hacer tu parte en la lucha. Mientras hay que prepararse, ser muy revolucionaria, que a tu edad quiere decir aprender mucho, lo más posible, y estar siempre lista a apoyar las causas justas. Además, obedecer a tu mamá y no creerte capaz de todo antes de tiempo. Ya llegará eso.

Debes luchar por ser de los mejores en la escuela. Mejor

en todo sentido; ya sabes lo que quiere decir: estudio y actitud revolucionaria, vale decir, buena conducta, seriedad, amor a la revolución, compañerismo, etcétera.

Yo no era así cuando tenía tu edad, pero estaba en una sociedad distinta, donde el hombre era enemigo del hombre. Ahora tú tienes el privilegio de vivir otra época y hay que ser digno de ella.

No te olvides de dar una vuelta por la casa para vigilar los otros críos y aconsejarles que estudien y se porten bien, sobre todo a Aleidita, que te hace mucho caso como hermana mayor.

Bueno vieja, otra vez, que lo pases muy feliz en tu cumpleaños. Dale un abrazo a tu mamá y a Gina y recibe tú uno grandote y fortísimo que valga por todo el tiempo que no nos vemos, de tu

PAPÁ

Aunque el 15 de febrero de 1966 Guevara suponía que permanecería en el Congo, "mucho tiempo", sus días allí estaban a punto de terminar poco después.

La conclusión de la misión de Guevara en Brazzaville fue indudablemente una consecuencia de la tirantez que existía entre Moscú y Pekín, y del modo que ésta se reflejaba entre los comandos guerrilleros del Congo. La política de mediación entre la URSS y China atravesó un momento espectacular durante la Conferencia de La Habana, más conocida como Tricontinental, que se celebró en enero de 1966. Los soviéticos procuraron aproximarse, al menos en las fórmulas, a las tesis de los chinos sobre la lucha armada. Y Fidel Castro contrastó los apoyos "verbales" con los apoyos "concretos" que reciben los revolucionarios, lo que fue escuchado por los cientos de delegados como un respaldo a los rusos y un reproche a los chinos.

Los chinos dejaron La Habana con serias prevenciones sobre la posición cubana, pues la delegación castrista incluyó el concepto de coexistencia pacífica en la redacción de la declaración final, que fue aprobada por mayoría de votos, contra la minoría de aliados de Pekín. Este enfriamiento se ahondó la primera semana de febrero de 1966, cuando Castro denunció públicamente la existencia de una conspiración de los chinos para subvertir el ejército de Cuba. El gobierno cubano calificó con estas palabras la distribución de material chino antisoviético entre los cuadros del Ejército, y los chinos bloquearon un embarque de arroz que habían prometido a Cuba.

Esta crisis en las relaciones de Pekín y La Habana repercutió enseguida sobre la permanencia de Guevara en el Congo. Es difícil establecer el orden en que se produjeron los acontecimientos, porque virtualmente ninguno de los que puede hacerlo ha hablado sobre el asunto. Existe una opinión, según la cual los chinos pidieron a Soumialot y a Mulele, sus principales aliados en el Congo, que invitaran a los cubanos a abandonar la lucha en África. Otra opinión, en cambio, sostiene que fueron los soviéticos quienes recomendaron a Castro que retirara su delegación militar en el Congo. Estas hipótesis llegan a combinarse en otra explicación, según la cual, Soumialot, a la sazón residente en El Cairo, hizo saber a Castro que debía ordenar a Guevara el inmediato abandono de Brazzaville, porque en caso de no hacerlo él mismo denunciaría públicamente su presencia allí, desatando un escándalo internacional.

Guevara se negó, en el primer momento, a dejar África. El emisario que le llevó la comunicación de Fidel Castro fue el mismo que condujo a La Habana la carta a su hija Hilda, antes transcripta.

Pero la presión de Soumialot aumentó, y a fines de febrero viajaron a El Cairo, y desde allí a Brazzaville, dos hombres de entera confianza de Fidel Castro, y también amigo del Che; el comandante Emilio Aragonés, figura de primera fila en los organismos del gobierno cubano, y el comandante Drake, miembro del Ejército.

Aragonés y Drake transmitieron la situación que se había creado, y la necesidad de cumplir las órdenes de La Habana sin discutir y de inmediato. Otra vez, la suerte de Cuba estaba en juego. En marzo de 1966, Guevara y sus íntimos colaboradores en la guerra de guerrillas abandonaron el territorio del Congo, después de casi nueve meses de estadía. Tan secretamente como habían llegado.

9. PASIÓN Y MUERTE EN BOLIVIA

Abandonado por un pueblo, un pu-
ñado de héroes puede llegar a pare-
cer, a los ojos de los indiferentes y de
los infames, un puñado de bandi-
dos.

JOSÉ MARTÍ, 1880.

La revolución nacionalista de Bolivia, que vimos nacer con Guevara en 1953, estaba agonizando al termi-nar 1964. Asediada por las dificultades, rodeada por gobiernos en general hostiles a sus experimentos de re-forma agraria y nacionalización minera, sucesivos perío-dos gubernamentales soportaron crónicamente las ame-nazas de los enemigos políticos y el disgusto de los amigos proletarios. La asfixia geográfica, la caída de los precios mundiales de su único producto de exportación —el es-taño—, el envilecimiento incontenible de la moneda, arrastraron a la ruina al régimen reformista.

Durante ese año, que marcó el fin del gobierno nacionalista, se registró un notable fenómeno político, del que nadie ha sacado las conclusiones debidas. En el mes de mayo, aparecieron en la provincia de Santa Cruz, en la región oriental limítrofe con Brasil, contingentes de guerrilleros muy bien armados. Esta guerrilla ataca-ba puestos policiales y fronterizos, incendiaba plantacio-nes de caña y se desplazaba con extraordinaria habili-dad en una región cubierta por vegetación salvaje. Podía confundirse con una guerrilla a la manera castrista, y de hecho copiaba todas las tácticas de ésta, pero la guerri-lla boliviana, en 1964, estaba formada por hacendados y adherentes de un pequeño y activo partido fascista, la Falange Boliviana. El organizador de las guerrillas fue un propietario agrícola, de origen alemán, que en su finca llegó a reunir unos ochenta hombres, con los que desencadenó las acciones. El efecto de esta actividad guerrillera fue, naturalmente, ante todo político. Los diarios de Bolivia y del exterior se ocuparon del asunto, y lo presentaron como una prueba del descontento reinante en el país. El Ejército, por su parte, se abstuvo de enfrentar a los guerrilleros, a pesar de contar con un destacamento de especialistas en la lucha contra las guerrillas, entrenados por la misión militar de los Estados Unidos. Pero estos *rangers*, naturalmente, no habían sido preparados para luchar contra las guerrillas en general, sino contra las guerrillas revolucionarias en particular. De manera que una "guerrilla" destinada a liquidar la reforma agraria no podía temer de los *rangers*, y así sucedió en Bolivia.

Aquellas "guerrillas" en los campos y la oposición en las ciudades giraban sobre el mismo eje: los oficiales más derechistas del Ejército. Éste, al cabo de un período de disolución violenta y de reemplazo por las milicias obreras y campesinas, había reaparecido. El día que los dos brazos de la tijera hicieron presión simultánea, el gobierno nacionalista cayó. Fue el 4 de noviembre de 1964, menos de seis meses después de que la extraña guerrilla fascista hiciera su aparición.

Al día siguiente, los guerrilleros recuperaron su verdadero rostro, y convertidos otra vez en soberbios terratenientes pretendieron apropiarse de la tierras que habían pertenecido a sus abuelos o a sus padres. Entonces comenzó a ejercerse un duro gobierno militar, que convirtió la deportación, el confinamiento en la selva, la movilización obrera mediante la puesta bajo bandera de los huelguistas, en los medios normales del poder. Pero este gobierno habitualmente brutal fue sin embargo de una extremada cautela en cuanto al régimen de propiedad de la tierra. Los ex guerrilleros fascistas fueron desanimados por distintos medios, las leyes reformistas conservaron su vigencia y el campesinado boliviano permaneció en calma. Mediante una hábil persistente demagogia, el campesinado fue sintiéndose poco a poco protegido por el gobierno militar y, en los resultados, estuvo dispuesto a enfrentarse con las armas en la mano a los mineros, la vanguardia de la oposición.

Desde noviembre de 1964, el gobierno militar no hizo otra cosa que ensanchar sus bases de apoyo entre los campesinos. El presidente, un dinámico general de aviación, René Barrientos, nacido en un caserío de poca importancia, hablaba los dos idiomas de los indígenas del país, el aimará y el quichua. Con estos elementos de comunicación, y una persuasiva táctica de aproximación, unida a la distribución de elemental maquinaria agrícola, Barrientos podía decir sin jactancia, en 1966, que su poder descansaba no solamente en el Ejército sino también en los campesinos.

En marzo de 1966, Guevara regresó calladamente a Cuba, después de su temporada en el Congo. Volvió con la salud más quebrantada y con un amargo triunfo que no podía, ciertamente, capitalizar más que en su conciencia. El Che estaba convencido de que su salida del Congo era una maniobra de la diplomacia soviética y que Moscú había pactado con Washington las líneas generales de la política africana. En estas líneas, por supuesto, no quedaba ningún lugar para el guerrillero Guevara, y los rusos se lo hicieron saber a Fidel Castro. De manera que las peores sospechas de Guevara, las que había discutido largamente con Fidel Castro al terminar su gira en marzo de 1965, encontraron una nueva confirmación.

Fue entonces cuando el Che decidió volver a su viejo sueño de alzar los pueblos de la parte sur de América Latina, haciendo pie en Bolivia, en el norte argentino o en el sur del Perú.

La operación era la misma, esencialmente, que su amigo Masetti había llevado al fracaso en 1964. Guevara estudió los informes sobre la Argentina, el Perú y Bolivia. En Buenos Aires, continuaba el gobierno del pacífico médico centrista Arturo Illia, y aunque la situación comenzaba a cargarse de amenaza, el clima no parecía propicio para repetir allí la tentativa de Masetti. En Perú, un equilibrista gobierno civil, no dictatorial, se había mostrado especialmente activo en la represión de las guerrillas, y los principales líderes insurrectos estaban muertos o en la prisión.

Quedaba Bolivia. El gobierno militar podía fragmentarse en cualquier momento, y en las minas reinaba la agitación. Ésta era, en síntesis, la apreciación sobre el momento que habían transmitido a La Habana jóvenes agitadores de minúsculos agrupamientos izquierdistas, todos ellos enfrentados a muerte con el Partido Comunista boliviano. El mismo PC coincidía con muchos puntos del análisis, y Guevara dedujo que si, manifestando identidad con el examen, el PC rechazaba la acción violenta, esto debía tomarse como una prueba más de la dependencia de la dirección del partido, de las instrucciones de Moscú.

Lo que aparentemente nadie destacó fue el apoyo de los campesinos al gobierno militar, aunque no es difícil que se lo haya mencionado, puesto que el reclutamiento de guerrilleros se hizo dentro de los rebeldes cuadros mineros y entre los hombres sin trabajo de las ciudades. En este caso, parece haber merecido escaso análisis el problema de las condiciones físicas, ya que los mineros, nacidos en el altiplano o en los valles, iban a encontrar dificultades insalvables al descender a la región tropical.

En materia de errores, Guevara tuvo un histórico antecedente en la funesta equivocación de Lenin, cuando envió al Ejército Rojo a combatir en Polonia, en 1920. También Lenin contó con informes incompletos y optimistas, también él fue seducido por los pronósticos de los exiliados comunistas polacos residentes en Moscú, también él olvidó que el pueblo polaco, al que quería ayudar a liberarse, poseía fuertes ingredientes nacionalistas. Lenin movilizó cientos de agitadores contra Pilsudski, se autoconvenció de que los campesinos y los obreros polacos se sumarían al Ejército Rojo y mantuvo en sesión permanente al Segundo Congreso de la Internacional Comunista, con la idea de que podría anunciarles, de un día para otro, el establecimiento de un gobierno comunista en Varsovia. Sin embargo, los polacos aplastaron la ofensiva militar de dos indudables talentos militares —Tujachevski y Budienni—, y cuando los soviéticos creían encontrarse a un paso de Varsovia debieron retroceder desordenadamente hasta Minsk.

Al margen de un buen número de diferencias importantes, la aventura de Lenin en Polonia se parece bastante a la de Guevara en Bolivia. En lo principal, ambas operaciones revelan que no solamente el análisis político se efectuó un poco a la ligera, sino también que la preparación militar adoleció de graves defectos.

La organización de la guerrilla en Bolivia fue realizada de completo acuerdo entre el Che y Fidel Castro. Para éste, atizar los movimientos de liberación en el continente resultaba ahora de evidente necesidad, sobre todo porque la política de apaciguamiento soviético estaba, contra todas las presunciones, sofocando realmente los movimientos guerrilleros, comenzando por el más poderoso de ellos, el de Venezuela.

La independencia política y económica de Cuba volvía ahora a demostrarse con una conexión íntima al movimiento de liberación latinoamericana, y si éste decaía aquélla se alejaba. Esta interrelación fue, sin duda, la que alentó a los cubanos a comprometerse resueltamente en el centro mismo de la América del Sur.

Hubo por lo menos una reunión plenaria en la que todos los miembros de la expedición secreta discutieron los detalles con Guevara y con Fidel Castro.

—Si llegan a adaptarse al medio, triunfarán —les dijo entonces Castro, que no desconocía las difíciles condiciones en las que les tocaría combatir.

Lenin había corrido la aventura polaca para que la Alemania capitalista tuviera por fin una frontera con el socialismo; su obsesión era aproximar las fronteras de

Rusia al centro de Europa. Guevara y Castro también buscaban una frontera latinoamericana para Cuba, una frontera socialista más cercana que los Urales.

El corazón de la guerrilla del Che se formó con dieciséis hombres, en su mayoría veteranos de la famosa columna Ciro Redondo, que Guevara comandó durante la guerra contra Batista, y que libró la decisiva batalla de Santa Clara, en 1958. Estos hombres estaban fundidos sobre los moldes humanos y militares forjados por el Che y, sin ninguna duda, lo seguirían hasta el infierno si él lo creyera conveniente.

El contingente se distribuyó en cuatro grupos para llegar a Bolivia. Poseían documentos de identidad falsos, extendidos en dos casos por autoridades del Uruguay, en siete por las de Panamá, en siete por las de Ecuador y en dos por las de Colombia. La diferencia entre el número de personas y el de pasaportes se explica porque algunos utilizaron más de un documento, o tenían preparado otro para casos de apremio.

Por lo menos seis ostentaban el grado de comandante del Ejército cubano, y en varios casos también cargos de importancia política. Juan Vitalio Acuña Núñez, por ejemplo, era miembro del comité central del Partido Comunista cubano y fue uno de los primeros campesinos que se unió a Castro, en la guerra revolucionaria. Orlando Pantoja Tamayo había trabajado como ayudante del comandante Ramiro Valdés cuando éste dirigía la G2, policía política, antes de ocupar el cargo de ministro del Interior. Eliseo Reyes Rodríguez era una de las auténticas glorias de la guerrilla cubana, a la que se había incorporado a los dieciséis años de edad y donde obtuvo el rango de capitán durante la famosa marcha entre la Sierra Maestra y Las Villas. En 1959, Reyes Rodríguez, al que llamaban "San Luis" por haber nacido en esa población del oriente de Cuba, tenía una cabellera enrulada y carecía de barba; en 1966 pertenecía también al comité central del Partido Comunista de la isla. Otro comandante era Gustavo Machín, que durante un período se desempeñó en el Ministerio de Industrias, con el rango de viceministro. También había pertenecido al aparato administrativo Jesús Cayol y el comandante Alberto Sánchez, que llegó alguna vez a ocupar la Dirección de Minas de Cuba, por orden del Che.

Otros eran ante todo típicos "hombres de acción", como Daniel Alarcón Ramírez, que fue el ametralladorista de la columna de Camilo Cienfuegos cuando apenas tenía dieciocho años, o Harry Villegas Tamayo, que a los veinte años había sido escolta del Che. Algunos dejaban familias numerosas y puestos oficiales estables en Cuba. Tal el caso de Leonardo Tamayo Núñez, padre de siete hijos pequeños, que en 1961 integraba el staff cubano en la Conferencia Económica de Punta del Este, Uruguay.

El comandante Pantoja Tamayo y dos hombres más llegaron a Bolivia desde el Perú, adonde aquel había estado, en 1963, cuando las guerrillas campesinas de Hugo Blanco actuaban en el valle del Cuzco. En aquella ocasión, su misión había sido comprobar sobre el terreno la magnitud real de aquella guerrilla, sistemáticamente desestimada por los comunistas peruanos, que le atribuían —lo que era sin duda cierto— ideología trotskista a su jefe. Ahora, la misión de Pantoja era averiguar qué quedaba de aquella fuerza, y qué colaboración podía obtenerse de sus sobrevivientes. A comienzos de agosto de 1966, Pantoja y tres compañeros llegaron a Cochabamba, por medios normales de transporte.

En la segunda semana de agosto, el Che entró en Bolivia, con otro compañero. Había salido de La Habana en un vuelo regular de *Iberia,* la compañía española de aeronavegación, hizo escala en Madrid y de allí siguió a San Pablo, Brasil. Siguió viaje por ómnibus hasta Corumbá, donde cruzó a Puerto Suárez, en territorio boliviano, continuando, enseguida, a Sucre y de allí a la ciudad de Cochabamba.

Allí, en la "ciudad-jardín", que es la segunda en importancia del país, y centro de su zona agrícola más rica, celebró algunos días más tarde una entrevista con Jorge Kolle Cueto, miembro del secretariado del Partido Comunista de Bolivia. Kolle se limitó a informarse oficialmente de su presencia en Bolivia y también suministró un panorama general de la situación sobre todo en el terreno militar, que también conocía por razones de familia, pues su hermano era coronel y miembro del Estado Mayor. A pesar de la insistencia del Che, Kolle no pudo prometer ninguna fórmula concreta de colaboración, ya que ésta sólo la podía decidir el comité central del partido. La respuesta, dijo, no tardaría. Y se despidió con bastante sobresalto, porque si no lo hubiera visto con sus propios ojos, seguiría dudando de que el Che estuviera en Bolivia.

En octubre, otros cinco hombres entran en Bolivia desde Arica, Chile. Han cruzado el salar de Uyuni, han conocido las peripecias del tren con cremalleras, que se aferra a las laderas de las montañas, y han padecido la angustiosa sensación de subir de la llanura a los tres mil metros de altura para bajar otra vez a los valles.

En diciembre, finalmente, llegan los últimos. Han hecho un largo viaje, desde La Habana hasta Leningrado, de Moscú a Praga, y de allí a Buenos Aires. Este grupo está bajo las órdenes de un médico, Carlos Luna Martínez, al que sus compañeros llaman "Mogambo". También ellos comienzan rápido el duro aprendizaje de las alturas y los valles, y al llegar a La Paz uno se desmaya en plena calle.

Mientras tanto, una red de bolivianos se aprestaba para echar las bases de la acción guerrillera. Entre octubre y diciembre de 1966 un joven dirigente comunista de 28 años, Roberto Peredo, recorre la zona vecina a la población de Camiri, donde está uno de los campamentos petroleros más grandes del país. Peredo trabaja como chofer de taxi, pero es un organizador experimentado, que viajó en dos ocasiones a Cuba, donde contribuyó a desarrollar los planes que ahora van a materializarse. Mantiene conversaciones con personas a las que ha conocido o para las que lleva presentaciones, y que viven en Camiri, en Choreti, Lagunillas, El Pincal y en Ñancahuazú. Les explica que tiene el propósito de adquirir una finca, para dedicarse a la explotación del ganado, y por fin adquiere una considerable extensión, en Ñancahuazú, donde comienza a dirigir faenas agrícolo-ganaderas, especialmente la siembra de maní. La finca tiene grandes posibilidades de alimentar con su propia producción a un elevado número de personas, pero el campamento guerrillero se establece lejos de ella, para no despertar sospechas, y los hombres se escurren durante la noche, sin llamar la atención. La casa tiene un techo metálico de chapas de zinc onduladas, para que corra el agua, y que llaman en los alrededores "de calamina". Es una denominación genérica para los techos de esta clase, que cobra en esta región, donde son escasos, un significado específico. En la "casa de calamina" se gesta la conspiración guerrillera.

Peredo viaja en su jeep Toyota todos los días hasta Camiri, la ciudad petrolera donde el movimiento comercial es intenso. Allí compra alimentos, ropas y medicinas, a medida que el contingente aumenta de número, y crecen sus necesidades.

Otros hombres están reclutando combatientes en los yacimientos mineros, donde se acumula desde hace tiempo un impotente rencor contra el gobierno militar, que ha alambrado como un campo de concentración las zonas de trabajo y que no pierde ocasión de encarcelar y deportar a los jefes sindicales. La noticia se transmite veladamente, de boca a oreja, en los oscuros subterráneos de donde se extrae el mineral. Las poblaciones mineras empiezan a sentir que el peligro, como una corriente eléctrica, recorre las chozas miserables, se desliza en los diálogos breves de los hombres, y se refleja en los ojos de las mujeres.

El gobierno militar no debe enterarse de estos movimientos. Sin embargo, recibe algunos informes, truncos, aunque reveladores de que se trama algo importante. Parece que las primeras noticias que el gobierno conoce se refieren a una polémica violenta que ha comenzado a enfrentar a los comunistas en las minas, renovando una reyerta que se consideraba momentáneamente terminada, entre los partidarios de Pekín y los de Moscú. Pero la discusión tiene ahora una energía renovada. El gobierno sospecha que ya no se trata de una cuestión teórica, sino de algo mucho más concreto, y que la controversia sobre la vía revolucionaria pacífica o violenta ha recomenzado porque alguien propone esta última para este país, en este preciso momento.

El gobierno extrema sus precauciones. En noviembre, consigue establecer que Guevara ha pasado realmente por territorio boliviano unos dos meses antes, y que acaba una gira de reconocimiento por el sur, donde ha mantenido conferencias políticas con los responsables de las ciudades. En todos los círculos de izquierda se advierte conmoción. La causa es que Guevara no rehúye la discusión con ningún sector, aunque pertenezca a la línea china, o aún peor, mantenga lazos antiguos con las ideas de Trotsky.

Para el Partido Comunista boliviano, la que se presenta es una grave alternativa. No puede rechazar de plano las consecuencias de su análisis de la situación, principiando por la lucha armada. Pero al hacerlo contraría expresamente la estrategia soviética, y si no lo hace, Guevara concluirá apoyándose exclusivamente en los odiados prochinos y aún en los trotskistas. Por un momento, el comité central vacila, sin saber qué camino escoger. Muchos miembros de la dirección temen que, en una mezcla de tendencias tan divididas por viejos conflictos, los comunistas ortodoxos podrían tal vez llegar a encontrarse en minoría. En este caso, habrían contrariado las instrucciones de Moscú y, además, habrían perdido el tren de las guerrillas. Dos peligros, juntos, casi mortales.

A comienzos de diciembre de 1966, Mario Monje, el secretario general del Partido Comunista boliviano viajó a La Habana para discutir la cuestión personalmente con Fidel Castro. El jefe cubano se encuentra en una incómoda posición, porque no puede ignorar los acuerdos existentes entre los Partidos Comunistas latinoamericanos y Moscú, y al mismo tiempo tiene que obtener el apoyo de los comunistas bolivianos para su amigo Guevara. Lo que en realidad viene a resultar del pedido de Castro a Monje es que acepte que la dirección política en el continente se traslade de hecho de Moscú a La Habana.

Monje regresa con un cuadro más claro, y la noche de Año Nuevo de 1967 se hace llevar al campamento de Ñancahuazú, donde mantiene una prolongada y poco cordial entrevista con el Che. Guevara ha percibido ya diversas muestras de aislamiento por parte de los comunistas bolivianos. Sus agitadores en las minas no han sido escuchados, y en otros casos hombres que parecían resueltos a incorporarse al campamento han renunciado en el último momento.

—El partido no puede comprometerse oficialmente en la guerrilla —le dice Monje—, pero puede hacerlo de otro modo, por ejemplo si yo primero renuncio a mi cargo. En este caso, yo seguiría en la guerrilla una línea paralela a la del partido, sin estar dentro de él.

La idea no le parece mala a Guevara, y además había sido ensayada antes, en otros lugares. Pero las exigencias de Monje van en aumento.

—Yo debería supervisar —agrega— las negociaciones con otros grupos políticos. Sería penoso que se introdujeran aventureros o provocadores, ¿no le parece?

A Guevara esta parte le gusta menos. Está seguro que Monje pretende alejar de la guerrilla a los prochinos, a los expulsados del PC y a los trotskistas, y este temperamento choca con su concepción amplia de la guerra popular.

Sin embargo, continúa escuchando atentamente la propuesta de Monje.

—Por último —termina éste—, mientras las operaciones se libren en el territorio boliviano, el jefe militar y político seré yo.

—De ningún modo —es la categórica respuesta—. El jefe soy yo.

La discusión ha sido dura, y la frase final del Che resonará eternamente en los oídos del jefe comunista:

—Mi fracaso no significará que no se podía vencer.

Muchos fracasaron para alcanzar el Everest, y el Everest fue vencido al fin.

En la madrugada siguiente, Guevara alcanza a oír una retransmisión del discurso de Fidel Castro, en La Habana. Castro ignora la suerte de la negociación con Monje, pero hablando a la multitud reunida para celebrar el octavo aniversario del triunfo de la revolución, exclama:

—Y nuestro mensaje especial y cálido, porque nos nace de muy adentro, de ese cariño nacido al calor de nuestras luchas; nuestro mensaje, en cualquier sitio del mundo donde se encuentre, al comandante Ernesto Guevara y a sus compañeros.

En el campamento de Ñancahuazú se hace un profundo silencio.

Hay todavía otro párrafo para ellos.

—Los imperialistas han matado al Che muchas veces en muchos sitios, pero lo que nosotros esperamos es que cualquier día, donde menos se lo imagine el imperialismo, como Ave Fénix, renazca de sus cenizas, aguerrido y guerrillero y saludable, el comandante Ernesto Guevara, y que algún día volveremos a tener noticias muy concretas del Che.

Esa noche, los guerrilleros se duermen cargados de esperanzas. No están solos. Triunfarán.

En esos días comienzan a llegar voluntarios. Han sido reclutados en las minas de estaño, y viene un grupo con sus dirigentes al frente. Moisés Guevara es el líder sindical de la mina San José, en el distrito minero de Oruro. Tiene treinta años, cuatro hijos pequeños, y su oficio es la mecánica. Guevara llegó al campamento guerrillero el 19 de enero de 1967, donde se presentó al otro Guevara, el Che.

Un mes después, otros ocho hombres, camaradas del minero Guevara, se sumaron a la guerrilla; entre éstos, llega el minero Simón Cuba, al que tocará un papel protagónico en los hechos por venir.

Las negociaciones prosiguen en La Habana, adonde

226

ahora viajan dos dirigentes del PC boliviano, el mismo Jorge Kolle que se ha entrevistado una vez con el Che, y Simón Reyes.

Reyes es un minero de 35 años, secretario de relaciones de la Federación Sindical de Trabajadores Mineros, que se encuentra en el centro mismo de la agitación en las minas, pero que se niega a asociarse con las guerrillas, porque teme la repercusión de un hecho: está seguro de que el gobierno militar atribuirá dirección extranjera a los mineros, cuando se sepa que el Che encabeza la guerrilla. En este caso, dice Reyes, el perjuicio será mucho mayor que el beneficio. Los dos mantienen con Castro la ultima tratativa oficial relacionada con la postura del PC frente a la guerrilla, y los dos ponen el acento en el mismo problema: la guerrilla de Ñancahuazú es un imán para todos los heterodoxos de la izquierda boliviana, y ha tomado ya una forma peligrosa para el comunismo oficial. Aunque no lo dicen expresamente, Castro extrae la conclusión de que Guevara no podrá contar con la organización del PC, ni con sus redes de abastecimientos y comunicación, ni tampoco con sus cuadros de afiliados. Tanto él como Guevara tienen una mala opinión del PC boliviano, pero ahora resulta que a pesar de su escasa combatividad y sus pobres cuadros proletarios, éste asume una importancia particular para impedir el aislamiento de la guerrilla.

La zona de operaciones continuaba tranquila. Si uno contempla un mapa de la provincia de Santa Cruz ello no es extraño. Aparece un cuadrilátero totalmente inhabitado, cuyos límites occidentales son las ciudades de Camiri y Santa Cruz, en el oriente Puerto Suárez y al norte Concepción y San Ignacio. No hay centros poblados en los mapas, y ésta no es una omisión de los cartógrafos. Realmente, la población es casi nula en toda la región. Se comprenderá mejor si se compara la extensión de esta sola provincia de Bolivia con otros países. Su superficie es igual a la de Gran Bretaña, Bélgica y Cuba, reunidas, pero viven apenas 340.000 habitantes, de manera que la densidad demográfica es inferior a una persona por kilómetro cuadrado.

La finca de Ñancahuazú está aislada en medio de este vasto desierto selvático. La ruta pasa por una población insignificante, Lagunillas, donde viven seiscientas personas, lo que impresiona como una ciudad a los lugareños. Desde Lagunillas arranca un camino que termina en la hacienda El Pincal, y que se recorre en menos de una hora de jeep. A partir de allí, se abren varios senderos de dificultoso tránsito, y el terreno se vuelve accidentado. Hay quebradas, el bosque es tupido y la vegetación espesa. Las enredaderas hacen impenetrable toda la región, a tal punto que a dos metros de distancia es imposible descubrir a un hombre o a un animal agazapado. Un precipicio bordea al río Ñancahuazú, que atraviesa la finca donde el Che tiene su cuartel general. El río posee una angosta playa, que se interrumpe en algunos trechos y obliga a retornar a la selva, repechando los acantilados. Hay nubes de mosquitos voraces, que en la región se llaman "marigüies". Pero el peor enemigo del hombre —soldado o guerrillero, campesino o explorador— es la vegetación, densa, dura, espinosa. En los matorrales abundan los bejucos y las enredaderas, y unas plantas espinosas, de la familia del cacto, que tienen largas hojas de borde dentado como un serrucho. Las carnes y las ropas se quedan en estas plantas, a jirones, dolorosamente desgarradas.

En este territorio enemigo, los accidentes componen la rutina. El 26 de febrero, un minero boliviano que forma parte de la fuerza guerrillera resbala al borde de una barranca, y se mata. Pronto morirán otros, ahogados al caer a un río de rápido torrente, o descalabrados por golpes, al perder pie, desde lo alto, contra la superficie pedregosa.

La vida de campamento es penosa, pero no faltan trabajos, mientras llega la hora de combatir. Un grupo de guerrilleros estudia sistemáticamente el quichua, el idioma de los indios de las zonas vecinas, que también hablan muchos campesinos. Hacen deberes en sus cuadernos, y aprenden a conjugar los verbos y a construir frases completas; esperan de este modo comunicarse profundamente con el campesinado local.

Pero después de varios meses, este conjunto de hombres ha consumido casi todas sus reservas de alimentos. La noche del Año Nuevo, cuando oyeron a Fidel Castro desde La Habana, ha pasado a la historia de los buenos recuerdos. Esa noche comieron lechón, turrón español, cerveza y sidra.

En febrero, no queda casi nada para comer, y el responsable económico de la guerrilla, que reside en La Paz, no da señales de vida. Poco después, Guevara sabrá que dicho responsable, al que se eligió por su extremada confianza, acaba de defraudarlos, en el momento crítico, llevándose un cuarto de millón de dólares que había recibido para efectuar las compras y remitirlas a Ñancahuazú.

Los guerrilleros cazan. Atrapan monos, que comen asados, en medio de bromas, y palomas salvajes. Se han dividido en dos grupos, para reconocer mejor la zona, pero en los dos faltan los alimentos y empiezan a aparecer indicios funestos. Hay dos deserciones, se pierden algunas armas y un aparato de anestesia.

Al finalizar el mes de febrero de 1967, un grupo de cinco hombres, entre los cuales por lo menos dos son cubanos, hace esporádico contacto con campesinos. Los reciben con desconfianza, les parecen extranjeros y están históricamente acostumbrados a esperar siempre lo peor de los extranjeros. Les indican dónde queda el Río Grande y una vez que parten encuentran la manera de hacérselo saber al Ejército. Los mismos cinco guerrilleros vuelven a ser vistos por otros campesinos. Esta vez acaban de vadear a nado el río Grande, y a uno de ellos se le han mojado billetes de banco bolivianos, y dólares. De un ancho cinturón con amplios bolsillos, que gotea agua, el guerrillero ha tomado los billetes, uno por uno, y los ha extendido pacientemente, poniéndolos a secar al sol. El pequeño contingente ha realizado una misión de reconocimiento, repleta de penurias y más de un día sus hombres se han alimentado con algún pescado muerto encontrado en el cañadón de un río. Su marcha ha sido lenta, y muchas veces apenas han podido recorrer cuatro kilómetros diarios, la más baja meta que podía fijarse en vista de la escabrosidad del terreno.

El Ejército ya ha sido advertido de que personas con uniforme militar, en su mayoría barbudos, merodean la región al norte de Camiri. Envían exploradores, pero la tarea es tan difícil para los militares como para los guerrilleros, y la aerofotografía fracasa lamentablemente, su visibilidad es de apenas el veinte por ciento del terreno.

El 16 de marzo, dos mineros del grupo de Moisés Guevara desertaron, fatigados por las privaciones y desilusionados por la falta de reales batallas. Apenas tres días más tarde, una patrulla del Ejército localiza un depósito de indudable valor para el esclarecimiento de lo que pasa. Los desertores han dado la pista. Allí, en seis maletas grandes y varias más de pequeño formato, se encuentran ropas civiles para no menos de diez personas. Algunos trajes llevan adheridas etiquetas bordadas donde dice "Casa Albión, Habana".

Para el Ejército, este hallazgo fue de singular importancia. Había, entonces, un número alto de cubanos en la selva boliviana. ¿Por qué no podía encontrarse entre ellos el mismo Che Guevara? Todo el dispositivo de seguridad hemisférica se conmovió con la noticia, y el coronel Kolle Cueto —hermano del jefe del PC y jefe del Estado Mayor de la Aviación— partió para Buenos Aires y Río de Janeiro, reclamando una ayuda proporcionada a la magnitud de los personajes que operaban en su país.

El Ejército se puso en pie de guerra, y comenzó a patrullar erráticamente la solitaria región. Así sus hombres fueron sorprendidos, y se sorprendieron, a su vez, al encontrarse poco menos que cara contra cara con una avanzadilla guerrillera, capitaneada por el comandante cubano Alberto Sánchez. Este no tenía orden de entablar combate, y lo eludió, pero lo hizo eligiendo la peligrosa táctica de replegarse sobre el cuartel general de Nancahuazú. De este modo el Ejército podía llegar hasta allí, con sólo seguirles los rastros. Una cuestión de tiempo.

El Che recibió con disgusto la explicación de Sánchez. Discutieron, y por fin lo destituyó de su grado, rebajándolo a soldado raso.

Y de inmediato decidió dar batalla, puesto que ya no podía disimularse la presencia de los insurgentes.

El 23 de marzo fue la más grande victoria de la guerrilla. El Ejército tuvo siete muertos, cuatro heridos y nueve prisioneros, que fueron devueltos poco después. Los heridos militares volvieron vendados, con las primeras curaciones. En manos de los guerrilleros quedaron seis fusiles Mauser, tres ametralladoras y una buena cantidad de municiones.

A causa de este choque se produjo una situación nueva en la compleja trama de los apoyos políticos de la guerrilla. Entre los prisioneros, que permanecieron en poder de los guerrilleros un día completo, había dos oficiales. Éstos fueron liberados, pero sin sus uniformes ni sus armas. Consternados por la humillación, magnificaron la potencia de la guerrilla que los había sorprendido, cubriéndose de este modo las espaldas. Fue sobre la base de sus declaraciones que durante cierto tiempo el Ejército creyó que la fuerza guerrillera superaba los quinientos hombres.

El combate, en todo caso, había probado que los rebeldes constituían un contingente sumamente eficaz y bien armado. Las declaraciones de los oficiales fueron creídas, primero por el Ejército, que debía disimular su derrota, y en seguida por el comité central del PC. Éste celebró una reunión de urgencia, y el último día de marzo emitió una declaración de solidaridad con el movimiento guerrillero. Curiosamente, llevaba las firmas de Monje y Kolle Cueto, que no habían podido ponerse de acuerdo con el Che ni con Fidel Castro sobre las condiciones para dar su apoyo. Esta muestra de inusitada capacidad combativa los puso también a ellos en la urgencia de cubrirse políticamente las espaldas. Sin embargo, ninguna colaboración efectiva partió de las ciudades hacia la finca de Ñancahuazú.

Al día siguiente del encuentro de Ñancahuazú, la aviación ametralla al sector guerrillero con bastante aproximación. El Ejército inicia una vasta operación de cerco y las radioemisoras de La Paz aseguran que los guerrilleros pasan de setecientos. Se concentran en la región unos dos mil soldados, y comienzan a moverse los helicópteros y los "boinas verdes" norteamericanos. Han llegado también los agentes de la CIA.

En el campamento, separado del cuartel general del Che, existe ahora un clima adverso. Seguramente lo que más contribuye a ello es la progresiva extinción de los alimentos, y la virtual cesación de las informaciones del exterior, con excepción de las transmisiones de radios, bolivianas en su mayoría y por consiguiente poco dignas de fiar. El Che comienza a comprobar la importancia de una "frontera de apoyo", que en el caso de la guerra popular china fue la frontera soviética, en el de Vietnam la de China y en la de Cuba la de Estados Unidos y Costa Rica. En Bolivia, por el contrario, las fronteras apoyan unánimemente al gobierno, en contra de las guerrillas, y los ejércitos de Argentina, Brasil y Perú forman una compacta línea sobre los límites fronterizos. Es imposible pensar que a través de estas rigurosas líneas militares podría filtrarse una contribución decisiva; por ejemplo, uno de los aviones cargados con armas que Castro pudo recibir en la Sierra Maestra.

El Che advierte que la situación no podrá volcarse a favor de sus hombres si no se produce una modificación fundamental en la temperatura política de las ciudades. Pero ésta es una tarea que requiere la participación de una organización política, y Guevara no la tiene. Durante algunos días, después de que el PC pronuncia su adhesión a la guerrilla, Guevara espera la llegada de nuevos emisarios comunistas. Pero en seguida cae en la cuenta de que el apoyo no pasará de la declaración, porque en el fondo la oposición del PC a su guerrilla se mantiene inalterada. Podría haber buscado la colaboración del partido mayoritario, el MNR, pero tiene desconfianza de sus jefes y éstos, por su parte, no desean verse confundidos con una insurrección comunista. Conservan numerosos e importantes nexos con los militares y no quieren romper sus propios vínculos con ciertos factores poderosos de los Estados Unidos. Todo esto se echaría a perder si el MNR admitiera como líder militar nada menos que al Che.

El bloqueo militar, entonces, refuerza el bloqueo político. A Guevara, sin duda, lo perjudica su inflexibilidad, que no le permite buscar, como Fidel Castro en 1958, una alianza con los partidos opositores para quebrar el cerco político e impedir verse sofocado por él. Castro había suscripto con los partidos burgueses de Cuba el Pacto de Caracas, en el cual desfiguraba por completo las intenciones radicales de su movimiento, y las hacía pasables y hasta dignas de elogio para los políticos profesionales. Esta maniobra le permitió después negociar con los mismos jefes militares que defendían a Batista, ablandados por los políticos a quienes la firma del pacto, a su vez, tranquilizó. En más de una ocasión, Guevara me había dicho que el talento político de Castro era extraordinario, y ahora él mismo podía hallar una nueva prueba de ello. Sin duda, Castro no habría quedado atrapado en tan dificultosa posición, y habría encarado cualquier tratativa, por contradictoria que pudiera parecer en el momento, para rescatar a sus hombres del aislamiento político y la impotencia militar. Sin duda, en una situación como ésta, Castro habría aceptado entregar la jefatura al comunista Monje, si a cambio de ella toda la máquina del PC se comprometía en el asunto. Pero Guevara no lo hizo.

El presidente boliviano, general Barrientos, rechaza por el momento la idea de que el Che pueda encontrarse en su país, a pesar de la insistencia de algunos jefes militares. Las radios difunden sus declaraciones.

"Ese señor ha muerto, como su amigo Camilo Cienfuegos", afirma. Pero el comandante en jefe del Éjército persiste en la sospecha. "Los guerrilleros no quieren abandonar su actual zona", dice, "por tener allí a gente muy importante, quizás líderes extranjeros a quienes deben proteger". Y por las dudas refuerza las tropas, que ahora ascienden a tres mil hombres.

Al iniciarse abril de 1967, el Che recibe otra mala noticia. El ex presidente Paz Estenssoro, que ha sido derrocado por los militares y reside como exiliado en Lima, declara que las guerrillas son comunistas y que, por consiguiente, el pueblo no las apoyará, porque es, ante todo, eminentemente nacionalista. De este modo, la negativa de Guevara a dialogar con el más importante partido popular del país mueve a los jefes de éste a enfrentarse públicamente con su guerrilla. El aislamiento político aumenta todavía más, porque los principales cuadros politizados del país pertenecen al PC o al MNR, y ahora son ambos los que dejan a la guerrilla librada a su suerte.

El 10 de abril, la columna guerrillera vuelve a chocar con el Ejército, muy cerca de Ñancahuazú, en un lugar denominado Iripití. Mueren en el combate once soldados, siete son heridos y caen once prisioneros, entre ellos un oficial. Los guerrilleros también tienen algunas bajas, pero reciben valiosa recompensa, capturan treinta y cinco armas, algunas de excelente calidad.

Después de este combate, el Che toma la determinación de hacer salir del campamento a dos amigos que se han incorporado bajo condiciones especiales. Uno es el profesor francés Regis Debray, persona de la más estrecha amistad con Castro, y que ha llegado a Bolivia en un vuelo indirecto desde La Habana. Su presencia aquí tiene un significado principalmente propagandístico, ya que se espera que difundirá a través de la prensa europea la existencia de la guerrilla boliviana y, el día elegido, también el hecho espectacular de que su jefe es Guevara. Debray está en Ñancahuazú desde el 6 de marzo, y ha llegado junto con otro hombre, el argentino

Ciro Roberto Bustos. Éste ha sido convocado para una importante reunión política, a la que asistirá el Che, pero no fue informado de que, en realidad, se trata del estallido mismo de la guerrilla. Es plenamente solidario con las ideas de Guevara en general, pero está particularmente en desacuerdo sobre la preparación de todo, y con el momento escogido. Se lo hace saber al Che y, como lo respeta y admira, la discusión se le hace difícil; sin embargo, mantiene con firmeza su crítica del proyecto. Guevara termina reconociendo que sus dos objeciones básicas, falta de información sobre la situación circundante y carencia de abastecimientos regulares, son válidas.

El angosto cañón del río Ñancahuazú está, sin embargo, rodeado por las fuerzas del Ejército. Guevara no encuentra la manera de que Debray y Bustos puedan romper el cerco. Por fin los deja salir en una dirección que parece segura. No es así, y el 20 de abril una patrulla militar los detiene a los dos, que incidentalmente se han unido a un fotógrafo inglés George Andrew Roth, quien con un permiso de libre tránsito extendido por un jefe militar intenta un reportaje a los guerrilleros. Pero tienen mala suerte, y caen en las manos del Ejército cuando caminan por un pequeño pueblo, Muyupampa.

Ha sido una imprudencia, y el Che la lamenta. Sus dos correos más directos con el exterior —tal vez los únicos por mucho tiempo, tal como van las cosas— están ahora en manos del Ejército.

Poco antes ha conseguido enviar a La Habana un "Mensaje a los Pueblos del Mundo", que se hace público el 16 de abril por intermedio de la Organización de Solidaridad de los Pueblos de África, Asia y América Latina. Junto con esta declaración se entregan seis fotos del Che, dos en ropas civiles y cuatro con uniforme de guerrillero sin duda tomadas en la selva sudamericana, aunque no se dice dónde. Es la famosa recomendación a los revolucionarios del mundo entero para empuñar las armas y "crear dos, tres, muchos Vietnam", un análisis trágico de la coyuntura internacional, donde pone en duda todas las bases sobre las que se asienta la precaria paz mundial.

Hay también una transparente alusión a la soledad en la que se encuentra, que ejemplifica valiéndose del Vietnam.

"La solidaridad del mundo progresista con el pueblo del Vietnam", escribe, "semeja a la amarga ironía que significaba para los gladiadores del circo romano el estímulo de la plebe. No se trata de desear éxito al agredido, sino de correr su misma suerte; acompañarle a la muerte o a la victoria".

Es un violento alegato antisoviético, aunque no se menciona a la URSS, y en cierto modo también un ataque a los chinos. Ante la "soledad vietnamita", el Che confiesa su "angustia".

Piensa sin duda también en su propia soledad.

Ahora los encuentros son más frecuentes, porque la "rastrillada", una operación de limpieza metro a metro, va reduciendo el área por donde se desplaza la guerrilla.

En El Mesón, un lugar situado al sur del Monte Dorado, en las laderas exteriores de la cordillera de Ñancahuazú, la guerrilla vuelve a sorprender a una patrulla militar y le hace dos bajas. También matan a un perro de policía entrenado por los norteamericanos para la lucha en la selva.

Dos semanas más tarde, los guerrilleros dan un golpe de mano en Taperilla, donde matan dos hombres más, y casi en seguida atacan otra vez y aniquilan a tres militares, uno de ellos oficial, hiriendo a varios.

Es en estos días cuando Guevara y el jefe boliviano, Roberto Peredo, se toman algún tiempo para redactar un documento que es la primera proclama de la guerrilla. Este documento crea, asimismo, el Ejército de Liberación Nacional de Bolivia, cuyas filas, dice, están abiertas para hombres de todas las procedencias partidarias.

El texto del documento, presumiblemente escrito a mediados de mayo, a pesar de que está fechado en abril, es el siguiente:

"El Ejército de Liberación Nacional al pueblo boliviano.

"Larga es la historia de penurias y sufrimientos que ha soportado y soporta nuestro pueblo. Son cientos de años que corren ininterrumpidamente raudales de sangre. Miles suman las madres, esposas, hijos y hermanas que han vertido ríos de lágrimas. Miles son los heroicos patriotas cuyas vidas han sido segadas.

"Los hombres de esta tierra hemos vivido como extraños; más derechos tiene cualquier imperialista yanqui, en el territorio nacional que llama sus concesiones. El puede destruir, arrasar e incendiar viviendas, sembradíos y bienes de bolivianos. Nuestras tierras no nos pertenecen, nuestras riquezas naturales han servido y sirven para enriquecer a extraños y dejarnos tan sólo vacíos, socavones y profundas cavernas en los pulmones de los bolivianos; para nuestros hijos no hay escuela, no existen hospitales; nuestras condiciones de vida son miserables; los sueldos y salarios de hambre; miles de hombres, mujeres y niños se mueren de inanición cada año; la miseria en que vive y trabaja el hombre del campo es pavorosa. En otras palabras, vivimos en condiciones de esclavos con nuestros derechos y conquistas negados y pisoteados a la fuerza.

"Ante los azorados ojos del mundo entero, en mayo de 1965 los salarios son disminuidos, los obreros despedidos, confinados, desterrados, masacrados, y los campamentos, con mujeres y niños indefensos, bombardeados y saqueados.

"Si bien éste es el cuadro que vivimos, el nuestro fue y es un pueblo que lucha, que no se dejó doblegar jamás.

"¡Cuántos héroes al lado de los mineros, campesinos, fabriles, maestros, profesionales y esa, nuestra gloriosa juventud, los estudiantes, han escrito con su sangre las más gloriosas páginas de nuestra historia! Ahí tenemos, ante nosotros y el mundo, elevadas las legendarias figuras de Padilla, Lanza, Méndez, Sudanes, Arvelo, Murillo, Tupacamarú, Warners, Arze y también, las sin par heroínas de la Coronilla, Juana Azurduy de Padilla, Bartolina Sisa, cuyo glorioso ejemplo conserva y está dispuesto a seguir nuestro heroico pueblo.

"Si bien las viejas generaciones soportaron una cruenta lucha de quince años por construir una patria libre y soberana, lanzando de nuestro suelo al dominador extranjero, no tardaron años en que nuevas potencias capitalistas hincaran sus garras en la patria que construyeran Bolívar y Sucre. Miles y miles suman los campesinos brutalmente asesinados desde la fundación de la república a nuestros días; miles los mineros y fabriles cuyas demandas fueron respondidas con la metralla. También suman miles los 'valientes' coroneles que han ganado sus ascensos y grados en esta desigual batalla, ametrallando y bombardeando al pueblo indefenso que, una y otra vez, se levanta armado tan solo de esa muralla que no se doblega, que no se humilla.

"Perduran frescos en nuestra memoria los recuerdos de las masacres, los crímenes y vejámenes a los que ha sido sometido el pueblo boliviano. Señores esbirros, generales e imperialistas yanquis tenéis las garras y las fauces tintas con sangre del pueblo boliviano, y hoy sonó la hora de vuestro fin, de los charcos de sangre que habéis hecho correr a raudales, de las cenizas de esos miles de patriotas que habéis asesinado, perseguido, confinado y desterrado. Hoy se levanta el Ejército de Liberación Nacional. Hombres del campo y las ciudades, de las minas y las fábricas, de los colegios y las universidades, valerosos empuñan un fusil.

"También anuncia, asesinos, que ha llegado vuestro fin, y taña en pueblo boliviano, que resuena sorda e incontenible, en las montañas y los valles, en las selvas y el altiplano, la voz de la justicia, el bienestar y la libertad.

"Señores generales, hoy cuando habéis recibido los primeros golpes, clamáis por vuestras madres y vuestros hijos, también nosotros sentimos por ellas. Pero, ¿creéis acaso que aquellos miles de campesinos, obreros, maestros y estudiantes no tenían hijos, madres y esposas? ¿Aquéllos a los que habéis asesinado inmisericordemente en las calles de las ciudades, en Cataví, Cerdas, en Villa Victoria, en El Alto, en La Paz, en Milluni, en Siglo XX?

"Ante el vigoroso inicio de nuestra lucha, tiembla llena de pavor la camarilla gobernante y su amo, el imperialismo yanqui, manotean cual fiera acorralada, arrecia la persecución, se ven impelidos a cometer mayores crímenes, a violar su constitución seudodemocrática, jurada por ellos para respetarla. Su histeria antiguerrillera les lleva a marginar partidos políticos de izquierda, como si con un decreto se pudiesen matar las ideas. Persiguen, encarcelan y asesinan ('los suicidan') a ciudadanos libres acusándolos de guerrilleros. Apresan y torturan a periodistas extranjeros queriendo mostrarlos como guerrilleros; inventan calumnias y tejen su propaganda en base a mentiras tan visibles que el pueblo desprecia. Éste y todo intento que hagan por ahogar el movimiento guerrillero será vano, así como todo cuanto hagan por mantenerse en el poder. Su fin como camarilla gobernante ha llegado.

"Sentimos que en esta lucha, que es necesaria para liquidar el latrocinio, el abuso, la injusticia, el crimen y las prebendas de las que gozan unos cuantos, para construir una nueva sociedad sin clases donde impere la justicia social con iguales deberes y derechos para todos, donde las riquezas naturales sean explotadas por el pueblo y en beneficio del pueblo, van a perderse muchas vidas que son útiles al país, tanto en militares (oficiales) como en soldados, porque con toda seguridad que no todos los que son enviados al campo de batalla piensan igual que la camarilla proyanqui que detenta el poder.

"Llamamos a todos los patriotas, militares y soldados, a dejar las armas, a la gloriosa juventud de la Patria a no incorporarse al Ejército. A las madres, a evitar que sus hijos sean inmolados defendiendo una camarilla vendida al dólar extranjero, que entrega lo mejor de nuestras riquezas al voraz imperialismo yanqui.

"El Ejército de Liberación Nacional llama al pueblo boliviano a cerrar filas, a soldar la más férrea unidad sin distinción de colores políticos; a los patriotas que estén en condiciones de luchar, a incorporarse en las filas del Ejército de Liberación Nacional. También es posible ayudar desde fuera, existen mil maneras de hacerlo, y el ingenio creador del pueblo sabrá encontrar las más variadas formas, desde grupos de amigos hasta las formas más audaces. El problema es organizarse y hacer que la camarilla gobernante y su amo, el imperialismo yanqui, sientan temblar bajo sus pies el suelo boliviano. Advertimos al pueblo que el imperialismo yanqui, a fin de mantener nuestro país bajo su dominio, recurrirá a nuevos generales y civiles, e incluso a seudorrevolucionarios, a los que a su turno irá cambiando. A no dejarse sorprender y engañar conforme ha ocurrido a lo largo de nuestra historia. Esta vez la lucha ha comenzado y no terminará sino el día que el pueblo se gobierne por sí mismo y haya sido erradicado el dominio extranjero.

"Se advierte que el Ejército de Liberación Nacional velará por el fiel cumplimiento de los ideales populares, sancionará en su momento al actual opresor, torturador, delator y traidor, a los que cometan injusticias impunes contra el pobre. Están en formación las organizaciones de defensa civil. Empezarán a actuar los tribunales populares revolucionarios para juzgar y sancionar.

"Finalmente, el Ejército de Liberación Nacional expresa su fe, su confianza y su seguridad en el triunfo contra los yanquis, los invasores disfrazados de asesores, yanquis o no. No nos permitiremos descanso ni reposo hasta no ver libre el último reducto de dominación imperialista, hasta no ver vislumbrarse la felicidad, el progreso y la dicha del glorioso pueblo boliviano.

" ¡Morir antes que esclavos vivir!

"¡Vivan las guerrillas!

"¡Muera el imperialismo yanqui y su camarilla militar!

"¡Libertad para todos los patriotas detenidos y confinados!

Ñancahuazú, abril de 1967.

EJÉRCITO DE LIBERACIÓN NACIONAL"

La proclama prácticamente no circula en Bolivia, excepto entre pequeños círculos politizados. Sale al exterior, y se la reproduce en diferentes países, pero no cambia un sentimiento que cunde entre los observadores más lúcidos: los guerrilleros están metidos en una ratonera y tienen detrás suyo a fuerzas militares cada vez más aptas para la lucha en la selva.

Una columna guerrillera se desplaza hacia el Este, por donde pasa la línea del ferrocarril que une Yacuiba, sobre la frontera de la Argentina, con Santa Cruz, al Norte. Hay nuevos combates, en las inmediaciones de El Espino y de Muchiría, y la columna continúa moviéndose hacia el Norte. Cruza el río Grande, en las cercanías de Abapó, una aldea inmóvil, y ya sobre la margen izquierda de dicho río avanza hasta alcanzar la confluencia con el río Rositas, donde se produce otra escaramuza. Siempre siguiendo el curso del río Rositas llega la columna al río Morocos y en el lugar llamado Piraí hay un nuevo y violento choque con el Ejército, donde mueren tres guerrilleros.

La columna está formada por los mejores elementos de que dispone el Che, incluyendo sus veteranos de Cuba. Su marcha hacia el Norte busca alcanzar la carretera que une las ciudades de Cochabamba y Santa Cruz, y mediante el acercamiento a regiones más pobladas intenta superar el aislamiento total del cañón de Ñancahuazú. El jefe de la columna es el comandante cubano Acuña Núñez, responsable y sensato, que no expondrá sin necesidad a sus hombres, pero que es capaz de concebir las empresas más audaces.

Acuña Núñez, en efecto, planea y ejecuta una maniobra sensacional. El 7 de julio de 1967 los guerrilleros bloquean la carretera de Santa Cruz a Cochabamba en una zona llamada Las Cuevas, cortan las líneas telefónicas y se apoderan de un ómnibus de pasajeros. Con este vehículo, adonde viajan entusiastas estudiantes que de pronto comienzan a participar, como en el cine, de una aventura excepcional, los guerrilleros penetran en Samaipata, una población emplazada junto al camino. La ocupación de Samaipata dura algo más de una hora, pero políticamente produce un elevado rédito. Mientras unos arrestan a las autoridades locales, otros adquieren ropas, víveres y medicamentos. Hay también tiempo para una arenga política, ante los ojos azorados de los campesinos.

Para ocuparme de la defensa jurídica de Ciro Bustos, yo llegué a La Paz el 12 de julio, apenas cinco días más tarde de este episodio. Era evidente que la opinión pública se encontraba hondamente emocionada. Las guerrillas estaban desconectadas del mundo entero, pero he aquí que se mostraban capaces de realizar un esfuerzo de imaginación y de valor como para burlarse del Ejército en sus propias narices, apoderarse de una población y surtirse a voluntad de todo lo que necesitaban. La gente tomaba esta historia como si, en realidad, la encontrara al mismo tiempo apasionante y lejana. La leían en los diarios, conocían los detalles más insignificantes, y la adornaban con el producto de su propia fantasía. Fue, sin duda, uno de los momentos peores para el gobierno de Barrientos, que trataba de conservar la calma.

Con motivo de la mencionada defensa del argentino Bustos, permanecí en La Paz durante dos semanas, en el mes de julio. Las autoridades militares no me permitieron continuar hasta Camiri, porque vacilaban entre dos posiciones antagónicas, la de convertir a esa población en el escenario de un escándalo jurídico mundial, o la de mantener el juicio de Bustos y Debray en un plano más hermético. El último criterio parecía ser el de muchos jefes importantes del Ejército, pero a la postre fueron derrotados por la beligerante demagogia del general Barrientos y sus agitadores de la policía secreta.

En realidad, si el tribunal militar hubiera juzgado solamente conforme a derecho, la misma Constitución boliviana, reformada por los militares del gobierno, les habría impedido condenar a los dos procesados. En este caso, el juicio carecía de sentido, y el rédito político que Barrientos quería extraerle, desaparecía por completo. Se trataba de azuzar el patriotismo más elemental sobre todo en las comunidades campesinas, destacando que los dos prisioneros eran extranjeros. Progresando de menor a mayor, dos prisioneros extranjeros debían, naturalmente, pertenecer a una fuerza expedicionaria de centenares de extranjeros, todos igualmente intrusos y enemigos del pueblo boliviano. Desde la capital se inundaba al país con cuartillas firmadas por un misterioso comité de "Damas Camireñas", donde se desarrollaba, al nivel de una comprensión rudimentaria pero eficaz, la "invasión extranjera", sus amenazas al patrimonio material y moral de los bolivianos, y hasta se insinuaba a los campesinos que podían ser desalojados de sus tierras por los revolucionarios llegados de lejos.

El juicio fue, sin lugar a dudas, un escándalo judicial y una monstruosidad jurídica. Una vez que comprendí que Barrientos se había salido con la suya, en el sentido de utilizar el proceso como un instrumento político, nada de lo que podía ocurrir más tarde llegaría a sorprenderme. Bustos había permanecido incomunicado durante sesenta días, a pesar de que la Constitución dictada por los militares establece un máximo de dos días para este caso. Peor todavía, el propio comandante en jefe del Ejército boliviano impidió administrativamente que pudiera designar abogado, lo que ocurrió recién tres meses después de su arresto. Naturalmente, el preso fue torturado, por agentes del servicio secreto boliviano, de quienes los mandos militares exigían continuamente información, en este período en que la guerrilla continuaba operando incansablemente.

Más tarde, en septiembre, cuando volví a La Paz, obtuve autorización para trasladarme a Camiri, donde asistí a la inauguración del célebre proceso a Debray y Bustos, el día 26. La guerrilla continuaba moviéndose, y era como un dramático coro de hombres armados, detrás de la farsa judicial que había congregado a un millar de periodistas del mundo entero, y a algunos de los juristas más famosos de Europa y América. Pero estaba a la vista que el proceso era empleado como una formidable máquina de compulsión que el gobierno militar descargaba sobre toda la oposición interna. Ésta era, por cierto, la preocupación mayor de Barrientos.

En realidad, el MNR no participaba de la guerrilla pero estaba, al igual que todos los otros partidos, dispuesto a servirse de su existencia para acabar con el gobierno militar. Tanto Barrientos como sus compañeros del Ejército habían advertido esta estratagema y trataban de paralizarla. Habían obrado con desigual éxito en el campo político, a partir de la declaración del estado de sitio, los primeros días de junio. A esta medida siguió una serie de arrestos de dirigentes partidarios, en su mayoría del MNR, y una tentativa de Barrientos para complicar con las guerrillas liberadoras a los jefes de este partido. Pero los procedimientos policiales irritaron a la gente de las ciudades, que empujó a muchos agitadores hacia las concentraciones mineras.

Esos meses de junio y julio fueron, posiblemente, los de más alta inestabilidad política en toda Bolivia. El 24 de junio, el Ejército atacó a los mineros de Catavi, que manifestaban en el área minera, y mató a cuarenta de ellos, hiriendo a más de un centenar. Esta masacre, conocida como la "Masacre de San Juan", no revierte, sin embargo, a favor de las guerrillas del Che. La dramática incomunicación de éstas se verifica ahora, cuando hay dos acciones paralelas que no consiguen entenderse, y cada una sigue, solitaria, hacia su extinción.

La sorpresa de Samaipata ridiculizó al gobierno y puso en discusión la eficacia del Ejército, que era otra forma de dudar del gobierno. Tres días después, dos de los tres partidos que constituían el frente oficialista le retiraron su respaldo. El régimen se tambaleó.

Acicateado por una atmósfera cada día más desfavorable, el Ejército se esforzó por tomar una revancha. El 20 de julio libró una batalla en la ribera del río Morocos, adonde el Che había acampado con sus hombres.

Es el primer encuentro donde la iniciativa parte íntegramente del Ejército, y donde es sorprendido el campamento del Che. Los militares se apropian allí de algunos elementos de inestimable valor para los guerrilleros, que ya no están, definitivamente, en condiciones de reemplazar lo que pierden: diez mochilas, radios, transmisores-receptores, armas y municiones.

La ofensiva militar toma ahora un carácter más firme y sistemático. Comienza a sentirse la influencia profesional de los "boinas verdes" norteamericanos, entre ellos once superespecialistas que han sido transportados a Bolivia desde Vietnam, y que están instruyendo aceleradamente a seiscientos cincuenta "rangers" bolivianos. Los "rangers" nativos se entrenan en diecinueve semanas intensas, y los primeros siete días están consagrados a prácticas de tiro con fusil y mortero, camuflaje, localización de objetivos y escucha de movimientos nocturnos. Después pasan al aprendizaje de las tácticas de emboscada y contraemboscada, y continúan las enseñanzas hasta que son enviados a combatir. Los soldados bolivianos fueron buenos discípulos. El Che reconoció su capacidad y resistencia, y el comandante Shelton, jefe de los "boinas verdes", prefirió ensalzar el aspecto económico de la guerra en Bolivia.

—Matar un vietcong cuesta 400.000 dólares —comentó—, pero en Bolivia sale mucho más barato.

Hasta qué punto era correcta la estimación de Shelton pude comprobarlo poco después, en septiembre, cuando asistí a una patética ceremonia en la que se distribuía un premio a los "rangers" que acababan de librar —en Vado del Yeso— una exitosa batalla contra los guerrilleros, haciéndoles muchos muertos. Fue en Santa Cruz, donde los treinta y cinco soldados estaban formados en el patio central de un viejo caserón que servía de cuartel. Yo había ido a pedir un salvoconducto para continuar viaje hasta Camiri, pero el jefe de la región militar fue de opinión de que debería esperarlo primero algunas horas. De pronto, los soldaditos se pusieron firmes, y llegaron los notables del pueblo, la comisión directiva del Rotary Club del lugar. Traían unos paquetes de pequeñas dimensiones, que apilaron sobre una mesa de madera basta. Hubo un discurso durante el cual se defendió la civilización occidental, y pocos minutos después una dama empezó a distribuir los paquetes. Los soldados los abrieron ávidamente, pude ver su contenido: una muda de ropa interior y una lata de sardinas. Era el salario del miedo, el premio por la cruel lucha contra las guerrillas. Sin duda, el comandante Shelton no mentía cuando comparaba el costo de cazar un guerrillero en la selva virgen de Bolivia y en Vietnam.

El 31 de agosto, el Ejército tiende una emboscada a la columna del comandante Acuña Núñez, que se compone de 17 guerrilleros.

Ha sido preparada con sumo cuidado, después de que el hijo de un campesino avisa a un soldado que, mientras su padre pescaba en las aguas del río Grande, dos guerrilleros han entrado en la casa buscando alimentos.

El lugar se llama Vado del Yeso, allí se cruzan las aguas cristalinas del río Masicuri con la corriente turbulenta y arenosa del río Grande. Hay playa a ambos lados, y enseguida el matorral espeso.

Los dos guerrilleros han prometido volver al día siguiente. Cuando los militares conocen la novedad, ordenan a la esposa del campesino ausente que vuelva a la casa y reciba con calma la visita de los guerrilleros. El Ejército, entretanto, se esconde tras la maleza y espera con paciencia. También ha vuelto el campesino dueño de la choza, y rápidamente lo instruye sobre lo que deberá hacer; lo principal, vestir camisa blanca, de manera que los soldados no lo confundan y lo maten también a él.

Por fin aparece el comandante Acuña Núñez, y cruza el río, de cuyas aguas bebe con la mano. Detrás suyo comienzan a pasar los demás. Cuando avanza hacia el bosque, se inicia el tiroteo. Acuña Núñez y un soldado se balean de cerca, y los dos caen muertos al mismo tiempo. Los guerrilleros se desprenden de su mochila, para poder moverse mejor en el lecho del río, y pronto la corriente arrastra bultos difíciles de identificar; unos son mochilas, otros son hombres. Contra todo disparan los soldados desde la costa. El río enrojece de sangre. La columna, de diecisiete hombres, pierde nueve; los ocho restantes están ahora mal armados y sin su jefe.

Un guerrillero boliviano, *Paco,* es tomado prisionero por el Ejército, y el capitán Mario Vargas, que comanda la tropa, le ordena que identifique uno por uno los cadáveres de los guerrilleros muertos.

—Éste es *Joaquín* (Acuña Núñez), el jefe. Éste es *Braulio,* el segundo jefe. Éste es *Alejandro,* jefe de operaciones de toda la guerrilla. Éste es Moisés Guevara.

Paco va a continuar, pero el militar lo interrumpe.

—¿Acaso el hermano del Che? —dice sorprendido.

—No —prosigue *Paco*—, es un dirigente minero boliviano. Ése que está allí se llamaba *Polo.* Al otro lo llamaban *Walter,* y el otro es Maimura, nuestro médico.

—¿Falta algún otro? —prosigue el capitán.

—Sí. Falta *Tania,* que caminaba siempre detrás. Parece que se la llevaron las aguas. Y otro médico, el peruano, al que llamaban *Negro.*

Los prófugos vuelven a chocar con el Ejército, dos días más tarde, en Yajo Pampa, en la misma zona del río Grande, y pierden la vida otros cuatro guerrilleros. La que había sido columna peligrosa del comandante Acuña Núñez camina hacia su exterminio.

El Che, entretanto, está en continuo movimiento con sus hombres. No son más de veinte, a esa altura de la campaña. Tiene muchos problemas para alimentar a los suyos, y no encuentra colaboración entre los campesinos. Ningún campesino, tampoco, se ha incorporado a su fuerza.

El recuerdo de la campaña de Lenin en Polonia vuelve a la memoria, forzosamente. Las palabras que Lenin usó para explicar a Clara Zetkin aquel fracaso ("Reminiscences of Lenin", New York, International Publishers, 1934, pág. 18) parecen escritas especialmente para describir la situación del Che.

"Nuestra valiente y confiada vanguardia", explicó Lenin, "carecía de reservas de hombres y municiones, y no ha dispuesto ni un solo día del suficiente pan. Tenía que requisar pan y otros alimentos a los campesinos polacos. Por eso, en el Ejército Rojo veían los polacos unos enemigos, no hermanos y libertadores."

Sin reservas y sin pan es ahora la fuga constante por las regiones de Caraparí, Yuque y Ticucha. Hay un combate en la quebrada de Iquira, donde el Che pierde materiales, un hombre y una valiosa colección de documentos. Estos últimos pronto se verán enriquecidos con los que aparecen en cuatro depósitos más, entre éstos uno del cuartel general del Che, en Ñancahuazú, que es descubierto finalmente.

El 22 de septiembre, la documentación es exhibida por el canciller boliviano en Washington, que denuncia la presencia de Guevara ante el foro de los embajadores latinoamericanos convocados por la OEA. El efecto es curioso: casi nadie cree que las fotos pertenezcan realmente al Che, bien porque han sido convencidos de su muerte anterior, bien porque el grado de credulidad que merece el régimen boliviano es muy bajo.

Sin embargo, Guevara estaba en esos mismos días replegado con un grupo de dieciséis hombres, eludiendo la persecución de más de mil quinientos "rangers". Para los jefes militares, la documentación recogida fue más convincente que para los embajadores. Ellos no conservaron ninguna duda: el Che estaba acorralado en el fondo de un barranco cubierto de vegetación, pero cuyos bordes, totalmente desnudos, impedían la salida sin ser vistos.

Todavía se agregó el testimonio de un desertor, que en los últimos días de septiembre se entregó al Ejército, cerca del río Grande, acogiéndose a un indulto que se ofreció a todos los que se rindieran de inmediato. El desertor explicó que el Che estaba gravemente enfermo, lo que parece haber sido una exageración, al menos en el momento que lo dijo.

El 26 de septiembre se produce un combate en Higueras, muy cerca de la quebrada del Yuro. Fue largo y a la luz del mediodía, por lo que debieron abandonar a sus muertos —tres, entre ellos el jefe boliviano, Roberto Peredo—. Acababan de reabastecerse de provisiones y medicinas, cuando apareció la patrulla del Ejército y debieron librar batalla.

A partir de ese encuentro, la fuerza del Che se fracciona para desplazarse mejor, y vuelve a reunirse por las noches en lugares fijados de antemano. Guevara tiene que establecer bien sobre qué terreno se mueve, para decidir el rumbo, y en eso está los días 6 y 7 de octubre, cuando cumple once meses continuados de operaciones militares en la selva. Está optimista sobre el futuro, ya que no interrumpe las anotaciones de su diario y considera que la organización guerrillera se ha desarrollado hasta entonces "sin complicaciones".

Ese día hacen contactos esporádicos con campesinos. Una vieja que pastorea una cabra les asegura que no ha visto a los soldados desde hace tiempo, pero los guerrilleros desconfían de sus noticias. A la tarde, algunos hombres entran en una casa donde hay otra mujer, con una hija postrada en cama, y le dejan dinero para que se calle la boca, aunque sin mucha esperanza de que lo haga.

Reanudan la marcha sobre un suelo delator, que está sembrado de papas junto a las acequias que parten del río Yuro y que registran las huellas húmedas de los diecisiete guerrilleros.

El día 8, una campesina avisa al Ejército que ha oído voces en el cañón del río Yuro, cerca de su desembocadura en el San Antonio. Los militares envían varias patrullas de reconocimiento, y alrededor de la una y media de la tarde una ráfaga de ametralladora de los "rangers" revela que se ha establecido contacto con la guerrilla.

El hombre más adelantado es el minero boliviano Simón Cuba, un excelente tirador, que hace fuego una y otra vez escondiéndose rápidamente. Detrás suyo está el Che, que también hace fuego, hasta que algunas balas lo tocan en las piernas. Cuba, en un heroico acto de lealtad, lo carga sobre sus hombros e intenta llevarlo afuera de la línea de fuego. Pero otra ráfaga vuelve a herir al Che, le hace volar la boina. Cuba entonces lo apoya en el suelo y se dispone a continuar haciendo disparos, pero está rodeado a menos de diez metros. Todos los "rangers" tiran sobre él al mismo tiempo.

El Che está ahora en una posición sumamente difícil, pero intenta la última resistencia. Se sostiene de un árbol con una mano, mientras con la otra continúa operando su M2, a pesar de tratarse de un arma larga. Pero no puede hacerlo por muchos minutos. Una bala lo hiere de nuevo en la pierna derecha, y otra hace blanco justamente sobre la empuñadura de la M2. El arma salta de la mano, con el puño partido, y la bala sigue su camino, volviendo a herir el antebrazo derecho.

Los sitiadores lo rodean, y cae prisionero.

Tiene varias heridas, pero su vida no corre peligro.

Tampoco pierde el conocimiento, a tal punto que uno de sus heridores, que ha recibido una herida en el muslo y se desangra por la arteria femoral, salva la vida porque el Che da las órdenes para que se le haga un torniquete.

El prisionero es trasladado a Higueras, que está a doce kilómetros del lugar del combate.

Su suerte depende desde este momento de dos hombres: uno es el capitán Gary Prado Salgado, jefe de la compañía de "rangers" del 2° Regimiento, que capturó al Che, y el otro el coronel Andrés Selnich, comandante del Tercer Grupo Táctico, que es el superior jerárquico del primero.

Prado es un militar educado en Estados Unidos; su padre ha sido general del viejo ejército, y fue ministro de Guerra alguna vez. Es un aristócrata, al que los soldados llaman "caballero inglés". Selnich también es, a su modo, un aristócrata. En un ejército donde nueve de cada diez tienen sangre indígena, el coronel Selnich exhibe su raíz étnica europea, y eso lo distingue.

Guevara habla con los dos. Se interesa por saber de qué unidades proceden, cuál ha sido su formación profesional, si han estado en la escuela contraguerrillera de Panamá. Sufre por causa de las diferentes heridas, y se debilita visiblemente, aunque no tiene ninguna hemorragia importante. No puede moverse, por sus heridas en las piernas. Los militares se preparan para trasladarlo a Higueras. Lo llevan cuatro soldados, extendido sobre una manta del Ejército y allí lo dejan, en un cuarto pelado que pertenece a la escuela del pueblo.

Durante las horas siguientes, hay una expectativa tensa entre los oficiales y muchos comentarios y murmuraciones entre la soldadesca. Se sabe que el mayor Niño de Guzmán intenta llevar a Guevara en el helicóptero que pilotea hasta la localidad de Vallegrande, adonde podría llegar en sólo veinte minutos. Hasta se dice que el mayor ha discutido con el coronel Selnich, quien insiste en trasladar primero a sus soldados heridos.

Hay numerosas consultas entre los captores y las autoridades militares, principalmente con el coronel

Joaquín Zenteno Anaya, que manda la octava división del Ejército, y mantiene contactos telefónicos con La Paz. En la mañana del 9 de octubre, las consultas finalizan. El Che será ejecutado esa misma mañana, en el lugar donde se encuentra prisionero.

Está sentado en el suelo, con la espalda apoyada contra la pared. Jadea débilmente, y distingue con lentitud la entrada de dos personas, porque la iluminación es mala.

El capitán Prado se aproxima por detrás y le dispara una ráfaga de su ametralladora en el cuello, de arriba hacia abajo. Cuatro balas dan en el blanco. El coronel Selnich se aproxima y dispara una sola bala de su pistola de nueve milímetros. La bala atraviesa el corazón y un pulmón. Es el tiro de gracia. Está muerto.

Cuando lo hicieron retirar del lugar del crimen, los dos verdugos no pudieron ocultar un estremecimiento de terror: el Che tenía los ojos muy abiertos y serenos, y una sonrisa que para ellos significaba desdén y para el resto del mundo, simplemente, amor.

APÉNDICE
DOCUMENTAL

CURRICULUM VITAE, de   RICARDO ROJO   1.
Buenos Aires, 11 noviembre 1994.   argentino (Lib. Civ.
                                                  4.211.392)
                                                  Ced. Id.
                                                  2.694.724)
                                      casado,
                                      profesión abogado.

1923.   Nació en URDINARRIN (Departamento Gualeguachú,
        el 16 diciembre 1923. Provincia de Entre Ríos, R.A.
ESTUDIOS CURSADOS:
1930/36. Escuela Primaria en Urdinarrain..Escuela pública
        " Caseros " y " Sagrado Corazón de Jesus "

1937/41. Bachiller. Colegio nº 6 Manuel Belgrano " Cap.Fed.
        Premio " Sarmiento " al " mejor promedio ".

1942/48. ABOGADO. Egresado de la Facultad de Derecho y
        Ciencias Sociales. Cap. Fed. UBA.

1949   Doctorado en Derecho Social. Catedra del Dr.
         Armando D. Machera. FDCS. UBA.

1950/51. Estudiante de Medicina. UBA. Expulsado.

1954.   Curso Post-Graduados. Colegio Libre de Mexico.
         s/ Estructuras dominantes en America Latina "

1955.   Curso Post-Graduados. COLUMBIA UNIVERSITY. NYC.
         s/ Politicas predominantes en America Latina.
         Catedra del Dr. Frank Tannembaum.

1964.   Curso sobre " Desarrollo Economico " en la
         Facultad de Ciencias Economicas. UBA. Cap. Fed.

MILITANCIA POLITICA:

1945/62. Afiliado a la Unión Civica Radical. Parroquia 19
         de la Capital Federal.
         Activista de la fracción Intransigencia y Reno-
         vación liderada por los Dres.Ricardo Balbin,
         Arturo Frondizi y Moisés Lebenshon.

1948/53. Integrante.de la Comisión de Defensa de los Pre-
         sos Politicos y Gremiales, dependiente de la
         Presidencia de la UCR.

1956/58. Miembro de la Comisión de Defensa de Presos Poli-
         ticos y Sociales, UCRI.
         Integra la Comisión Politica de Apoyo a la can-
         didatura Presidencial del Dr. Arturo Frondizi.

1957/58. Realiza las primeras gestiones tendientes a lo
         grar el apoyo del Peronismo a la candidatura
         presidencial del Dr. A. Frondizi. Con el Delega
         do de Juan D. Perón, Dr. Jhon William Cooke, en
         Buenos Aires y posteriormente en Sgo. de Chile.
1983.   Desde Madrid (España) apoya al Dr. Raul Alfonsin.

VICTIMA DE LA REPRESION.

ENCARCELADO (total 14 meses)

1) en la Carcel de Villa Devoto. Por disturbios en la Facultad de Derecho y Ciencias Sociales. UBA. año 1945.

2) En la Carcel de Villa Devoto. idem. 1947.

3) En la Carcel de Villa Devoto. Por ocupación de la Facultad de Medicina, en solidaridad con el estudiante de Quimica ferozmente torturado Ernesto Bravo. 1951.

4) Detenido-secuestrado por una Comisión de Orden Politico (de la Policía Federal). Logra escapar y se asila en la Embajada de Guatemala, en Buenos Aires. 1953.

5) En la Carcel de Caseros. A disposición del Poder Ejecutivo Nacional, por Decreto del Presidente Guido. 1963. El ex-Ministro del Interior Gral. Rauch declaraba que integrabamos una " conspiración judeo-marxista "

6) En la Carcel de Caseros. A disposición del PEN. firmado por el Pte. Juan Carlos Onganía. Año 1969.

EXILIOS (total 12 años)

1) Al huir de la Comisaria (punto 4) del Cap. Encarcelado, se asila en la Embajada de Guatemala. Sale hacia Chile, y por tierra continua a Bolivia (donde conoce accidentalmente al Dr. Ernesto Guevara de la Serna y juntos continuan al Peru, Ecuador, Panamá, Costa Rica, Nicaragua, Honduras, El Salvador, Guatemala y Mexico) años 1953 y 1954. En 1955, vive en NYC. Regresa a BSAS.

2) Detenido (punto 6, Encarcelado) opta de acuerdo al Art. 23 de la CN. y se asila en Francia (año 1969) Regresa a BSAS. en el año 1970.

3) Sale al exilio en febrero 1976. Estaba advertido por un Gral. en retiro del golpe de marzo 1976 y que sería " asesinado " y/o " desaparecido " - como lo fueron miles de compatriotas - Viajo al DF. Mexico y luego a Caracas (Venezuela) hasta 1980. Secretario de la Comisión Argentina en el Exilio. Desde 1980 a 1984 se radica en Madrid (España) Regresa a BSAS. en 1984.

ATENTADOS. (2)

1) En 1970, una bomba destruye parcialmente su departamento Avda. Santa Fé 1555, 2 B. Cap. Fed. Intervino el Departamento Central de la Policía Federal y la Com. 17a. Nunca fué informado sobre las " investigaciones " ...

2) Una comisión que se identificó como " de la Policía Federal " intenta dejar " un paquete " en mi automovil. (garage de Avda. SFE al 1500). Al oponerse el encargado, se retiran. (año 1970)

VIAJES Y OTRAS EXPERIENCIAS.

1) desde mediados de 1951 a mediados de 1952 (al salir de la carcel (punto 3-Cap. Encarcelado), viaja a Europa y recorre la España franquista, Francia (donde discute lafgamente con Mendes-France, Alemania (destruída por la II Guerra Mundial). Es invitado al Congreso de la Juventud (Berlín Oriental, 1951); Italia, Polonia, Inglaterra, Auastria.

2) desde abril 1953 a diciembre 1955, recorre - por tierra - desde Santiago de Chile a New York (USA) Cap. 1, Exilios. Regresa a BSAS., en diciembre de 1955, caído el Gral Juan D. Peron.

3) en 1969, visita la República Popular CHINA, invitado por el Pte. Mao Tse Tung (durante 3 meses recorre ese país, en contacto con la nueva realidad de China) De regreso, hace escala en la India; en Israel (huesped de la Histadrut) y la República Federal Alemana (huesped de la DGB).

4) Desde 1980 a 1984, reside en Madrid (España) (Exilios, Cap. 3) y como corresponsal en Europa, del diario caracqueño El Nacional, recorre nuevamente toda Europa.

PERSONALIDADES POLITICAS (con quienes he mantenido frecuentes y controvertidos dialogos)

1) Cte. ERNESTO CHE GUEVARA (en 1953, 1954, compañero de viaje (ver Exilios, Cap. 1). Luego, en La Habana, CUBA años 1961 y 1963..Cte. Fidel Castro, Mexico, 1954.

2) Dr. Arturo Frondizi, Dr. Ricardo Balbín, Dr. Moisés Lebenson (y otros compañeros de partido UCRI 1945/1962.)

3) Dr. Salvador Allende (PS. de Chile, año 1953, 1970)

4) Dres. Siles Suazo y Victor Paz Estensoro (Bolivia, MNR. 1953)

5) Victor Raul Haya de la Torre (Jefe del APRA, Perú) en Mexico. DF. año 1954)

6) Rómulo Betancourt (Costa Rica, 1953, AD); Romulo Gallegos (Mexico. DF. año 1954. AD); Gonzalo Barrios y Carlos Andrés Perez (Mexico. DF. año 1954 y Caracas - año 1976).

7) Gral. Juan Domingo Peron (PJ. Madrid, España, 1970 en calle Arce 11 y Quinta 17 de octubre, Puerta de Hierro)

8) Grol. Pedro Eugenio Aramburu (en BSAS. año 1969 y 1970)

9) Willy Brandt (alcalde de Berlin, año 1959; Hans Mathofer, SPD., RFA.) años 1959, 1969).

10) Felipe Gonzalez y otros Directivos del Partido Socialista Obrero Español (PSOE, Madrid, 1980 a 1983).

11) L. Atyubei (Director del Pravda, Moscu, 1960), en visita a la URSS. de caracter personal.

LIBROS PUBLICADOS, CONFERENCIAS, ARTICULOS PERIODISTICOS.

1) REALIDAD PERONISTA, publicado en BSAS., año 1956.

2) TESTIGO DE CHINA, publicado en BsAs. año 1969.

3) MI AMIGO EL CHE. Editado en BsAs. año 1967. Traducido y editado en 11 idiomas.

4) Conferencias en los países visitados, sobre temas socio-politicos.

5) Artículos periodisticos, en diarios, revistas.

ACLARACION:

1) Declara que por la defensa de centenares de presos politicos, sociales-gremiales - sin distingos de ideologías, en un abanico que co menzó con los radicales; anarquistas, peronistas, socialistas y comunistas - jamás percibió honorarios.

2) Que cuando integró la Comisión de Defensa de Presos Politicos (UCR. y luego UCRI); la Comisión de Abogados de la CGT. 1963/1964 (conjuntamente con el Dr. Fernando Torres); la Comisión de Abogados de la CGT. de los Argentinos (1966/67/68) con los Dres. Ortega Peña, Duhalde, Hugo Anzorregui, etc., lo hizo siempre ad-honorem. Que tampoco fué Abogado rentado de ningún sindicato ni organismos paralelos.

3) Que sólo estuvo en la función pública - como 1er. Secretario de la Embajada Argentina ante la República Federal Alemana, BONN - desde fines de 1958 a 1962, en que presentó la renuncia.

4) Que no percibo jubilación ni pensión, ni pretendo a futuro. Sólo registro aportes por 3 años - Caja 4349 - (como funcionario del Ministerio de Relaciones Exteriores y Culto, años 1958 a 1961) y/o a la Caja de Profesionales y luego de Autonómos, interrumpidos por las detenciones y exilios.

5) Mi opinión sobre el Gobierno actual está expuesta en la solicitada de fecha 25 de marzo último

RICARDO ROJO. Avda. Callao 1383, 7B. Cap. tfn 815-5421.

Ricardo Rojo
Abogado

BUENOS AIRES, 25 de marzo 1994.
SOLICITADA.   AUTORIZO EXPRESAMENTE SU REPRODUCCION
EN TODOS LOS DIARIOS, REVISTAS, etc.
SU DIFUSION por
RADIOS, TV. etc.

MAS DE LO MISMO. TENGAMOSLO EN CLARO ....

Estamos convocados para votar constituyentes el proximo 10 de abril.
Reflexionemos, analicemos objetivamente qué se propone el Pte. Menem.
Su campaña presidencial se basó en la promesa de " Revolución productiva
y Salariazo ". Y yo no menciono otros fraudes publicitarios grotescos.

Cúal la realidad de su Gobierno Nacional ? EL PLAN DE CONVERTIBILIDAD
(1991) que se tradujo en:

                    perdida del 53 % del poder adquisitivo de los
salarios (cifra oficial), agravado por la desocupación creciente (ce-
santes y sub-ocupados alcanzan holgadamente el 20 % de la población eco-
nomicamente activa. Es decir MAS DE 2.300.000 compatriotas CONDENADOS A
LA DESOCUPACIO/N, AL HAMBRE). Simultaneamente 3.500.000 jubilados y/o
pensionados con ingresos humillantes - verdaderas limosnas - que no cubren
las necesidades más elementales. Y más millones de jovenes, en un mercado
del trabajo más restringido, con las conquistas sociales cercenadas en la
practica. Ya el Estado Mehemista NO GARANTIZA. SI,QUIERA LOS PRESUPUESTOS
PUBLICOS DE SALUD, EDUCACION, VIVIENDA Y SEGURIDAD.

                    pretextando el monstruoso deficit y pésima
gestión del Estado nacional y provincial (del cual el propio Pte. Menem
fué parte activa). entrega a las transnacionales los sectores básicos de
la economía (énergia, petroleo, minas hidroelectricas, comunicaciones,
transportes, industrias claves, etc. etc.). EN VEZ DE CORREGIR ENERGICA-
MENTE EL MAL, MAL VENDE TODO, EN UN REMATE AL PEOR POSTOR, que nos afron-
ta. QUE COMPROMETE NUESTRO FUTURO COMO NACION SOBERANA.

                    Como consecuencia inmediata, todas las econo
mías regionales entraron en crisis irreversibles: desde el tradicional
sector agropecuario a las actividades más recientes: fruti-horticultura,
algodon, lanas, forestal, caña de azucar, té, yerba mate, tabaco, vitivi
nicola, etc. etc. EXPULSANDO A MILLONES DE ARGENTINOS A LAS VILLAS MISE-
RIAS del Gran BSAS., ROSARIO, CORDOBA, MENDOZA, etc. matando a los pue--
blos en que nacimos.

                    Simultaneamente, acuerda con los AGRANDADOS
ACREEDORES EXTERNOS las deudas de arrastre y las nuevas: Todas discuti-
bles por su origen, realidad y modalidades iniciales. De tal manera,
AHORA DEBEMOS EL DOBLE (más de 100.000 MILLONES DE DOLARES) y año a
año NOS ENDEUDAMOS EN 11.000 MILLONES DE DOLARES.
Y abrevio otras consideraciones afrentosas sobre politica exterior:
el propio Ministro de Relaciones Exteriores las caracterizó de " RELA-
CIONES CARNALES " con la potencia dominante.

                    Finalmente, NOS PLANTEAN UN DILEMA TRAMPOSO:
el MODELO MENEMISTA - esencialmente CORRUPTO Y RETROGRADO-o la HIPER-IN
FLACION Y DEBILIDAD DESQUICIADORA del ex-Pte. Raúl Alfonsin. (hoy,su ayudant
NI LO UNO, NI LO ANTERIOR. Hay otros caminos para alcanzar una democracia
politíca socio-economica, cultural, participacionista, que haga realidad
LA CONVIVENCIA ENTRE TODOS, en un marco SOLIDA RIO, DE PLENO RESPETO A
la DIGNIDA D HUMANA. CON DERECHOS-GARANTIAS Y OBLIGACIONES NO SUJETAS AL
CAPRICHO FARANDULERO. VOTER LA REFORMA ES PERPETUAR A MENEM.
SOMOS MILLONES LOS MARGINADOS, HUMILLADOS, VEJADOS. SIN PRESENTE Y MENOS
FUTURO. SOMOS LA MAYORIA. PONGAMOSLO DE MANIFIESTO. El 10 de abril
NO VOTEMOS O VOTEMOS EN BLANCO (para evitar maniobras burocraticas)
YO, Ricardo Rojo, NO IRE A VOTAR. (LIBRETA ENROLAMIENTO
                                    Nº 4.211.392

ÍNDICE

Esta edición de 5.000 ejemplares
se terminó de imprimir en
Encuadernación Araoz S.R.L.,
Avda. San Martín 1265, Ramos Mejía, Bs. As.,
en el mes de abril de 2006.